中经"精品课程"系列

中经新文科·财经类系列规划教材

智能化成本核算与管理

主 编：刘纯超 张熔寒 任 贞

副主编：朱宏波 胡竟男 梁玉珠 陈 英

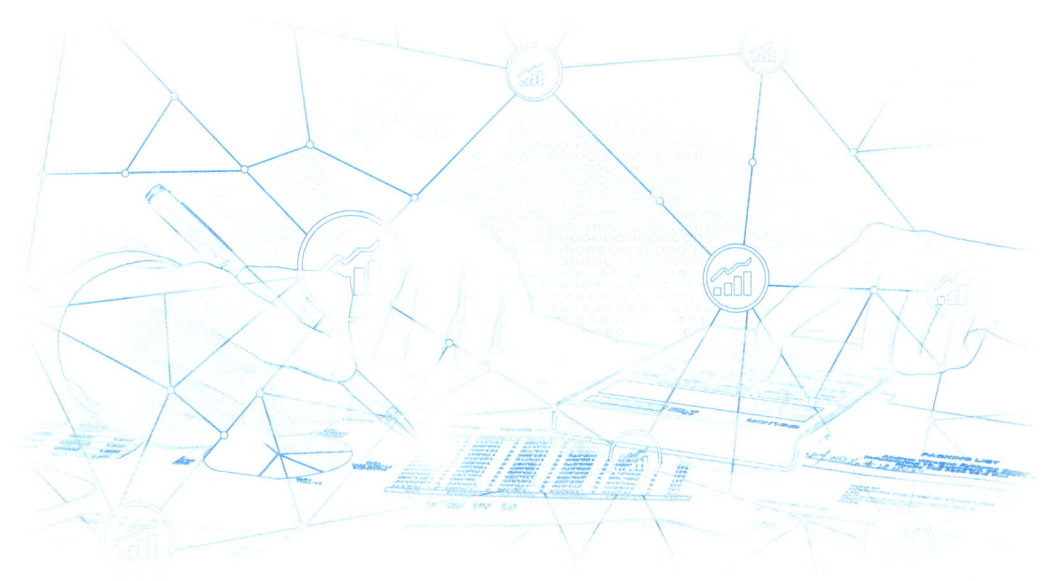

中国经济出版社　中国石化出版社

·北京·

图书在版编目（CIP）数据

智能化成本核算与管理 / 刘纯超，张熔寒，任贞主编. -- 北京：中国经济出版社：中国石化出版社，2025.9. -- ISBN 978-7-5136-8096-7

Ⅰ. F231.2-39

中国国家版本馆 CIP 数据核字第 2025BM0935 号

选题策划　雷　生
责任编辑　彭　欣
责任印制　李　伟
封面设计　任燕飞

出版发行	中国经济出版社
印 刷 者	北京科信印刷有限公司
经 销 者	各地新华书店
开　　本	889mm×1194mm　1/16
印　　张	14.25
字　　数	362 千字
版　　次	2025 年 9 月第 1 版
印　　次	2025 年 9 月第 1 次
定　　价	59.00 元

广告经营许可证　京西工商广字第 8179 号

中国经济出版社　网址 http://epc.sinopec.com/epc/　社址 北京市东城区安定门外大街 58 号　邮编 100011
本版图书如存在印装质量问题，请与本社销售中心联系调换（联系电话：010-57512564）

版权所有　盗版必究（举报电话：010-57512600）
国家版权局反盗版举报中心（举报电话：12390）　　服务热线：010-57512564

PREFACE 前言

为全面贯彻《中华人民共和国职业教育法》，加快推进《职业教育专业目录（2021年）》《职业教育专业简介（2022年修订）》的实施，满足全国各地高等职业院校财务会计类和财政税务类专业实施新版人才培养方案的教学急需，依据有关专业基础课和专业核心课的教学改革新要求，特编写了《智能化成本核算与管理》这本教材。

本书以"立德树人"为引领，将价值引领、知识传授和能力培养有机结合。同时，为适应"大智移云物区"时代会计职业领域转型升级需要，顺应会计行业数字化、网络化、智能化发展新趋势，本书充分考虑智能化信息技术发展对成本核算与成本管理岗位的影响和高职学生的特点，在对成本核算与成本管理岗位所具备的能力进行分析后，以成本核算的理论知识为基础，以真实的账、证、表为载体，按照成本核算和成本管理岗位的实际工作任务来设计教学内容，让成本核算和管理工作趋于信息化和精细化。

本书在编写过程中，力求体现以下特色。

（1）融入课程思政元素。

本书以党的二十大精神为指引，全面贯彻新发展理念，围绕各项目教学内容，充分挖掘课程思政教育资源，加强对学生的国家意识、法治意识、社会责任意识、成本意识、效益意识、节约意识、可持续发展理念的培养，赋予专业课程价值引领的重任，并进一步提升专业课程育人成效。

（2）结构新颖。

本书采用"以项目为导航，用任务来驱动"的设计思路，引导学生有目的地开展学习。本书共设计了七个项目，每个项目由学习目标、任务、项目练习和学习评价等几部分组成，其中，每项任务配有任务目标、任务描述、任务分析及相关知识，以便学生及时理解与掌握各任务所学的知识。

（3）学做一体。

本书采用理实一体化的编写模式，以学生为本，将理论知识融入具体案例，案例结果并不直接呈现，而是分步骤强化过程，引领操作，打破了"老师讲，学生听"的传统教学模式，充分发挥学生学习的主观能动性，让学生"脑子转起来，思维活起来，双手动起来"，由学会到会学，从"要我学"达到"我要学"的学习境界，推进课堂教学模式改革。

在编写本书过程中，我们参阅、借鉴了国内外相关论著、教材，参考了行业企业的实操案例和实践经验，在此表示感谢！由于编者水平有限，书中难免有疏漏和不当之处，恳请各位同人批评指正。

编者

CONTENTS 目录

项目一　成本核算与管理　001

- 任务一　认识成本　002
- 任务二　成本核算的原则、要求与程序　005
- 任务三　生产类型和成本核算方法　011

项目二　品种法核算产品成本　018

- 任务一　认识品种法　019
- 任务二　材料费用的核算　022
- 任务三　外购动力费用的核算　028
- 任务四　职工薪酬费用的核算　032
- 任务五　折旧费用和其他费用的核算　042
- 任务六　辅助生产费用的核算　046
- 任务七　制造费用的核算　053
- 任务八　损失费用的核算　057
- 任务九　完工产品成本的核算　063
- 任务十　应用 Excel 建立品种法成本计算模型——品种法综合案例　076

项目三　分步法核算产品成本　097

- 任务一　认识分步法　098
- 任务二　逐步结转分步法　100
- 任务三　平行结转分步法　118

项目四　分批法核算产品成本　　134

　　任务一　认识分批法…………………………………………………………… 135
　　任务二　简化分批法…………………………………………………………… 144

项目五　分类法核算产品成本　　158

　　任务一　认识分类法…………………………………………………………… 159
　　任务二　联产品和副产品的成本核算………………………………………… 162

项目六　作业成本法　　173

　　任务一　认识作业成本法……………………………………………………… 174
　　任务二　作业成本法的核算流程……………………………………………… 176
　　任务三　作业成本管理………………………………………………………… 183

项目七　成本报表的编制与分析　　189

　　任务一　认识成本报表………………………………………………………… 190
　　任务二　成本报表的分析方法………………………………………………… 192
　　任务三　商品产品成本表的编制与分析……………………………………… 196
　　任务四　主要产品单位成本表的编制与分析………………………………… 205
　　任务五　费用明细表的编制与分析…………………………………………… 210

参考文献……………………………………………………………………………… 222

项目一

成本核算与管理

学习目标

知识目标

1. 熟悉成本的含义、内容和作用。
2. 熟悉成本核算的原则、要求与基本程序。
3. 对产品成本核算工作流程有初步的认识和理解。
4. 熟悉产品成本核算账务处理的有关会计科目及其账户结构。
5. 了解企业生产类型和成本管理要求对成本核算的影响。
6. 熟悉成本核算的方法种类。

技能目标

1. 能正确确定产品成本的核算内容。
2. 能对成本费用进行分类并正确划分费用界限。
3. 能准确绘制成本核算流程图。
4. 能根据企业的生产特点和管理要求，为企业选择恰当的产品成本核算方法。

素养目标

1. 通过学习成本核算的基本原理，树立全面的成本管理意识，重视成本核算与管理的核心价值，热爱会计职业，并培养团队合作精神。
2. 通过熟悉成本核算的原则和要求，在实际成本计算过程中，提升发现、分析和解决问题的能力，培养诚信勤勉、合规担当、守法求是的职业素养。

案例导入

小米科技有限责任公司（以下简称"小米"）在面对苹果、三星、华为等强劲的竞争对手时，积极实施成本企划和精简成本战略。成本企划的核心在于将产品成本控制的重心从传统的生产阶段前移至开发和设计阶段，在确保产品主要功能与价值的前提下，最大限度地削减成本。此外，在供应商整合方面，小米通过与物料供应方及电信运营商建立长期的战略合作伙伴关系，有效提升了自身的议价能力，从而实现了采购成本的降低。此外，小米借助网络平台销售模式，成功实现"按需定制的零库存"管理，显著降低了物料储存成本。通过这些综合措施，小米成功实施精简成本战略，其在智能手机领域推出的多款产品，售价均维持在3000元左右。正是由于在行业内具备较高的性价比，小米手机"高配低价"策略吸引了大量消费者，助力小米在智能手机市场上稳固了地位。

对企业来说，成本至关重要，甚至可以说是其经济命脉。成本管理人员需精准核算产品成本，并通过规模经济、整合上下游产业链、提升生产能力利用率等多种方式，努力降低产品成本。这不仅能为企业带来显著的经济效益，也有助于实现个人的人生价值。

任务一　认识成本

任务目标

1. 能深刻理解成本的含义。
2. 能清晰阐述成本的经济实质及作用。

任务描述

陆明从一所高职院校毕业后入职了扬帆电池有限公司财务部，负责成本会计相关工作。

思考

1. 什么是产品成本？
2. 研究产品的成本有何作用？

任务分析

在企业生产活动中，"成本"始终是被高度关注的核心要素，主要有两个理由：一是企业的所有经营活动都要依赖投入；二是能否在行业中具有相对优势，在很大程度上取决于成本。无论是管理者还是创业者，都会将成本管理视为经营管理的关键所在。

相关知识

一、成本的含义

（一）成本的概念

成本是一个重要的经济概念，是商品生产发展到一定阶段才逐步形成和完善起来的。用会计语言表述，成本就是特定的会计主体为了达到一定的目的或目标而发生的可以用货币计量的代价。只有工业企业根据会计分期假设和权责发生制原则的要求，确定的应归属于一定种类和数量的产品的生产耗费，即对象化的生产耗费，才构成产品成本。因此，通常将产品成本定义为，生产者为生产一定种类和数量的产品所消耗而又必须补偿的物化劳动和活劳动中必要劳动的货币表现。

（二）产品成本和产品价值之间的关系

成本是商品价值的重要组成部分。根据马克思劳动价值理论，商品价值（VI）由两部分组成，即物化劳动转移的价值（C）、活劳动新创造的价值（$V+M$），其中，活劳动新创造的价值包括劳动者为自己创造的价值（V）和劳动者为社会创造的价值（M）。商品成本是物化劳动转移的价值（C）与劳动者为社会创造的价值（V）之和，即$C+V$。

商品价值、商品价格和商品成本之间的关系如图1-1所示。

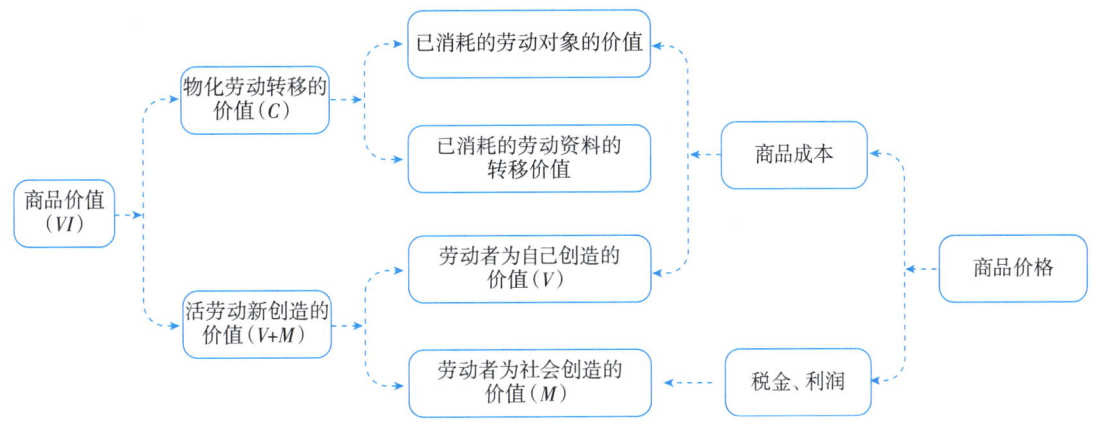

图1-1　商品价值、商品价格和商品成本之间的关系

要全面理解成本概念，必须从耗费和补偿两个角度进行考量。从耗费角度来看，成本是指商品生产过程中消耗的物化劳动和活劳动中必要劳动的价值，即$C+V$，这是成本最基础的经济内涵；从补偿角度来看，成本是用于补偿商品生产中资本消耗的价值尺度，即成本价格，是成本最直观的表现形式。因此，成本是已经消耗且必须在价值或实物上得到补偿的支出。

（三）产品成本和生产费用之间的关系

生产费用，是指企业一定时期内，在生产产品和提供劳务过程中发生的各种耗费（概念表述中不包括期间费用），与产品成本的概念并不一致。

产品成本和生产费用的经济内容一致，一定时期的生产费用是计算产品成本的基础，产品成本是对象化的生产费用。但生产费用与一定会计期间相联系，而产品成本与一定种类和数量的产品相联系。

例如，亿家食品公司在9月采购了花生油、蛋黄等原材料，价值100 000元，并支付了生产员工薪酬50 000元用于生产月饼。因此，月饼的生产成本总计为150 000元。当月，月饼的销售成本为200 000元，其中包括8月库存月饼的成本50 000元和9月新生产的月饼成本150 000元。因此，可以明确的是，9月的月饼生产费用为150 000元，这与当月销售月饼的总成本200 000元并不相同。

【知识链接】

现行《企业产品成本核算制度（试行）》规定"产品成本"是指"产品制造成本"，即所归集的生产费用归集到车间范围为止。

现实生活中，成本无处不在，其范围可以扩大到所有对象化的资金耗费上。本书主要阐述制造企业的成本核算，只涉及企业为制造产品而发生的成本，即产品成本。

二、成本的内容

在会计实务中，为确保各企业能够准确计算产品成本，并保障成本的可比性，应遵循国家统一制定的产品成本开支范围，明确哪些费用开支允许列入产品成本，哪些费用开支不允许列入产品成本。

成本开支范围的规定是财务制度的重要组成部分，直接影响企业生产经营活动耗费的补偿和利润，对强化成本管理、准确评价企业经济效益、保障企业生产的顺利进行均具有重要的意义。根据《企业产品成本核算制度（试行）》《企业会计准则》《企业财务通则》等有关财务制度的规定，产品成本开支范围主要包括以下内容：

（1）为制造产品消耗的原材料、辅助材料、外购半成品和燃料的原价以及运输、装卸、整理等费用；

（2）为制造产品耗用的动力费；

（3）企业生产车间（或分厂）支付给职工的工资和福利费；

（4）企业生产用固定资产的折旧费、租赁费（不包括融资租赁费）和低值易耗品的摊销费用；

（5）企业生产车间（或分厂）因生产原因发生的废品损失，以及季节性、修理期间的停工损失；

（6）企业生产车间（或分厂）为管理和组织生产支付的办公费、取暖费、水电费、差旅费，以及运输费、保险费、设计制图费、试验检验费和劳动保护费等。

为了严肃财经纪律，加强成本管理，财务制度还明确规定，下列各项开支不得列入产品成本：

（1）购置和建造固定资产、无形资产和其他长期资产的支出（这些支出属于资本性支出，在财务上不能一次列入成本，只能按期逐月摊入）；

（2）对外投资的支出以及分配给投资者的利润支出；

（3）被没收的财物，以及支付的滞纳金、罚款、违约金、企业赞助、捐赠等支出。

【知识链接】

"产品"和"产品成本"

《企业产品成本核算制度（试行）》所称的"产品"，是指企业日常生产经营活动中持有以备出售的产成品、商品及提供的劳务或服务；所称的"产品成本"，是指企业在生产产品过程中所发生的材料费用、职工薪酬等，以及不能直接计入而按一定标准分配计入的各种间接费用。

三、成本的作用

（一）成本是补偿生产耗费的尺度

企业产品的生产过程也是物化劳动和活劳动的耗费过程，对于再生产过程中的生产耗费，必须按照成本数据得到相应补偿，才能维持企业再生产的顺利进行，产品成本就是衡量生产耗费补偿份额的标准。按照成本这个标准补偿生产过程中的耗费，不仅是企业维持简单再生产的基础条件，也是企业进行扩大再生产的起点。同时，在商品价格不变的前提下，成本越低，企业的利润越多，企业为社会和自身发展创造的财富就越多；反之，则相反。所以，成本作为补偿生产耗费的尺度，对于促进企业加强成本管理，降低生产耗费，取得最大的经济效益有着重要的意义。

（二）成本是制定产品价格的重要依据

产品价格是产品价值的货币表现。产品价格的制定应体现价值规律的要求，使其大体上符合产品价值而不发生较大的偏离。但目前人们尚无法直接计算产品的价值，只能通过计算产品成本间接地、相对地反映产品的价值。所以，成本是制定产品价格的重要依据，为确定近似的产品价值量提供了可靠的参照。

（三）成本是评价企业经营业绩的重要指标

成本是一项综合性很强的经济指标，企业生产经营管理各方面工作情况，例如，产品设计的合理与否、原材料的消耗、劳动生产率的高低、生产设备的利用率、产品质量的好坏等都会直接或间接地通过成本反映出来。因此，通过成本这个指标，对企业一定时期的经营业绩进行正确评价，可以促使企业努力改进管理，降低成本，提高经济效益。

（四）成本是企业进行生产经营决策的重要依据

企业生产经营决策正确与否，直接影响企业的生存与发展。在进行生产经营决策时，需要考虑很多因素，其中，成本是一项很重要的因素。因为在价格等因素一定的情况下，成本的高低直接影响企业的盈利水平，而较低的成本可以提升企业的竞争力，使企业在激烈的市场竞争中处于有利地位。

任务二 成本核算的原则、要求与程序

任务目标

1. 能正确进行要素费用的核算，包括直接材料、直接人工和制造费用等。
2. 能深入剖析成本核算过程中的问题，并提出解决方案。

任务描述

陆明在扬帆电池有限公司的财务部工作，需要掌握公司的生产流程和成本核算资料。然而，由于公司生产业务复杂，成本核算的具体程序一直令他感到困惑。

思考

1. 成本核算主要设置哪些账户？明细账如何设置？
2. 成本核算的程序是怎样的？

任务分析

成本核算是按照一定的对象和标准，对生产经营过程中发生的各种费用进行归集和分配，以计算各个成本对象的总成本和单位成本的一项工作。成本核算是成本会计的核心，成本核算资料是成本分析和成本考核的重要依据。

相关知识

一、成本核算的原则

成本核算的原则是进行成本核算工作应当遵循的工作规范，是成本核算的基础和依据。

（一）权责发生制原则

权责发生制原则是确定本期成本费用的基础，是指在进行成本核算时，对于本期发生而应由本期和以后各期共同承担的费用，按照费用的收益期限分摊，分别计入本期和以后各期成本。对于本期尚未发生而应由本期承担的费用，按照一定的标准，预提计入本期成本，确保各期成本和损益计算的正确性，避免利用费用摊销人为调节成本。

（二）实际成本计价原则

实际成本计价原则，是指企业无论是对完工的产成品和尚未完工的自制半成品，还是对生产过程中发生的各种财产物资和劳务耗费，都需要按实际成本进行核算。尽管有些企业在成本计算时，考虑到企业的生产特点和管理要求，采用了计划成本、定额成本或标准成本，但在期末计算产品成本时，必须将其调整为实际成本，以确保成本和利润数据真实、准确。

（三）成本分期原则

成本分期原则，是指分期归集与分配所发生的生产费用。不管成本计算期与产品生产周期是否一致，成本核算都按月进行。即生产费用的归集与分配、废料和退料成本的冲销等日常工作，都按月进行，并在月末把有关生产费用账簿上登记的数额加以汇集，以便考核成本费用的发生情况。

（四）合法性原则

合法性原则，是指计入产品成本的费用都必须符合国家相关法律、法规和制度的规定。企业应严格遵守成本开支范围和费用开支标准，防止乱摊和少计生产费用，以保证成本指标的合法性。

（五）可比性原则

可比性原则，是指企业采用的成本计算程序和方法应保持前后一致，不得随意变动，以便前后各期资料的比较和分析。例如，企业应根据《企业会计准则》的规定正确确定固定资产的折旧方法、使用年限、预计净残值，以及无形资产的摊销方法、摊销期限等。各种方法在确定后，应保持相对稳定，不能随意变更。如因特殊情况确需变动的，应在有关财务报告中予以说明，并对比原成本信息有关数字进行必要调整。

（六）重要性原则

重要性原则，是指对成本信息质量有重大影响的项目应重点单独反映，而对于次要的、在成本项目中所占比重较小的项目可以从简处理。例如，对于产品直接耗用价值高、所占比重大的材料，应采用详细的方法进行归集与分配；而对于价值较低、数额不大的材料，可以并入制造费用进行核算。

二、成本核算的要求

（一）做好各项成本核算的基础工作

为了进行成本核算，企业应当建立健全各项原始记录，并做好各项材料物资的计量、收发、领退、转移、报废和盘点工作，包括材料物资收发领用、劳动用工和工资发放、机器设备交付使用，以及水、电、气等消耗的原始记录，同时做好相应的管理工作以及定额的制定和修订工作等。此外，产品成本计算通常需以产品原材料和工时的定额消耗量与定额费用作为分配标准，因此，需要制订或修订材料、工时、费用的各项定额,以确保成本核算的可靠性。

企业应充分利用现代信息技术,编制并执行产品成本预算,对执行情况进行深入分析和考核,落实成本管理责任制,加强对产品生产事前、事中、事后的全过程控制,扎实做好产品成本核算与管理各项基础工作。

(二) 正确划分各种费用支出的界限

产品成本是为生产产品而发生的各种耗费总和,通常是企业存货的主要构成内容。成本着重按产品进行归集,一般以成本计算单或成本汇总表及产品入库单等为计算依据。

要正确计算产品成本,必须正确划分以下五个方面的费用界限:

（1）收益性支出、资本性支出和营业外支出的界限;

（2）成本费用和期间费用的界限;

（3）本期成本费用与以后期间成本费用的界限;

（4）各种产品成本费用的界限;

（5）本期完工产品与期末在产品成本的界限。

上述五个方面的成本费用划分应严格遵循受益原则,即谁受益谁负担、何时受益何时负担、负担费用与受益程度成正比。这五个方面的成本费用划分过程,也是产品成本的计算过程。费用支出的界限如图1-2所示。

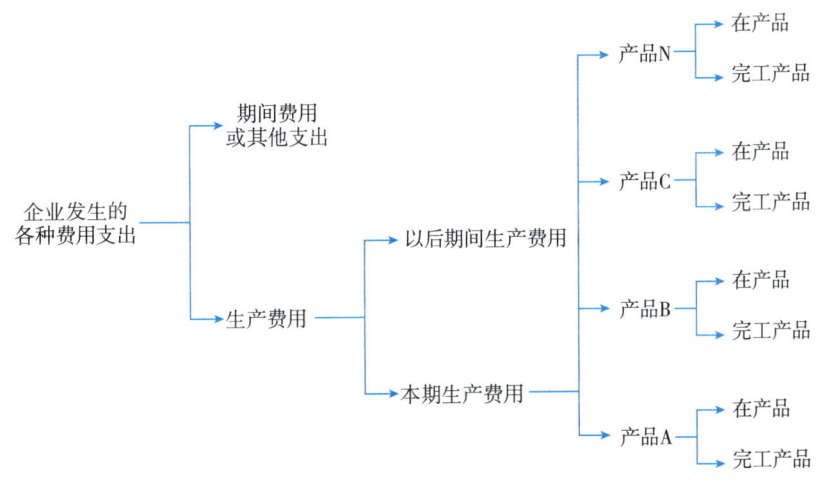

图1-2 费用支出的界限

(三) 根据生产特点和管理要求选择适当的成本计算方法

【知识链接】

虽然原始记录各式各样,但表达的信息是类似的,请利用网络资源查看以下有关成本会计工作的原始记录,归纳一下这些原始凭证的要传达的关键信息。

（1）产品生产方面的原始记录,如生产任务通知书、工时卡、停工通知书、废品通知单、完工产品和半成品入库单、在产品转移交接单、在产品盘存报告单等。

（2）企业生产经营过程中材料、物资方面的原始记录,如领料单、限额领料单、领料登记簿、材料退库单等。

（3）企业生产经营过程中活劳动耗费方面的原始记录,如职工考勤记录、工时记录、停工记录、工资结算单等。

（4）企业固定资产方面的原始记录，如设备移交单、设备报废单、设备事故单等。

（5）企业财务会计方面的原始记录，如库存现金收付款凭证、转账通知单等。

三、成本核算的基本程序

成本核算的基本程序，是指根据成本核算的基本要求，对生产费用进行归集、分配及计入产品成本的程序。

（一）确定成本计算对象

成本计算对象是生产费用的承担者，即归集和分配生产费用的对象是计算产品成本的前提。由于企业的生产特点、管理要求、规模大小和管理水平不同，企业成本计算对象也不相同。对制造企业而言，产品成本计算的对象包括产品品种、产品批别和产品生产步骤。企业应根据自身的生产特点和管理要求，选择合适的产品成本计算对象。

（二）确定成本项目

成本项目，是指生产费用要素按照经济用途划分成的若干项目，可以反映成本的经济构成及产品生产过程中不同的资金耗用情况。因此，企业为了满足成本管理要求，可在直接材料、直接人工和制造费用三个成本项目的基础上进行必要调整，如单设其他直接支出废品损失和停工损失等成本项目。

（三）确定成本计算期

成本计算期，是指成本计算的间隔期，即多长时间计算一次成本。产品成本计算期的确定主要取决于企业生产组织的特点。通常在大量、大批生产的情况下，产品成本的计算期间与会计期间是一致的；在单件、小批量生产的情况下，产品成本的计算期间与产品的生产周期是一致的。

（四）审核生产费用

对企业的各项支出进行严格的审核和控制，并按照国家有关规定确定其是否应计入产品成本或期间费用，以及应计入的金额。也就是说，要在对各项支出的合理性、合法性进行严格审核和控制的基础上，做好成本、费用界限划分工作。

（五）生产费用的归集和分配

生产费用的归集和分配，即如何正确地将生产费用按成本项目归集和分配到各成本计算对象上。这是成本计算的关键，关系到成本信息的科学性和真实性。归集和分配生产费用的原则为：产品生产直接发生的生产费用，直接作为产品成本的构成内容计入该产品成本；为产品生产服务发生的间接费用，可先按发生地点和用途进行归集汇总，然后分配计入各受益产品。产品成本计算的过程也是生产费用分配和汇总的过程。

（六）计算完工产品成本和月末在产品成本

对于月末既有完工产品又有在产品的，应采用适当的方法将月初在产品生产费用与本月生产费用之和，在完工产品和月末在产品之间进行分配与归集，计算完工产品和月末在产品的成本。这是生产费用在完工产品与月末在产品之间的纵向分配和归集。

四、成本核算的账务处理程序

（一）成本核算主要账户设置

为了完成成本核算任务，提供管理所需的成本信息资料，正确计算产品成本，企业应设置以下主要成本核算账户。

1. "生产成本"账户

"生产成本"账户用来核算企业在生产各种产品（包括产成品、自制半成品、提供劳务等）过程中发生的各项生产费用，并据以确定产品的实际生产成本。"生产成本"账户借方登记月份内发生的全部生产费用，贷方登记应结转的完工产品的实际生产成本。月末的借方余额表示生产过程中尚未完工的在产品实际生产成本。

为了分别核算基本生产成本和辅助生产成本，还应在"生产成本"账户下设置"基本生产成本"和"辅助生产成本"两个明细账户。

（1）"生产成本——基本生产成本"账户。

基本生产，是指为完成企业主要生产目的而进行的产品生产。为了归集基本生产发生的各种生产费用，计算产品生产成本，应设置"生产成本——基本生产成本"账户。"生产成本——基本生产成本"账户借方登记企业为进行基本生产而发生的各种生产费用，贷方登记转出的完工入库的产品成本。月末余额在借方，表示基本生产的在产品成本。

"基本生产成本"应按产品品种、产品批别或生产步骤等成本计算对象设置产品成本明细分类账（或称"产品成本计算单"），账内按产品成本项目分设专栏或专行。基本生产成本明细账如图1-3所示。

基本生产成本 明细账

生产车间：生产二部
产品名称：62.8kWh磷酸铁锂电池组

2×23年		凭证		摘要	产量/组	成 本 项				合计
月	日	种	号			直接材料	直接人工	制造费用		
12				月初在产品成本		450000	50000	85000		585000
	31	记	77	分配材料费用		5400000				5400000
	31	记	79	分配人工费用			300000			300000
	31	记	86	分配制造费用				560000		560000
	31			生产费用合计		5850000	350000	645000		6845000
	31	记	89	结转完工产品成本	260	5200000	260000	520000		5980000
	31			完工产品单位成本		20000	1000	2000		23000
	31			月末在产品成本		650000	90000	125000		865000

图1-3 基本生产成本明细账

（2）"生产成本——辅助生产成本"账户。

辅助生产，是指为基本生产服务而进行的产品生产和劳务供应。辅助生产提供的产品和劳务，虽有时对外销售，但并非其主要目的。为了归集辅助生产发生的各种生产费用，计算辅助生产提供的产品和劳务成本，应设置"生产成本——辅助生产成本"账户。"生产成本——辅助生产成本"账户的借方登记为进行辅助生产而发生的各种耗费，贷方登记完工入库产品的成本或分配转出的劳务成本。月末余额在借方，表示辅助生产的在产品成本。

"生产成本——辅助生产成本"账户应按辅助生产车间和生产的产品、劳务分设明细分类账，账内按辅助生产的成本项目或费用项目分设专栏或专行，进行明细登记。辅助生产成本明细账如

图 1－4 所示。

辅助生产成本　明细账　　　　生产车间：

<table>
<tr><td colspan="2" rowspan="2">年</td><td colspan="2" rowspan="2">凭证</td><td rowspan="3">摘要</td><td colspan="53">成本项目</td></tr>
<tr><td colspan="9">材料费用</td><td colspan="9">燃料及动力</td><td colspan="9">职工薪酬</td><td colspan="9">折旧费用</td><td colspan="9">……</td><td colspan="8">合计</td></tr>
<tr><td>月</td><td></td><td>种类</td><td>号数</td><td>百</td><td>十</td><td>万</td><td>千</td><td>百</td><td>十</td><td>元</td><td>角</td><td>分</td><td>百</td><td>十</td><td>万</td><td>千</td><td>百</td><td>十</td><td>元</td><td>角</td><td>分</td><td>百</td><td>十</td><td>万</td><td>千</td><td>百</td><td>十</td><td>元</td><td>角</td><td>分</td><td>百</td><td>十</td><td>万</td><td>千</td><td>百</td><td>十</td><td>元</td><td>角</td><td>分</td><td>百</td><td>十</td><td>万</td><td>千</td><td>百</td><td>十</td><td>元</td><td>角</td><td>分</td><td>百</td><td>万</td><td>千</td><td>百</td><td>十</td><td>元</td><td>角</td><td>分</td></tr>
</table>

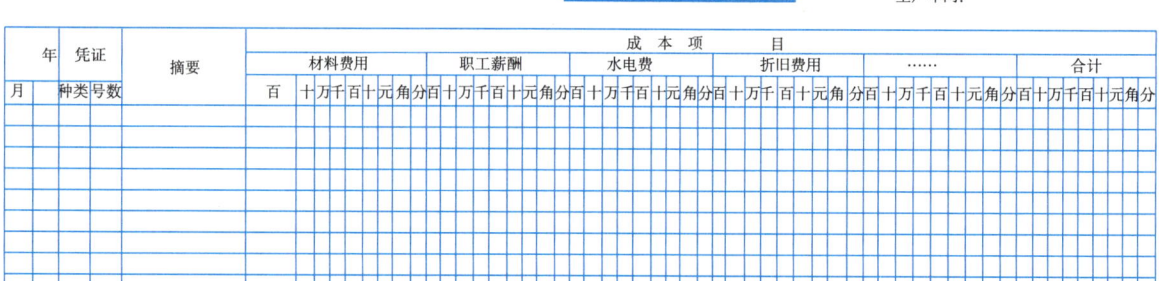

图 1－4　辅助生产成本明细账

2. "制造费用" 账户

为了准确核算企业为生产产品和提供劳务而发生的各项制造费用，应设置"制造费用"账户。"制造费用"账户的借方登记实际发生的制造费用，贷方登记分配转出的制造费用。除季节性生产企业外，"制造费用"账户月末应无余额。

"制造费用"账户应按车间、部门设置明细分类账，账内按费用项目设立专栏进行明细登记。制造费用明细账如图 1－5 所示。

制造费用　明细账　　　　生产车间：

<table>
<tr><td colspan="2" rowspan="2">年</td><td colspan="2" rowspan="2">凭证</td><td rowspan="3">摘要</td><td colspan="54">成本项目</td></tr>
<tr><td colspan="9">材料费用</td><td colspan="9">职工薪酬</td><td colspan="9">水电费</td><td colspan="9">折旧费用</td><td colspan="9">……</td><td colspan="9">合计</td></tr>
<tr><td>月</td><td></td><td>种类</td><td>号数</td><td>百</td><td>十</td><td>万</td><td>千</td><td>百</td><td>十</td><td>元</td><td>角</td><td>分</td><td>百</td><td>十</td><td>万</td><td>千</td><td>百</td><td>十</td><td>元</td><td>角</td><td>分</td><td>百</td><td>十</td><td>万</td><td>千</td><td>百</td><td>十</td><td>元</td><td>角</td><td>分</td><td>百</td><td>十</td><td>万</td><td>千</td><td>百</td><td>十</td><td>元</td><td>角</td><td>分</td><td>百</td><td>十</td><td>万</td><td>千</td><td>百</td><td>十</td><td>元</td><td>角</td><td>分</td><td>百</td><td>十</td><td>万</td><td>千</td><td>百</td><td>十</td><td>元</td><td>角</td><td>分</td></tr>
</table>

图 1－5　制造费用明细账

3. "废品损失"账户和"停工损失"账户

需要单独核算废品损失的企业，应设置"废品损失"账户。"废品损失"账户的借方登记不可修复废品的生产成本和可修复废品的修复费用，贷方登记废品残料回收的价值、应收的赔款以及转出的废品净损失。"废品损失"账户月末应无余额。"废品损失"账户应按车间设置明细分类账，账内按产品品种分设专户，并按成本项目设置专栏或专行进行明细登记。

对于停工较为频繁的企业，为了考核和控制企业停工期间发生的各项费用，应增设"停工损失"账户。

（二）成本核算的账务处理程序

成本核算的账务处理程序，是指将生产经营过程中发生的各项费用，按照成本核算的要求进行归集和分配，并计算出各种产品的生产成本和各项期间费用的过程。成本核算的账务处理程度主要包括以下五个步骤。

1. 对各要素费用进行归集和分配

企业当期发生的各项要素费用,应根据费用的原始凭证和有关材料,按费用发生的地点和经济用途编制各种费用分配表,如材料费用分配表、工资费用分配表、辅助生产费用分配表和制造费用分配表等。属于生产经营管理费用的,应分别计入"生产成本——基本生产成本""生产成本——辅助生产成本""制造费用""管理费用"等账户;不属于生产经营管理费用的,应计入相关账户。

2. 分配辅助生产成本

月末,将归集的"生产成本——辅助生产成本"账户费用,按照其受益对象和提供的产品及劳务量,编制辅助生产成本分配表,计入"生产成本——基本生产成本""制造费用""管理费用"等账户。

3. 分配制造费用

月末,将归集在"制造费用"账户的费用,按照其受益产品和分配标准,编制制造费用分配表,计入"生产成本——基本生产成本"等账户。

4. 完工产品成本的计算和结转

按产品成本计算期定期编制产品成本计算单,计算完工产品成本,并将完工产品成本从"生产成本——基本生产成本"账户转入"库存商品"账户。

5. 各项期间费用的结转

月末,将"管理费用""财务费用""销售费用"账户归集的费用转入"本年利润"账户。

结合成本核算的主要账户,成本核算的账务处理流程如图1-6所示。

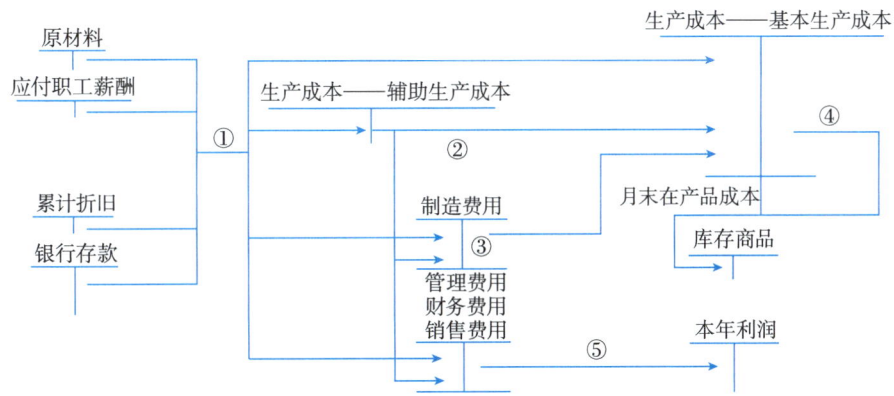

图1-6 成本核算的账务处理流程

任务三　生产类型和成本核算方法

任务目标

1. 能准确识别企业不同生产类型的特点。
2. 能区分不同的成本核算方法及其适用场景。

任务描述

扬帆电池有限公司生产车间分为基本生产车间和辅助生产车间。基本生产车间包括生产一部和生产二部两个部门。这两个部门是公司生产的核心力量,负责电池的主要制造过程。辅助生产车间包括供电车间、供水车间,负责监控和调整生产进度,确保生产任务按时完成。其中,供电车间负责提供稳定的电力供应,保障生产线的正常运转;供水车间确保生产过程中所需的水资源供应,为电池的生产提供了必要的条件。

思考

1. 从生产工艺角度来看,产品生产可以分为哪些类型?
2. 扬帆电池有限公司可以依据哪些标准确定成本对象?

任务分析

产品成本的计算,关键是选择适当的产品成本计算方法。产品成本计算方法必须根据产品的生产特点、管理要求及工艺过程等予以确定。否则,产品成本就会失去真实性,无法进行成本分析和考核。目前,企业常用的产品成本计算方法有品种法、分批法、分步法、分类法、定额法、标准成本法等。

相关知识

一、企业的生产类型

企业的生产类型,是指企业生产工艺过程和生产组织方式相互结合的形式。

(一) 按照生产工艺过程的特点分类

按照生产工艺过程的特点,企业的生产类型可以分为单步骤生产和多步骤生产两种。

(1) 单步骤生产,也称"简单生产",是指工艺技术过程不能间断,或不能分散在不同地点进行的生产。如发电、采掘、铸造等企业的成本计算对象通常只能按照产品品种确定。

(2) 多步骤生产,也称"复杂生产",是指在工艺技术上可以间断,整个生产过程可以分别在不同的时间、地点进行,可以由一个企业单独进行或由几个企业协作进行的生产。按照加工方式不同,多步骤生产又可以分为多步骤连续式生产和多步骤装配式生产。

①多步骤连续式生产,是指从原材料投入到加工制造出产品,需要经过若干连续式加工步骤的生产。由于各步骤之间以半成品的方式进行结转,前一加工步骤的产品(或半成品)是后一加工步骤的加工对象,成本计算对象必须按每一种产品及其经过的步骤确定,如纺织、冶金企业等。

②多步骤装配式生产,是指各种原材料经过平行加工制成各种零部件,然后装配成产品的生产。由于各生产步骤生产出来的都是等待继续装配的半成品,成本计算对象应按照构成每件产品的半成品确定,如机械行业、电子工业、机床制造业、自行车制造业、汽车制造业等企业。

(二) 按照生产组织的特点分类

按照生产组织的特点,企业的生产类型可以分为大量生产、成批生产和单件生产三种。

(1) 大量生产,是指连续不断地重复生产品种相同的产品,如采煤、化肥、水泥、面粉、食糖、造纸等生产。这类企业的生产产品品种较少、产量较大、生产稳定,通常采用专业设备重复地进行生产，专业化水平较高。

（2）成批生产，是指按产品批别和数量重复地生产几种产品而进行的生产，如家用电器、鞋帽等生产。这类企业的生产产品品种较多，各种产品产量多少不等，一般同时采用专业设备和通用设备进行生产。按照产品批量大小，成批生产又细分为大批生产和小批生产。

①大批生产，是指由于产品的批量较大，往往在几个月内不断地重复生产一种或几种产品，性质上接近大量生产，如服装加工、食品加工等。

②小批生产，是指由于产品的批量较小，一批产品一般可以同时完工，性质上接近单件生产，如电梯生产等。

（3）单件生产，是指按照订货单位的需要，生产个别性质特殊的产品，如船舶、飞机、重型机械等。这类企业生产的产品品种多，每一订单的产品数量很少、每种产品生产后一般不再重复生产或不定期重复生产，通常采用通用设备进行加工。

二、生产类型与成本管理要求对成本计算的影响

生产类型与成本管理要求对成本计算的影响，主要体现在成本计算对象、成本计算期，以及生产费用在完工产品和期末在产品之间分配三个方面。

（一）对成本计算对象的影响

成本计算对象，就是生产费用归集的对象，通俗地说就是计算什么的成本。生产类型与成本管理要求对成本计算的影响集中表现在成本计算对象的确定上。针对不同的生产工艺技术过程特点和产品生产组织特点，成本计算对象可按如下方式确定。

（1）单步骤连续式大量生产企业，由于生产工艺过程不能间断，不能分散在不同地点进行生产，且大量重复无法分批，成本管理既不能分步计算成本，也不能分批计算成本，必须以最终产品为成本计算对象分别计算产品成本，成本计算对象为产品品种。

（2）多步骤连续式大量生产企业，由于生产工艺过程由若干个分散在不同地点、不同时间的连续式加工过程组成，其产品品种相同，产品无法分批，但工艺过程可以划分为若干个生产步骤。为明确责任、便于计算成本，需要以每个步骤为成本计算对象，即管理上要求分步计算成本。

（3）多步骤装配式大量生产企业，由于产品品种少而且稳定，在较长时间内生产同种产品，其产品的零部件可以在不同地点同时进行加工，然后装配成为最终产品，而零部件半成品没有独立的经济意义，不需要按步骤计算半成品成本，而以产品品种为成本计算对象。另外，由于零部件生产的批别与订货产品生产的批别不一定一致，也不能按产品批别计算成本。

（4）多步骤装配式小批、单件生产企业，由于生产的产品批量小，按照单件或批别组织，一批产品一般在较短时间内完工，通常以单件或每批产品为对象，采用分批法计算成本，即其成本计算对象为批别或订单。

（二）对成本计算期的影响

成本计算期，是指每隔多长时间计算一次成本，即每次计算成本的期间。不同的生产类型，成本计算期也不尽相同，产品成本计算期的确定主要取决于生产组织特点。

（1）单件小批生产的企业，由于产品生产周期较长，产品成本只能在某件或某批产品完工以后

计算，产品成本计算期不固定，与会计报告期不一致，但与产品生产周期一致。

（2）大量大批生产的企业，由于产品生产周期较短，而且生产经营持续不断地进行，每月都有一定的完工产品和在产品，产品成本的计算要在月末定期进行，成本计算期与会计报告期一致，但与产品生产周期不一致。

（三）对生产费用在完工产品和期末在产品之间分配的影响

对生产费用在完工产品和期末在产品之间的分配主要取决于生产组织的特点。

（1）单步骤大量大批生产企业，由于生产不能间断，产品生产周期较短，一般在产品数量少，或期末在产品存货比较均衡，在计算产品成本时，生产费用一般无须在完工产品和期末在产品之间加以分配。

（2）多步骤大量大批生产企业，由于生产不间断地进行，边投入边产出，既有陆续完工的产品，也有正在加工制造的在产品，在期末计算产品成本时，必须将归集的生产费用在完工产品和期末在产品之间进行分配。

（3）多步骤单件小批生产企业，在按单件组织生产时，生产完工即为产成品，未完工即为在产品，因而，生产费用无须在完工产品和在产品之间加以分配；小批生产可能当月完工，也可能跨月陆续完工，同批产品未完工之前，归集的生产费用都是在产品成本，同批产品全部完工后，归集的生产费用就是该批完工产品的成本，所以不存在生产费用在完工产品和期末在产品之间进行分配的问题。

三、成本核算方法的选择

成本核算方法的选择，既要考虑生产类型，又要考虑成本管理的要求。生产类型和成本管理的要求对成本计算方法的影响，主要表现在成本计算对象、成本计算期和在产品成本计算三个方面。这三个方面的结合，构成了以成本计算对象不同为主要特征的不同成本计算方法。成本计算的基本方法有品种法、分批法、分步法三种。

（1）品种法。

品种法以产品品种为成本计算对象，系统地归集产品在生产过程中产生的各项生产费用，并据此计算产品成本。此方法在成本管理上无须分批或分步计算产品成本，主要适用于单步骤的大规模生产，如发电、采掘、供水、铸造等行业；其次适用于管理上无须分步骤计算成本的多步骤大规模生产，如水泥生产企业等。此外，企业内部的辅助生产车间也可以采用品种法计算其提供劳务（或辅助产品）的成本。

品种法是最基本的成本计算方法。不论什么类型的企业，采取哪种成本计算方法，都必须以产品品种为对象提供企业的成本资料。

（2）分批法。

分批法是指以产品的批别（分批或不分步）或订单为成本计算对象，归集生产费用并计算产品成本的方法。在单件小批生产企业中，生产车间通常依据生产部门下达的生产任务通知单或购货方的订单组织产品生产。由于客户的订单在数量、质量和交货时间上存在差异，而管理上需要掌握各批投产产品的成本，在计算产品成本时，必须以产品的批别为对象，采用分批法进行成本核算。分批法下的成本计算期是不定期的，与生产周期保持一致。这种方法适用于从事单件或小批平行加工式复杂生产的企业，如船舶制造、重型机械、试验性生产和修理作业的企业。

在上述成批或单件的平行加工式复杂生产中，产品生产通常按照事先规定的规格和数量分批进行，或根据购买单位的订单填发内部订单以组织生产。在这种情况下，需要以产品生产的批别或订单作为成本计算对象，并设置基本生产成本明细表，因此，这一方法也被称为"订单法"。

（3）分步法。

分步法是指以产品的品种及所经过的生产步骤为成本计算对象，归集和分配生产费用，计算各生产步骤和最终产成品的实际总成本和单位成本的方法。该方法适用于大量大批且管理上要求分步骤计算产品成本的复杂生产企业，如冶金、纺织、机械制造、钢铁生产等企业。按各步骤生产成本的结转方式不同，分步法可分为逐步结转分步法和平行结转分步法。

这三种方法之所以被归为产品成本计算的基本方法，是因为它们与不同生产类型的特点直接相关，且涉及成本计算对象的确定，是计算产品实际成本不可或缺的方法。概括而言，所有制造企业，不论其生产类型如何，进行成本计算采用的基本方法都不外乎这三种。以上各种成本核算方法的基本特点如表1-1所示。

表1-1 成本核算方法的基本特点

成本核算方法	适用范围		成本计算对象	成本计算期	生产费用在完工产品和在产品之间的分配
	生产类型	成本管理要求			
品种法	大量大批单步骤或大量大批多步骤	管理上不要求分步骤计算产品成本	产品品种	与会计报告期一致（月末）	单步骤一般不需要分配，多步骤一般需要分配
分批法	单件小批单步骤与单件小批多步骤	管理上不要求分步骤计算产品成本	每件或每批产品	与产品生产周期一致	一般不需要分配
分步法	大量大批多步骤	管理上要求分步骤计算产品成本	产品品种及其经过的生产步骤	与会计报告期一致（月末）	一般需要分配

除上述成本核算的三种基本方法外，还有在基本方法的基础上，为解决某一方面问题而派生出的其他成本核算方法。例如，在产品品种、规格繁多的企业里（如针织、制鞋、服装企业等），为了提供不同规格的产品成本资料，也可以采用分类法。又如，在定额管理水平较高的企业里，为了考核定额管理水平和提供分析对比资料，可以采用定额法。还有些企业在主要产品生产过程中，会生产出一些联产品、副产品和等级产品等，可根据其比重采用一定方法来计算其成本。

思政园地

用"破局思维"做好降本增效大文章

2023年1—10月，山东能源西北矿业邵寨煤业公司（以下简称"邵寨煤业"）吨煤完成成本比考核指标下降29.46元/吨，实现降本创效3 724万余元。面对煤炭市场严峻复杂的形势，邵寨煤业的公司成本投入不增反降，顺利完成上级考核指标。在决战决胜全年安全生产的关键时期，邵寨煤业坚持思想破冰、实干破局、机制破题，以降本增效为重要工作措施，练内功、抓管理、挖潜力、提效率，在应对市场变化中凝聚起掌握工作主动权、打好发展主动仗的共识，紧紧围绕"蓄势突破"工作主题，深入落实挖潜增效手段，以降本对冲降价。

严管理、聚合力，拧紧思想"一股绳"。思路决定出路，方法决定效果。面对复杂的内外部发展形势，邵寨煤业集全员之智、聚全员之力，制定好降本增效的顶层设计，把精益管理作为应对市场变化，破题攻坚的"制胜密码"。

邵寨煤业牢牢把握"消除浪费、控本提效"的主体思路，结合市场新形势和发展新要求，进一步强化健全机制和考核管理体系，明确规定"降本增效目标任务"和"具体考核办法"，每月定期对各区、队、部、室成本费用的支出情况进行考核，严格奖惩兑现，向成本费用要效益。

优工艺、控费用，激活生产"主引擎"。邵寨煤业作为新建矿井，在基建之初就从设计上考虑"节本降耗"这一工作重点。把降能耗作为降成本的发力点，在设备改造和工艺优化上下功夫，对关键设备运行工况"把脉问诊"，以工艺优化和技术革新解决生产过程问题和弊端，力促降本增效工作取得新进展。

在邵寨煤业的设备维修车间，旧皮带和废锚杆"碰撞"后，就成了井下的管路挂钩；废旧钢丝绳和扁尾绳"相遇"后，就成了除锈用的喷砂；报废的皮带架杆和方管"邂逅"后，就成了实用的电缆缠绕架……经过工人师傅的巧手改造，废旧物料焕发了"第二春"。

细管控、深挖潜，算好经营"效益账"。邵寨煤业坚持"煤价降到哪里、成本就控制到哪里"，将勤练内功、深挖内潜作为抵御市场寒冬的利器。细算经济账，扎紧钱袋子，打出组合拳，把经营工作做细做精，确保企业发展高质量、效益有保障。

设备检修牢固秉持"能修则修、能用不换"的原则，积极引导职工增强"省下一分、增利一分"的成本节约意识，回收利用旧材料、旧设备；同时，将能焊补与修复的设备一律修复，能够自主修复的设施绝不外委。截至2023年10月底，邵寨煤业通过修旧利废累计创效87.7万元，回收锚杆牌、钢带等物料19类2万余件，节约成本90余万元。

项目练习

一、单项选择题

1. 成本核算最基本的分期是（　　）。
   A. 月　　　　　　B. 季　　　　　　C. 半年　　　　　　D. 年

2. 按现行成本核算开支范围规定，（　　）不能计入产品成本。
   A. 销售费用　　　B. 管理费用　　　C. 财务费用　　　D. 制造费用

3. 下列各项中，不能费用化的支出有（　　）。
   A. 所得税支出　　B. 利息支出　　　C. 广告宣传支出　D. 捐赠支出

4. 按权责发生制原则，（　　）不能计入本期产品成本。
   A. 支付上月的水电费　　　　　　　B. 支付生产工人的薪酬费
   C. 经营出租设备的折旧费　　　　　D. 车间管理人员报销的差旅费

5. 在成本核算的账务处理程序中，归集基本生产成本的费用来源有（　　）。
   A. 分配的要素费用　　　　　　　　B. 分配的辅助生产费用
   C. 分配的制造费用　　　　　　　　D. 分配的期间费用

二、多项选择题

1. 应计入产品成本的各种材料费用，按用途进行分配，应记入的账户有（　　）。
   A. "管理费用"　　　　　　　　　　B. "生产成本——基本生产成本"
   C. "制造费用"　　　　　　　　　　D. "财务费用"

2. 发生下列各项费用时，可以直接借记"生产成本——基本生产成本"账户的有（　　）。

A. 车间照明用电费   B. 构成产品实体的原材料费用
C. 车间生产工人工资   D. 车间管理人员工资

3. 下列支出在发生时直接确认为当期费用的是（   ）。

A. 行政人员工资   B. 支付的本期广告费
C. 预借差旅费   D. 固定资产折旧费

4. "财务费用"账户核算的内容包括（   ）。

A. 财务人员工资   B. 利息支出   C. 汇兑损益   D. 财务人员业务培训费

5. 不形成产品价值，但应计入产品成本的有（   ）。

A. 废品损失   B. 季节性停工损失
C. 固定资产修理期间的停工损失   D. 入库后因保管不善导致的损失

6. 成本的主要作用在于（   ）。

A. 是企业对外报告的主要内容
B. 是制定产品价格的重要因素和进行生产经营决策的重要依据
C. 是补偿生产耗费的尺度
D. 是综合反映企业工作质量的重要指标

三、判断题

1. 产品成本是由费用构成的，因此企业发生的费用就是产品的成本。（   ）
2. 为了加强管理与考核，各个企业的成本核算制度是由国家统一规定的。（   ）
3. 在成本会计的职能中，成本核算是成本会计其他职能的基础。（   ）
4. 成本预测是成本会计的职能。（   ）
5. 现代成本会计实际上就是成本管理。（   ）

学习评价

表1-2 专业能力评价表

任务名称	评价指标	掌握程度		
		优秀	良好	一般
认识成本	成本的含义			
	成本的内容			
	成本的作用			
成本核算的原则、要求与程序	成本核算的原则			
	成本核算的要求			
	成本核算的基本程序			
	成本核算的账务处理程序			
生产类型和成本核算方法	企业的生产类型			
	生产类型与成本管理要求对成本计算的影响			
	成本核算方法的选择			

项目二
品种法核算产品成本

学习目标

知识目标

1. 了解品种法的概念、适用范围、特点及成本核算程序。
2. 掌握材料费用的归集与分配方法。
3. 掌握外购动力费用的归集与分配方法。
4. 掌握职工薪酬费用的归集与分配方法。
5. 掌握折旧费和其他费用的核算方法。
6. 掌握辅助生产费用的归集与分配方法。
7. 掌握制造费用的归集与分配方法。
8. 掌握损失费用的核算方法。
9. 掌握在完工产品与在产品之间分配生产费用的方法。

技能目标

1. 能绘制品种法的成本核算流程图。
2. 能根据企业生产实际情况合理选择各种要素费用的分配方法。
3. 能正确完成各要素费用的归集和分配。
4. 能对可修复与不可修复废品进行核算。
5. 能对停工损失进行核算。
6. 能正确计算完工产品与在产品的成本。
7. 能应用 Excel 建立品种法成本计算模型，完成产品成本核算。

素养目标

1. 通过对可修复与不可修复废品损失的学习，树立环保理念，理解推动循环经济发展的深远意义。
2. 通过学习原始凭证、记账凭证的编制和审核，以及会计账簿的登记，实现理论与实践的有机结合，体悟"实践出真知，实践长真才"的道理。

案例导入

爱农食品厂是一家小规模食品厂，拥有固定资产2 000多万元，职工230多人。该厂设有糕点、饼干、糖果3个车间及厂部管理部门。其中，糕点车间负责生产炉制糕点和油炸糖制糕点，饼干车间负责生产散装饼干和盒装饼干，糖果车间负责生产硬糖和软糖。

该厂生产工艺过程比较简单。以饼干生产为例，其流程包括：打面—专车压切—炉烤—码堆—包装。打面就是将配好的原材料装入机器搅拌；搅拌好的面团送入专车压切，使之成为各种形状的饼干；切好的饼干一盘一盘地送到炉中烘烤；烤熟后码成小堆；最后包装以便出售。糕点、糖果的生产工艺过程同样简单，不予赘述。这些产品的生产周期均很短，且月终一般没有在产品。

基于上述生产特点，饼干的成本核算通常采用品种法。在产品品种、规格繁多的食品厂中，为简化计算，还可以结合分类法进行成本核算：首先，将产品归为饼干类别，计算饼干类产品的总成本；其次，通过一定的分配标准或系数，计算类内各品种饼干的成本。

饼干的生产一般是在流水线上不断进行的，其工艺过程不能间断，无法由几个车间或企业分散进行，因此一般归为单步骤生产，生产组织形式是大量大批生产。

任务一　认识品种法

任务目标

1. 能深入理解品种法作为一种成本计算方法的基本原理。
2. 能理解品种法主要适用于大批量单步骤生产的企业。

任务描述

随着扬帆电池有限公司生产规模的逐步扩大，公司从单一产品生产转向多品种大批量的生产模式。在这一过程中，企业面临如何准确且高效地计算产品成本问题。为了更有效地控制成本并提高经济效益，企业决定采用品种法作为主要的产品成本计算方法。

思考

品种法有哪些特点，适用于哪些类型的企业？

任务分析

品种法体现了成本核算的基本原理，是产品成本核算的基本方法。它以产品品种为成本核算对象，按产品品种设置成本明细账，进行生产费用的归集和分配，计算产品成本。它主要适用于大量大批单步骤生产的企业，如发电、采掘、供水等企业，以及管理上不要求计算半成品成本的大量大批多步骤生产的企业，如小型化肥厂、造纸厂、水泥厂等。

相关知识

一、品种法的概念及适用范围

品种法是指以产品品种作为成本核算对象，归集和分配生产费用，进而核算产品成本的一种方法。无论企业属于何种生产类型或具备何种成本管理要求，都要计算每种产品的成本。按照产品品种计算产品成本是成本计算最基本的要求，且计算方法相对简单，因此，品种法是产品成本核算中最基础的方法，体现了产品核算的基本原理。

品种法主要适用于大量大批单步骤生产的行业或企业，如自来水生产的供水业、原煤原油开采的挖掘业以及发电业等。这类行业或企业的特点是，产品品种单一化、车间为封闭式或者流水线式管理、月末通常没有或仅有少量在产品，无须在完工产品和在产品之间进行生产费用分配和核算。对于规模较小且管理上不要求提供各步骤成本资料的大量大批多步骤生产企业，也可采用品种法进行核算，如水泥厂、糖果厂、纺织厂、造纸厂等。此外，企业的辅助生产车间同样适用品种法进行核算。例如，提供产品的辅助生产车间，其发生的费用均为生产费用，可按成本项目直接归集，采用品种法核算成本。

二、品种法的特点

（一）以产品品种作为成本计算对象，开设生产成本明细账（成本计算单）

采用品种法计算成本时，如果企业只生产一种产品，那么企业所发生的各项生产费用都是直接费用，可以直接计入该种产品生产成本明细账（成本计算单），不存在在各成本计算对象之间分配费用的问题。如果企业生产两种或两种以上产品，则应按产品品种分别开设生产成本明细账（成本计算单），并按成本项目设置专栏。生产产品发生的直接费用可以直接计入各产品生产成本明细账（成本计算单）；间接费用应另行归集，然后采用适当的分配方法在各成本计算对象之间进行分配，最后计入各产品生产成本明细账（成本计算单）相应的成本项目。

（二）每月月末定期计算产品成本

品种法的成本计算是每月月末定期进行的，与会计报告期一致，与产品生产周期不一致。采用品种法计算成本的企业，一般是大量大批单步骤生产的企业和大量大批多步骤生产但管理上不要求分步骤计算产品成本的企业。大量大批生产意味着原材料不断投入，产品不断完工，因而不可能等产品全部完工后再计算产品成本，故品种法的成本计算只能在每月月末定期进行。

（三）有月末在产品时，需在本期完工产品和月末在产品之间分配生产费用

采用品种法计算产品成本时，如果月末没有在产品，则各产品生产成本明细账（成本计算单）中归集的生产费用即为完工产品成本；如果在产品数量很少，或月初、月末在产品数量比较稳定，则为简化核算，一般不需要将各产品生产成本明细账（成本计算单）中归集的生产费用在完工产品与在产品之间进行分配；如果月末在产品数量较多，占用费用较大，则需要选择适当的方法，将各产品生产成本明细账（成本计算单）中归集的生产费用在完工产品与在产品之间进行分配，以便正确计算完工产品成本和在产品成本。

三、品种法的成本核算程序

成本核算程序，是指对产品生产过程中发生的各项费用，按照财务会计制度的规定，进行审核、归集和分配，计算完工产品成本和月末在产品成本的过程。品种法的成本核算程序一般有以下几个步骤。

(一) 按产品品种设置生产成本明细账

企业应设置"生产成本"总账,并在其下设置"基本生产成本"和"辅助生产成本"二级账;同时,根据企业生产的产品品种(成本计算对象)设置产品成本明细账(或产品成本计算单);根据辅助生产车间或其提供的产品品种(劳务品种)设置辅助生产成本明细账。产品成本明细账和辅助生产成本明细账应按成本项目(直接材料、直接人工、制造费用)设置专栏。

(二) 归集和分配本月发生的各项要素费用

根据生产过程中产生的各项费用原始凭证及其他相关资料,编制各项要素费用分配表,分配材料费用、工资附加费用及其他各项费用。根据各类费用分配表,登记各产品的基本生产成本明细账、辅助生产成本明细账、制造费用明细账等。

(三) 分配辅助生产成本

根据辅助生产明细账归集的本月辅助生产费用总额,按照企业确定的辅助生产费用分配方法,在各受益部门之间进行分配,编制各辅助生产车间的辅助生产费用分配表,并据此登记相关产品成本明细账(产品成本计算单)、制造费用明细账和期间费用明细账。

(四) 分配基本生产车间制造费用

根据各基本生产车间制造费用明细账归集的本月制造费用,按照企业确定的制造费用分配方法,编制各车间的制造费用分配表,在各种产品之间分配制造费用,并据此登记各产品生产成本明细账(产品成本计算单)。

(五) 计算完工产品的总成本和单位成本

根据产品生产成本明细账(产品成本计算单)归集的全部生产费用(期初在产品成本+本月生产费用),采用适当的方法,在完工产品和在产品之间进行分配,确定完工产品的实际总成本和月末在产品成本。各完工产品的实际总成本分别除以其实际总产量,即为该产品本月的实际单位成本。

(六) 结转本月完工产品成本

根据各产品成本明细账计算出本月完工产品成本,汇总编制完工产品成本汇总表。

品种法成本核算程序如图2-1所示。

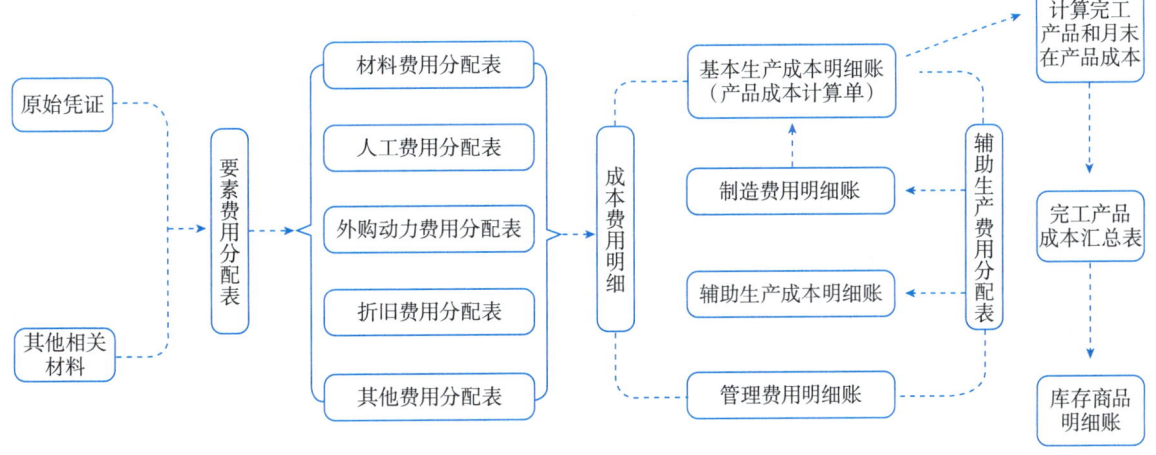

图2-1 品种法成本核算程序

任务二　材料费用的核算

任务目标

1. 能明确材料费用的界定标准，了解不同材料费用的特点和核算要求。
2. 能建立起对材料费用核算的全面认知框架。

任务描述

陆明在扬帆电池有限公司财务部工作中了解到公司生产的磷酸铁锂电池组需耗用磷酸铁锂、石墨、隔膜、电解液等主要材料，同时需要铝箔、铜箔、铝带、镍带、胶纸、隔膜纸等辅助材料。

思考

1. 生产产品的主要材料和辅助材料有何区别？
2. 企业的材料可以分为哪几类？

任务分析

企业在制造产品的过程中，要消耗各种各样的材料。不同材料在生产产品过程中作用不同，有的构成产品实体，有的有助于产品形成，有的在生产过程中被消耗掉。材料包括原料及主要材料、辅助材料、修理用备件、包装物、燃料、低值易耗品等。

相关知识

一、材料的分类

同一种材料在不同的企业中，可能被划分为不同类别，因此，一种材料可能兼多种用途。按主要用途，材料可分为以下几类。

（一）原料及主要材料

原料及主要材料，是指经过加工后构成产品主要实体的各种原料及主要材料，如制衣用的布料、炼铁用的铁矿石、炼油用的原油、制造机器用的钢材等。在企业中，作为进一步加工用的外购半成品，若其性质与原材料一样，则可作为原料及主要材料。

（二）辅助材料

辅助材料，是指在生产中不构成产品主要实体，只起一定辅助作用的材料，如扬帆电池有限公司生产磷酸铁锂电池组时使用的铝箔、铜箔、铝带等。

（三）修理用备件

修理用备件，是指为修理本企业机器设备和运输工具所专用的各种备品、配件，如机器设备的电机、轴承、传动轴等零配件。

（四）包装物

包装物，是指为包装本企业产品，随同产品一同出售或者在销售产品时出租、出借给购货单位使用的各种包装物等，如桶、箱、坛、袋、瓶等。

（五）燃料

燃料，是指在生产过程中用来燃烧发热的各种燃料，包括固体燃料、液体燃料和气体燃料，如煤、汽油、天然气等。

（六）低值易耗品

低值易耗品，是指单位价值较低且容易耗损的各种工具、管理用具、玻璃器皿以及劳保用品等。从性质上看，低值易耗品不是劳动对象，而是劳动资料，但由于其不具备固定资产的条件，也属于材料。

二、材料费用的归集与分配

（一）材料费用的归集

1. 发出材料的计价方法

材料费用的日常核算有两种计价方法，即按实际成本计价和按计划成本计价。按实际成本计价适用于规模较小、材料品种规格不多且收发不太频繁的企业；按计划成本计价适用于规模较大、材料品种规格繁多且收发较为频繁的企业。

（1）按实际成本计价。由于市场价格的波动，不同时期采购的同种原材料入库价格可能有所不同。在生产领用发料时，要采用一定的方法确定发出材料的单价，通常有先进先出法、加权平均法（月末一次加权平均法、移动加权平均法）和个别计价法。

【例2-1】扬帆电池有限公司的乙材料月初是零库存，12月5日、8日、15日采购了三次乙材料，第一次采购5 000千克，实际单价8.50元/千克；第二次采购4 000千克，实际单价8.20元/千克；第三次采购3 000千克，实际单价8.30元/千克。生产B产品，12月10日一次性领用乙材料6 000千克，计算B产品本月耗用乙材料的实际成本。计算过程及结果如表2-1所示。

表2-1 发出材料实际成本计算表

产品：B产品　　　　　　　　　　202×年12月　　　　　　　　　　金额单位：元

计算方法		发出材料实际成本的计算过程
先进先出法		(5 000×8.50) + (4 000×8.20) =42 500.00+32 800.00=75 300.00
加权平均法	移动加权平均法	平均单价=[(5 000×8.50) + (4 000×8.20)]÷(5 000+4 000)≈8.37 发出材料实际成本=6 000×8.37=50 220.00
	月末一次加权平均法	平均单价=[(5 000×8.50) + (4 000×8.20) + (3 000×8.30)]÷(5 000+4 000+3 000)=8.35 发出材料实际成本=6 000×8.35=50 100.00

（2）按计划成本计价。期末，通过计算材料成本差异率，将日常发出材料的计划成本调整为实际成本，调整公式如下：

$$材料成本差异率 = \frac{期初结存材料的成本差异 + 本期验收入库材料的成本差异}{期初结存材料的计划成本 + 本期验收入库材料的计划成本} \times 100\%$$

$$发出材料实际成本 = 发出材料的计划成本 \times (1 + 材料成本差异率)$$

注意：超支差异是正值，用"+"表示；节约差异是负值，用"-"表示。

【例2-2】扬帆电池有限公司本月生产A产品领用甲材料2 000千克，单位计划成本为9.00元/千克。本月初，甲材料结存5 000元（计划成本），成本差异为-30.00元（节约差）；本月采购甲材料，共验收入库35 000元（计划成本），发生成本差异为450.00元（超支差）。计算A产品本月耗用甲材料的实际成本。

甲材料的成本差异率 =（-30.00 + 450.00）÷（5 000 + 35 000）× 100% = 1.05%

A产品耗用甲材料的计划成本 = 2 000 × 9.00 = 18 000.00（元）

A产品耗用甲材料的实际成本 = 18 000.00 ×（1 + 1.05%）= 18 189.00（元）

2. 发出材料的原始凭证

不论材料日常采用哪种计价方法，发料时，成本核算人员都只填写发料数量，发料单价与金额应由成本核算人员在月末根据不同计价方法计算填写。

企业在生产过程中要使用的材料品种和数量很多，应办理必要的手续，由专人负责，经有关人员签字审核后，才能办理领料手续。领料凭证一般包括领料单、限额领料单、领料登记表和退料单等。这些领料凭证属于自制原始凭证，格式自行设计。

（1）领料单。领料单是一种一次性使用的发料凭证，即领一次材料就要填写一次凭证，既可以"一单一料"，也可以"一单多料"，通常一式三联：第一联为存根联，留领料部门备查；第二联为记账联，留会计部门作为出库材料核算的依据；第三联为保管联，留仓库作为登记材料明细账的依据。领料单由车间经办人员填制，车间负责人、领料人、仓库管理员和发料人均需要在领料单上签章。领料单适用于不经常领用或未指定消耗定额的材料领发，领料单的格式如图2-2所示。

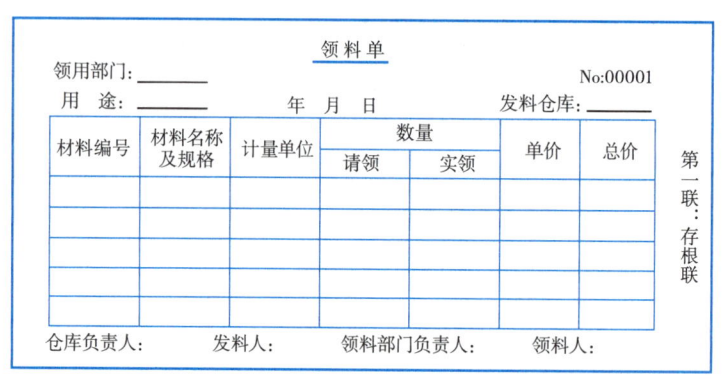

图2-2 领料单

（2）限额领料单。限额领料单也称"定额领料单"，是一种累计多次使用的发料凭证，在当月或一定期间内，领用的数量只要不超过规定的限额就可以连续、多次使用。限额领料单一般是"一单一料"，通常一式三联。采用限额领料单，不仅可以限制生产部门按计划领料，节约用料，还可以节省大量凭证，简化核算手续，适用于经常领用并已制定消耗定额的材料领发。限额领料单的格式如图2-3所示。

（3）领料登记表。领料登记表是一种多次使用的发料凭证，通常一式三联，适用于金额不大的零星材料（如低值易耗品、包装物等）领发，可以节省领料单，便于汇总。领料登记表的格式如图2-4所示。

限额领料单 No:00005

产品名称：______ 材料编号：______

计划产量：______ 材料名称：______

领料限额：______ 年 月 发料仓库：______

领用日期	请领数量	实领数量	累计实发数量	结余数量	领料人	发料人
累计实发金额：						

仓库负责人： 领料部门负责人：

图 2－3 限额领料单

领料登记表 No:00012

材料类别：______ 领料部门：______

材料名称：______ 年 月 发料仓库：______

领用日期	计量单位	领用数量		发料人	领料人
		当日领用	累计领用		
材料单价：			金额合计：		

仓库负责人： 领料部门负责人：

图 2－4 领料登记表

（4）退料单。凡是已领用但当月尚未使用的材料，都必须办理退料手续，以便如实反映材料的实际消耗量。退料单应列明退还材料的编号、名称、单位、退料数量、单位成本金额以及退料部门、原用途、退料原因等，通常一式三联。退料单的格式如图 2－5 所示。

退料单

退料部门：______ No:00007

原 用 途：______ 年 月 收料仓库：______

材料编号	材料名称	单位	退料数量	单价	总价	退料原因

仓库负责人： 发料人： 领料部门负责人： 领料人：

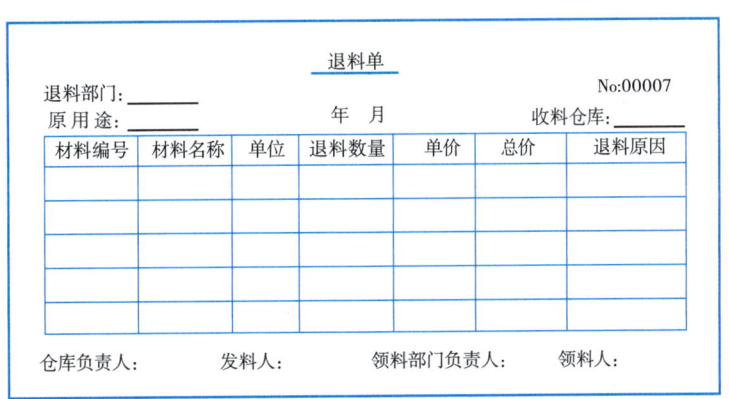

图 2－5 退料单

对于车间已领用、下月需要继续耗用的材料，为了避免本月末交库、下月初又领用的手续，可以办理“假退料”手续，即填制一份本月的退料单，表示该种余料已经退库，同时编制一份下月的领料单，出库数量应包含这部分余料，材料的实物不动。

3. 发出材料数量的确定

材料有两种盘存制度，即永续盘存制和实地盘存制。在不同盘存制度下，确定本期发出材料数量的方法有所不同。

（1）永续盘存制。永续盘存制也称"账面盘存制"，要求根据材料收入与发出的各种原始凭证及时登记材料数量金额式明细账。这样能够对材料的日常收发进行严密控制、准确计量，随时可以了解材料的结存情况，有利于材料采购管理工作；但材料品种较多时，会计人员工作量较大。在永续盘存制下，本期材料的发出数量就是该材料明细账中本月贷方合计的数量。

（2）实地盘存制。在实地盘存制下，材料的数量金额式明细账中的数量栏，平时只登记收入数量，不登记发出与结存数量。这样，虽然日常登账工作量较小，但是不能及时掌握库存变动情况，而且掩盖了管理不善造成的损失。在实地盘存制下，本期材料的发出数量是通过期末盘点实物确定期末结存数量后倒挤得出的，其计算公式如下：

$$材料发出数量 = 期初结存数量 + 本期收入数量 - 期末结存数量$$

（二）材料费用的分配

对于企业一定时期内耗用的材料，能够直接明确归属对象的，应直接计入成本对象；但更多情况下，是耗用某种材料用于生产多种产品，甚至同时耗用多种材料用于生产多种产品，需要采用一定的方法，在各产品对象间进行分配。材料费用的分配方法很多，通常有定额耗用量比例分配法、定额费用比例分配法以及产量（体积等）比例分配法等。

（1）定额耗用量比例分配法。

定额耗用量比例分配法，也叫"定额消耗量比例分配法"，是以各种产品的材料耗用总定额为标准分配材料费用的方法。其计算公式如下：

$$某种产品的材料定额耗用量 = 该种产品实际产量 \times 单位产品材料耗用定额$$

$$材料耗用量分配率 = 各种产品实际共同耗用材料总额 \div 各种产品材料定额耗用总量$$

$$某种产品应分配的材料数量 = 该种产品的材料定额耗用量 \times 材料耗用量分配率$$

$$某种产品应分配的材料费用 = 该种产品应分配的材料数量 \times 材料单价$$

【例2-3】扬帆电池有限公司202×年12月生产A、B两种产品，共同耗用甲材料1 100千克，单价为4元/千克。A产品的实际产量为120件，单件产品材料消耗定额为5千克；B产品的实际产量为100件，单件产品材料消耗定额为4千克。按定额耗用量比例分配法，分别计算当月A、B两种产品各自应负担的材料费用。

A产品的材料定额耗用量 = 120 × 5 = 600（千克）

B产品的材料定额耗用量 = 100 × 4 = 400（千克）

A、B产品材料定额耗用总量 = 600 + 400 = 1 000（千克）

材料消耗量分配率 = 1 100 ÷ 1 000 = 1.1

A产品应分配的材料数量 = 600 × 1.1 = 660（千克）

B产品应分配的材料数量 = 400 × 1.1 = 440（千克）

A产品应分配的材料费用 = 660 × 4 = 2 640（元）

B产品应分配的材料费用 = 440 × 4 = 1 760（元）

表 2-2 材料费用分配表

金额单位：元

产品	产量/件	单位消耗定额/ （千克/件）	定额耗用量/ 千克	分配率	分配数量/千克	分配费用
A	120	5	600		660	2 640
B	100	4	400		440	1 760
合计	220			1.1	1 100	4 400

(2) 定额费用比例分配法。

定额费用比例分配法是以各种产品的材料定额费用总额为标准分配材料费用的方法。特别是，在领用多种材料用于生产多种产品时，只能采用定额费用比例分配法，而不能用定额耗用量比例分配法计算各种产品耗用的材料费用。

某种产品某种材料定额费用 = 该种产品实际产量 × 单位产品原材料费用定额
= 该种产品产量 × 单位产品耗用定额 × 材料单位实际成本
（或计划成本）

原材料费用分配率 = 各种产品实际共同耗用材料费用总额 ÷ 各种产品材料定额费用总额

某种产品应分配的材料费用 = 该种产品原材料定额费用 × 原材料费用分配率

【例 2-4】扬帆电池有限公司 202× 年 12 月生产 A、B 两种产品，共同耗用甲、乙两种材料，共计 37 620 元。当月投产 A 产品 150 件、B 产品 120 件。A 产品单位材料消耗定额为甲材料 6 千克、乙材料 8 千克，B 产品单位材料消耗定额为甲材料 9 千克、乙材料 5 千克。甲材料单位计划成本 10 元，乙材料单位计划成本 8 元。按定额费用比例分配法，分别计算当月 A、B 两种产品各自应负担的材料费用。

1. A、B 两种产品材料定额费用

(1) A 产品

甲材料定额费用 = 150 × 6 × 10 = 9 000（元）

乙材料定额费用 = 150 × 8 × 8 = 9 600（元）

A 产品的材料定额费用 = 9 000 + 9 600 = 18 600（元）

(2) B 产品

甲材料定额费用 = 120 × 9 × 10 = 10 800（元）

乙材料定额费用 = 120 × 5 × 8 = 4 800（元）

B 产品的材料定额费用 = 10 800 + 4 800 = 15 600（元）

2. 原材料费用分配率

原材料费用分配率 = 37 620 ÷ (18 600 + 15 600) = 1.1

3. A、B 产品应分配材料的实际费用

A 产品应分配材料的实际费用 = 18 600 × 1.1 = 20 460（元）

B 产品应分配材料的实际费用 = 15 600 × 1.1 = 17 160（元）

(3) 产量（体积等）比例分配法。

产量（体积等）比例分配法是以各种产品的产量（体积等）为标准分配材料费用的方法。其计算公式如下：

原材料费用分配率 = 各种产品实际共同耗用材料费用总额÷各种产品的产量（体积等）之和

某种产品应分配的材料费用 = 该种产品产量（体积等）×原材料费用分配率

【例2-5】 扬帆电池有限公司202×年12月生产A、B、C三种产品，共同耗用甲材料40 000元。当月投产A产品160件、B产品140件、C产品500件。按产量（体积等）比例分配法，分别计算A、B、C三种产品应分配的材料费用。

原材料费用分配率 = 40 000÷（160 + 140 + 500）= 50

A产品应分配的材料费用 = 160×50 = 8 000（元）

B产品应分配的材料费用 = 140×50 = 7 000（元）

C产品应分配的材料费用 = 500×50 = 25 000（元）

任务三 外购动力费用的核算

任务目标

1. 能理解外购动力费用在企业生产经营活动中的作用。
2. 将外购动力费用准确、及时地归集到相应的成本对象或成本项目中。

任务描述

陆明在扬帆电池有限公司的工作中发现，企业需要从电力公司购买电，用于生产设备运转、照明等。

思考

1. 产品消耗的电力与材料有何区别？
2. 电力费用是否构成产品成本？
3. 企业的外购动力费用应如何核算？

任务分析

企业在生产过程中，不仅要消耗大量的材料用于构成产品实体，还会耗用各种各样的动力辅助生产，如电力和蒸汽等。与原材料相比，各种动力是没有实物形态的。为了正确核算外购动力费用，企业一般会在各生产车间或部门安装有关仪器仪表。

相关知识

一、外购动力费用的归集

外购动力费用，是指企业从外部购买各种动力所支付的费用，涉及的原始记录有：外部的发票、账单和内部的仪表记录。

（一）外购动力费用的计算

每月的外购动力费用是根据月末抄录的电表、气表等仪表上记录的消耗量以及提供动力单位规定的价格计算的。在实际工作中，每月抄表的时间不一定是月末，例如，某公司最近几个月都在25日抄表取数，这样，本月实际计算的是上月25日至本月25日期间的外购动力费用，而不是本月1日至30日期间的费用，使得外购动力费用的计算期与计入成本费用的归属期不一致。由于这一差异对各月外购动力费用的正确计算几乎没有影响，可以忽略不计。

（二）外购动力费用的支付

企业外购的动力属于接受的工业性劳务，所以，外购动力费用应通过"应付账款"账户进行核算。企业的外购动力费用有"先交后用"和"先用后交"两种核算情况。

1. 先交后用

目前，大部分提供动力的部门通过给用户安装电卡、水卡和气卡等措施，采用"先交后用"的核算方式。这样，在每月支付时先做暂付款处理，借记"应付账款"账户，贷记"银行存款"等账户；月末，按照外购动力的用途，借记"基本生产成本""制造费用""管理费用"等账户，贷记"应付账款"账户。一般情况下，本月暂付的外购动力费用与本月应付的外购动力费用往往不一致，如果"应付账款"账户月末出现借方余额，则多付的费用可以冲抵下月的外购动力费用；如果"应付账款"账户月末出现贷方余额，则为应付未付的费用，应在下月继续支付，如图2-6所示。

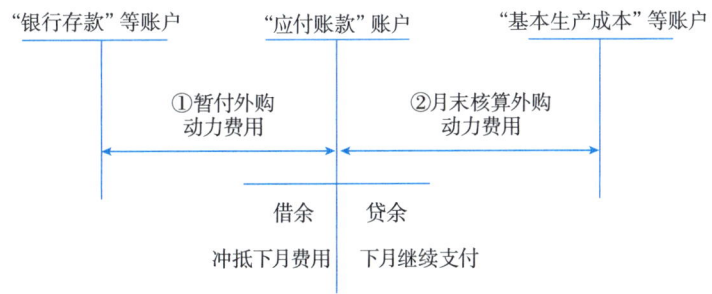

图2-6　"先交后用"情况的外购动力费用

2. 先用后交

在"先用后交"情况下，月末计算的本月应承担的外购动力费用，一般在下月的某日才实际支付。结算后，"应付账款"账户核算的外购动力费用应结平没有余额，如图2-7所示。这样一来，外购动力费用的计算期、归属期和支付期都可能不一致，通常是计算期超前于归属期，支付期滞后于归属期。

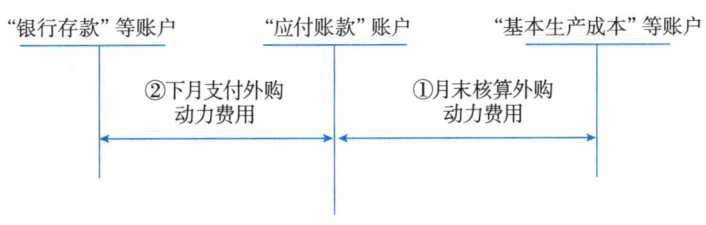

图2-7　"先用后交"情况的外购动力费用

(三) 外购动力费用涉及的成本项目

计入产品成本的外购动力费用，在成本费用项目设置上，有以下三种处理方式：①当动力费用在产品成本中所占比重较大时，为便于考核并体现"重要性原则"，一般应在基本生产成本明细账中单独设置"燃料及动力"成本项目；②当动力费用在产品成本中所占比重不大时，如果动力费用属于产品生产的直接费用，则应计入基本生产成本明细账的"制造费用"成本项目；③当动力费用属于间接费用时，如车间照明等一般耗用，应先归集在"制造费用"账户，月末再与其他间接费用合并一起分配计入基本生产成本明细账的"制造费用"成本项目，如图 2-8 所示。

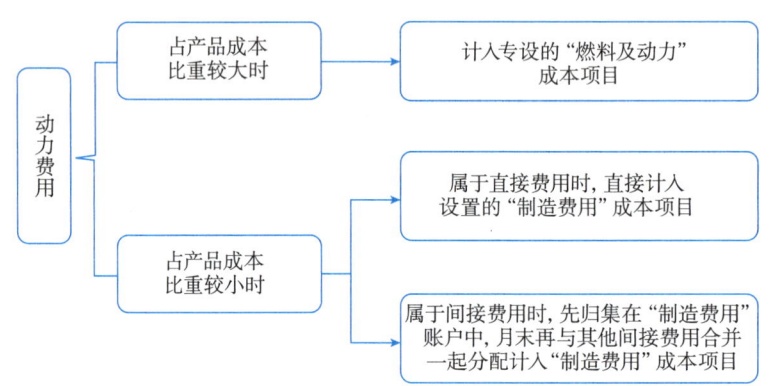

图 2-8 动力费用计入成本项目的方式

二、外购动力费用的分配

企业外购的动力主要是电力，下面以"外购电力"说明外购动力费用的分配与核算。

(一) 编制外购动力费用分配表

月末，成本核算人员根据审核无误的各车间、部门外购动力清单，按用途通过编制"外购动力费用分配表"确定外购动力费用的分配去向。

1. 安装仪器仪表记录的情况

通常，企业在各部门、各车间都安装有仪器仪表，用于记录各自的耗电量。因此，根据仪器仪表所记录的耗用电数以及电的单价就可直接计算各部门、各车间应分配的外购电费，计算公式如下：

某车间或部门应分配的外购电费 = 该车间或部门用电数 × 电的单价

2. 未安装仪器仪表记录的情况

当企业各生产车间生产多种产品时，一般不按产品分别安装电表，所以车间生产耗用的电费属于间接计入费用，按照生产工时、机器工时、产品定额消耗量等相关标准进行再分配。以机器工时为例的分配公式如下：

某车间外购电费分配率 = 该车间分配的外购电费 ÷ 该车间各产品机器工时之和

某产品应分配的外购电费 = 该产品生产机器工时 × 该车间外购电费分配率

【例 2-6】扬帆电池有限公司 202×年 12 月耗电量合计 75 000 千瓦时，每千瓦时 0.5 元。其中，机加工车间直接用于生产 A、B 两种产品，共耗电 60 000 千瓦时，该车间照明等一般用电 1 000 千瓦时；供气车间耗电 6 500 千瓦时；机修车间耗电 5 500 千瓦时；厂部管理部门耗电 2 000

千瓦时。产品共同耗用的电费按生产工时进行分配，生产 A 产品的 10 台机器工时为 5 000 工时，生产 B 产品的 15 台机器工时为 7 000 工时，该公司产品成本核算设有"燃料及动力"成本项目。A、B 产品的动力费用分配计算如下：

机加工车间外购电费分配率 =（60 000 × 0.5）÷（5 000 + 7 000）= 2.5

A 产品应分配的外购电费 = 5 000 × 2.5 = 12 500.00（元）

B 产品应分配的外购电费 = 7 000 × 2.5 = 17 500.00（元）

外购动力费用分配表，如表 2 – 3 所示。

表 2 – 3　外购动力费用分配表

单位：扬帆电池有限公司　　　　　　　　　202×年 12 月　　　　　　　　　金额单位：元

应借科目		成本费用项目	耗用电量/千瓦时	直接计入费用	分配计入费用			费用合计
一级科目	明细科目				分配标准/千瓦时	分配率	分配额	
基本生产成本	A 产品	燃料和动力			5 000		12 500.00	12 500.00
	B 产品	燃料和动力			7 000		17 500.00	17 500.00
	小计	燃料和动力	60 000		12 000	2.5	30 000.00	30 000.00
制造费用	机加工车间	电费	1 000	500.00				500.00
辅助生产成本	供气车间	电费	6 500	3 250.00				3 250.00
	机修车间	电费	5 500	2 750.00				2 750.00
	小计	电费	12 000	6 000.00				6 000.00
管理费用		电费	2 000	1 000.00				1 000.00
合计			75 000	7 500.00			30 000.00	37 500.00

（二）外购动力费用的账务处理

接【例 2 – 6】资料，根据外购动力费用分配表编制记账凭证，其会计分录如下：

借：生产成本——基本生产成本——A 产品　　　　　　　　　　　12 500.00
　　　　　　　　　　　　　　——B 产品　　　　　　　　　　　17 500.00
　　　　　　——辅助生产成本——供气车间　　　　　　　　　　　3 250.00
　　　　　　　　　　　　　　——机修车间　　　　　　　　　　　2 750.00
　　制造费用——机加工车间　　　　　　　　　　　　　　　　　　500.00
　　管理费用　　　　　　　　　　　　　　　　　　　　　　　　1 000.00
　　贷：应付账款　　　　　　　　　　　　　　　　　　　　　　37 500.00

根据审核无误的记账凭证，登记有关成本费用总账及其明细账，如表 2 – 4 所示。

表 2 – 4　基本生产成本明细账

二级科目：B 产品　　　　　　　　　　　　　　　　　　　　　　　金额单位：元

日期	凭证	摘要	成本项目				
			直接材料	直接人工	燃料和动力	制造费用	合计
12 月 1 日		月初在产品成本	82 000.00	24 300.00	14 000.00	15 200.00	135 500.00
12 月 30 日		分配动力费用			17 500.00		17 500.00

综上所述，外购动力费用归集与分配的程序如图 2-9 所示。

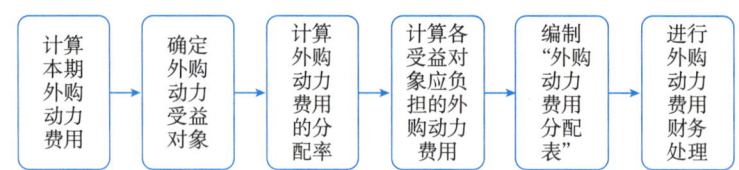

图 2-9 外购动力费用的核算程序

任务四　职工薪酬费用的核算

任务目标
1. 了解职工薪酬的定义、范围及核算要求。
2. 能准确核算职工工资社会保险费、住房公积金等各项薪酬费用。

任务描述
陆明在扬帆电池有限公司正处于试用期，他非常关注自己辛勤工作能获得的报酬。通过与同事交流，陆明了解到，若他能顺利转正，则薪资将包括基本工资、奖励和补贴等，同时企业会为他缴纳社会保险和住房公积金。

思考
1. 中国的薪酬主要由哪些部分组成？
2. 请假会对薪酬产生哪些影响？
3. 企业应如何核算职工的薪酬？

任务分析
在企业管理中，职工薪酬费用不仅是员工劳动价值的体现，也是企业成本的重要组成部分。随着劳动市场的不断变化和企业经营模式的多元化，职工薪酬费用的核算显得尤为重要。它直接关系到企业财务报告的准确性、成本控制的有效性以及税务合规性等多个方面。因此，深入了解职工薪酬费用的内涵、范围及其在企业运营中的作用，是开展核算工作的基础。

相关知识

一、薪酬费用的内容及分类

职工，既包括与企业订立劳动合同的人员，即全职、兼职和临时职工，也包括虽未与企业订立劳动合同但由企业正式任命的人员和虽未订立合同也未正式任命但通过企业计划与控制提供类似服务的人员，还包括企业与劳务中介公司签订用工合同，而向企业提供服务的人员。企业的职工具体可分为行政管理人员、专设销售机构人员、车间管理人员、基本生产车间生产工人和辅助生产车间生产工人。

职工薪酬，是指企业为获得职工提供的服务或解除劳动关系而给予的各种形式的报酬或补偿。职工薪酬包括短期薪酬、离职后福利、辞退福利和其他长期职工福利。除此之外，企业提供给职工配偶、子女、受赡养人、已故员工遗属及其他受益人的福利，也属于职工薪酬。

（1）短期薪酬，是指企业在职工提供相关服务的年度报告期间结束后12个月内需要全部予以支付的职工薪酬，因解除与职工的劳动关系给予的补偿除外。短期薪酬具体包括职工工资、奖金、津贴和补贴，职工福利费，医疗保险费、工伤保险费和生育保险费等社会保险费，住房公积金，工会经费和职工教育经费，短期带薪缺勤，短期利润分享计划，非货币性福利以及其他短期薪酬。

（2）离职后福利，是指企业为获得职工提供的服务而在职工退休或与企业解除劳动关系后，提供的各种形式的报酬和福利，短期薪酬和辞退福利除外。

（3）辞退福利，是指企业在职工劳动合同到期之前解除与职工的劳动关系，或者为鼓励职工自愿接受裁减而给予职工的补偿。

（4）其他长期职工福利，是指除短期薪酬、离职后福利、辞退福利之外所有的职工薪酬，包括长期带薪缺勤、长期残疾福利、长期利润分享计划等。

二、薪酬费用的计量依据

职工薪酬的计量需要建立健全各项原始记录，确保职工薪酬核算真实可靠。与职工薪酬计量相关的原始记录主要包括以下几项。

（1）工资卡：记录工资级别、标准等。

（2）考勤记录：反映出勤情况的记录，如考勤卡、考勤簿等。

（3）产量记录：完成的产品数量、质量等，如工作通知单、工序进程单、工作班产记录等。

三、薪酬费用的计量方法

（一）计时工资的计算

计时工资的月工作天数有两种计算方法：一是月工作天数按月平均日历天数计算，即每月固定按30天计算，此时节假日和双休日计算了工资，缺勤期间如果有节假日和双休日，应扣除相应的工资；二是月工作天数按月平均实际工作日数计算，用一年365天减去52个周末（104个双休日）和法定假日11天，平均每月20.83天，此时，双休日没有计算工资，缺勤期间有双休日，也不应扣除相应的工资。

计时工资计算表见表2-5。

表2-5 计时工资计算表

姓名	日工资率	应扣缺勤病假工资	应扣缺勤事假工资	应付工资

1. 月薪制

月薪制是指按职工固定的月标准工资扣除缺勤工资计算其工资，也可称为"扣缺勤法"。这是一种减法思维的计算方法。其计算公式为：

$$应付计时工资 = 月标准工资 - 缺勤应扣工资$$

$$缺勤应扣工资 = 缺勤天数 \times 日工资 \times 应扣比例$$

$$日工资 = \frac{月标准工资}{月工作天数}$$

总工资的计算公式为：

$$应付工资 = 月标准工资 - 事假天数 \times 日工资 - 病假天数 \times 日工资 \times 病假扣款率$$

【例2-7】假设扬帆电池有限公司陆明标准工资为5 280元，考勤记录显示，12月共有9个双休日，陆明实际工作15天，请事假4天、病假2天，病事假期间没有双休日，病假的扣款比例为10%。

要求：假设扬帆电池有限公司采用月薪制计算工资，请分别按30天和20.83天计算该月陆明应得的工资为多少。

解析：（1）按月工作日30天计算：

日工资 = 5 280 ÷ 30 = 176（元）

应付工资 = 5 280 - 4 × 176 - 2 × 176 × 10% = 4 540.8（元）

（2）按月工作日20.83天计算：

日工资 = 5 280 ÷ 20.83 ≈ 253.48（元）

应付工资 = 5 280 - 4 × 253.48 - 2 × 253.48 × 10% = 4 215.38（元）

2. 日薪制

日薪制是指按照职工实际出勤天数和日工资计算其应付工资，也称为"出勤工资累计法"。这是一种加法思维。其计算公式为：

$$应付计时工资 = 出勤天数 \times 日工资 + 病假应发工资$$

$$病假应发工资 = 病假天数 \times 日工资 \times 病假应发工资比例$$

总工资的计算公式为：

$$应付工资 = 出勤天数 \times 日工资 + 病假天数 \times 日工资 \times (1 - 病假扣款率)$$

【例2-8】假设扬帆电池有限公司陆明标准工资为5 280元，考勤记录显示，12月共有9个双休日，陆明实际工作15天，请事假4天、病假2天，病事假期间没有双休日，病假的扣款比例为10%。

要求：假设扬帆电池有限公司采用日薪制计算工资，请分别按30天和20.83天计算该月陆明应得的工资为多少。

解析：（1）按月工作日30天计算：

日工资 = 5 280 ÷ 30 = 176（元）

实际出勤天数 = 15 + 9 + 2 × 90% = 25.8（天）

应付工资 = 176 × 25.8 = 4 540.8（元）

（2）按月工作日20.83天计算：

日工资 = 5 280 ÷ 20.83 ≈ 253.48（元）

实际出勤天数 = 15 + 2 × 90% = 16.8（天）

应付工资 = 253.48 × 16.8 ≈ 4 258.46（元）

（二）计件工资的计算

计件工资是按照工人生产的产品数量、产品质量和单位计件工资标准计算的劳动报酬，计件工资计算表见表2-6。

表2-6 计件工资计算表

金额单位：元

姓名	62.8kWh 磷酸铁锂电池组（计件单价300元/件）		78.54kWh 磷酸铁锂电池组（计件单价500元/件）		计件工资	备注
	产量/件	金额	产量/件	金额		

1. 个人计件工资

个人计件工资是指按个人完成的产品数量和单位计件工资标准计算的工资。其计算公式为：

$$个人计件工资 = \sum [（合格品数量 + 料废品数量） \times 单位计件工资]$$

$$单位计件工资 = 小时工资率 \times 单位产品工时定额$$

需要说明的是，计算计件工资时，产量的数量包括料废品，但不包括工废品。

2. 集体计件工资

集体计件工资要在集体内部各工人之间按照贡献大小进行分配，通常按每人所属级别的工资标准和工作日数（或工时数）乘积进行分配。其计算公式为：

$$集体计件工资 = \sum [（合格品数量 + 料废品数量） \times 单位计件工资]$$

$$集体计时工资总额 = \sum 成员个人计时工资$$

$$计件工资分配率 = \frac{集体计件工资}{集体计时工资总额}$$

$$个人应得计件工资 = 计时工资 \times 计件工资分配率$$

（三）加班加点工资的计算

1. 关于休息日加班天数

依据《国务院关于职工工作时间的规定》第三条："职工每日工作8小时、每周工作40小时。"每周超出法定工作时间的天数，应视为休息日加班。

2. 关于休息日加班费

根据《中华人民共和国劳动法》第四十四条第（二）项规定："休息日安排劳动者工作又不能安排补休的，支付不低于工资的百分之二百的工资报酬。"日工资标准的计算方法为月基本工资除以法定工作天数，根据《人力资源社会保障部关于职工全年月平均工作时间和工资折算问题的通知》，职工全年月平均工作天数为21.75天。其计算公式为：

$$休息日加班费 = \frac{月基本工资}{21.75 天} \times 加班天数 \times 200\%$$

3. 关于法定节假日加班费

根据《中华人民共和国劳动法》第四十四条第（三）项规定："法定休假日安排劳动者工作的，支付不低于工资的百分之三百的工资报酬。"其计算公式为：

$$法定节假日加班费 = \frac{月基本工资}{21.75 天} \times 加班天数 \times 300\%$$

四、薪酬费用的归集与分配

一般企业会设置"应付职工薪酬"账户对薪酬费用进行归集，"应付职工薪酬"账户一般下设"工资""职工福利""社会保险费""住房公积金""工会经费""职工教育经费"等明细账户。

每月企业发生薪酬费用，应按照"谁受益、谁负担"的原则进行计提和分配，借记"生产成本——基本生产成本""生产成本——辅助生产成本""制造费用""管理费用""销售费用"等账户，贷记"应付职工薪酬"账户。

如果基本生产车间只生产一种产品，则发生在基本生产车间的生产工人工资应直接计入该产品成本计算单中的"直接人工"成本项目；如果车间同时生产两种或两种以上产品，则应将生产工人的工资分配后计入各个产品成本计算单中的"直接人工"成本项目。分配标准可以选用定额工时或实际工时。其计算公式为：

$$工资费用分配率 = \frac{被分配的生产工人工资费用}{各种产品实际工时（或定额工时）之和}$$

某产品应负担工资费用 = 该产品实际（定额）工时 × 工资费用分配率

【例2-9】 假设扬帆电池有限公司所在湖北省202×年社会保险和住房公积金的缴纳比例和上、下限额见表2-7。

表2-7 湖北省202×年社会保险和公积金计算标准

金额单位：元

类型	最低缴费基数	最高缴费基数	单位承担比例/%	个人承担比例/%	单位最低金额	个人最低金额	单位最高金额	个人最高金额
基本养老保险	2 360	24 930	15	8	354	188.8	3 739.5	1 994.4
基本医疗保险	7 778	38 892	6.70	2	521.13	155.56	2 605.76	777.84
失业保险	2 360	24 930	0.70	0.3	16.52	7.08	174.51	74.79
工伤保险	2 360	24 930	0.21	0	4.96	0	52.35	0
住房公积金	2 360	38 892	12	12	283.20	283.20	4 667.04	4 667.04
小计					1 179.81	634.64	11 239.16	7 514.07
合计					1 814.45		18 753.23	

202×年12月，扬帆电池有限公司各部门人数、工资详情见表2-8。

表 2-8　202×年 12 月人员及工资详情

金额单位：元

部门	职务	人数/人	工资部分			
			基本工资	绩效工资	每人应付工资	应付工资
董事会	董事长	1	20 000	0	20 000	20 000
	董事	6	17 000	0	17 000	102 000
行政部	主管	2	9 200	0	9 200	18 400
	行政专员	33	6 500	0	6 500	214 500
财务部	财务部经理	1	15 000	0	15 000	15 000
	主管	2	12 000	0	12 000	24 000
	会计	8	8 000	0	8 000	64 000
采购部	采购员	43	7 000	0	7 000	301 000
质检部	主管	3	10 000	0	10 000	30 000
	质检员	42	7 500	0	7 500	315 000
仓储部	主管	5	8 000	0	8 000	40 000
	仓管员	45	5 000	0	5 000	225 000
生产部	车间管理人员	30	8 000	0	8 000	240 000
生产一部	生产工人（磷酸铁锂）	792	3 000	1 949	4 949	3 919 608
生产二部	生产工人（62.8kWh 磷酸铁锂电池组）	906	3 000	1 933	4 933	4 469 298
	生产工人（78.54kWh 磷酸铁锂电池组）	566	3 000	2 039	5 039	2 852 074
供气车间	生产工人	3	4 500	0	4 500	13 500
供电车间	生产工人	8	4 500	0	4 500	36 000
供水车间	生产工人	4	4 500	0	4 500	18 000
研发部	主管	5	15 000	0	15 000	75 000
	技术员	410	12 000	0	12 000	4 920 000
营销部	主管	6	8 000	15 350	23 350	140 100
	业务员	140	5 000	12 138	17 138	2 399 320

（1）公司本月员工社会保险费、住房公积金的缴费基数以基本工资为基础，结合上、下限额进行计算，计提比例与湖北省计算标准相同。

（2）不考虑个人所得税的计算。

（3）表 2-8 中的"人数"为该职务对应的员工人数，工资仅为本职务 1 位员工对应的数据。

（4）同部门、同职务的员工所计提的工资、社会保险、住房公积金等相关金额均一致。

（5）工会经费计提比例为 2%，职工教育经费计提比例为 8%。

根据表 2-8 编制工资计提会计分录。

借：管理费用　　　　　　　　　　　　　　　　　　　　　　　1 368 900.00
　　制造费用　　　　　　　　　　　　　　　　　　　　　　　　240 000.00
　　生产成本——基本生产成本——磷酸铁锂　　　　　　　　　3 919 608.00

——62.8kWh 磷酸铁锂电池组					4 469 298.00
——78.54kWh 磷酸铁锂电池组					2 852 074.00
——辅助生产成本——供气车间					13 500.00
——供电车间					36 000.00
——供水车间					18 000.00
研发支出——费用化支出					4 995 000.00
销售费用					2 539 420.00
贷：应付职工薪酬——工资					20 451 800.00

根据表 2-9 编制社会保险、住房公积金计提会计分录。

表 2-9　202×年 12 月社保（公司承担部分）

金额单位：元

部门	职务	应付工资总数	社会保险及住房公积金					小计
			养老保险（15.00%）	医疗保险（6.70%）	工伤保险（0.21%）	失业保险（0.70%）	住房公积金（12.00%）	
董事会	董事长	20 000.00	3 000.00	1 340.00	42.00	140.00	2 400.00	6 922.00
	董事	102 000.00	15 300.00	6 834.00	214.20	714.00	12 240.00	35 302.20
行政部	主管	18 400.00	2 760.00	1 232.80	38.64	128.80	2 208.00	6 368.24
	行政专员	214 500.00	32 175.00	14 371.50	450.45	1 501.50	25 740.00	74 238.45
财务部	财务部经理	15 000.00	2 250.00	1 005.00	31.50	105.00	1 800.00	5 191.50
	主管	24 000.00	3 600.00	1 608.00	50.40	168.00	2 880.00	8 306.40
	会计	64 000.00	9 600.00	4 288.00	134.40	448.00	7 680.00	22 150.40
采购部	采购员	301 000.00	45 150.00	20 167.00	632.10	2 107.00	36 120.00	104 176.10
质检部	主管	30 000.00	4 500.00	2 010.00	63.00	210.00	3 600.00	10 383.00
	质检员	315 000.00	47 250.00	21 105.00	661.50	2 205.00	37 800.00	109 021.50
仓储部	主管	40 000.00	6 000.00	2 680.00	84.00	280.00	4 800.00	13 844.00
	仓管员	225 000.00	33 750.00	15 075.00	472.50	1 575.00	27 000.00	77 872.50
生产部	车间管理人员	240 000.00	36 000.00	16 080.00	504.00	1 680.00	28 800.00	83 064.00
生产一部	生产工人（磷酸铁锂）	3 919 608.00	587 941.20	262 613.74	8 231.18	27 437.26	470 352.96	1 356 576.33
生产二部	生产工人（62.8kWh 磷酸铁锂电池组）	4 469 298.00	670 394.70	299 442.97	9 385.53	31 285.09	536 315.76	1 546 824.04
	生产工人（78.54kWh 磷酸铁锂电池组）	2 852 074.00	427 811.10	191 088.96	5 989.36	19 964.52	342 248.88	987 102.81
供气车间	生产工人	13 500.00	2 025.00	904.50	28.35	94.50	1 620.00	4 672.35
供电车间	生产工人	36 000.00	5 400.00	2 412.00	75.60	252.00	4 320.00	12 459.60
供水车间	生产工人	18 000.00	2 700.00	1 206.00	37.80	126.00	2 160.00	6 229.80
研发部	主管	75 000.00	11 250.00	5 025.00	157.50	525.00	9 000.00	25 957.50
	技术员	4 920 000.00	738 000.00	329 640.00	10 332.00	34 440.00	590 400.00	1 702 812.00

续表

部门	职务	应付工资总数	社会保险及住房公积金					小计
			养老保险（15.00%）	医疗保险（6.70%）	工伤保险（0.21%）	失业保险（0.70%）	住房公积金（12.00%）	
营销部	主管	140 100.00	21 015.00	9 386.70	294.21	980.70	16 812.00	48 488.61
	业务员	2 399 320.00	359 898.00	160 754.44	5 038.57	16 795.24	287 918.40	830 404.65
合计		20 451 800.00	3 067 770.00	1 370 270.60	42 948.78	143 162.60	2 454 216.00	7 078 367.98

借：管理费用 473 776.29
　　制造费用 83 064.00
　　生产成本——基本生产成本——磷酸铁锂 1 356 576.33
　　　　　　　　　　　　　——62.8kWh 磷酸铁锂电池组 1 546 824.04
　　　　　　　　　　　　　——78.54kWh 磷酸铁锂电池组 987 102.81
　　　　　　　——辅助生产成本——供气车间 4 672.35
　　　　　　　　　　　　　——供电车间 12 459.60
　　　　　　　　　　　　　——供水车间 6 229.80
　　研发支出——费用化支出 1 728 769.50
　　销售费用 878 893.26
　　贷：应付职工薪酬——养老保险费 3 067 770.00
　　　　　　　　　　——医疗保险费 1 370 270.60
　　　　　　　　　　——工伤保险费 42 948.78
　　　　　　　　　　——失业保险费 143 162.60
　　　　　　　　　　——住房公积金 2 454 216.00

表2-10　202×年12月社保（个人承担部分）

金额单位：元

部门	职务	应付工资总数	社会保险及住房公积金				小计	实发工资
			养老保险（8%）	医疗保险（2%）	失业保险（0.3%）	住房公积金（12%）		
董事会	董事长	20 000.00	1 600.00	400.00	60.00	2 400.00	4 460.00	15 540.00
	董事	17 000.00	8 160.00	2 040.00	306.00	12 240.00	22 746.00	79 254.00
行政部	主管	9 200.00	1 472.00	368.00	55.20	2 208.00	4 103.20	14 296.80
	行政专员	6 500.00	17 160.00	4 290.00	643.50	25 740.00	47 833.50	166 666.50
财务部	财务部经理	15 000.00	1 200.00	300.00	45.00	1 800.00	3 345.00	11 655.00
	主管	12 000.00	1 920.00	480.00	72.00	2 880.00	5 352.00	18 648.00
	会计	8 000.00	5 120.00	1 280.00	192.00	7 680.00	14 272.00	49 728.00
采购部	采购员	7 000.00	24 080.00	6 020.00	903.00	36 120.00	67 123.00	233 877.00
质检部	主管	10 000.00	2 400.00	600.00	90.00	3 600.00	6 690.00	23 310.00
	质检员	7 500.00	25 200.00	6 300.00	945.00	37 800.00	70 245.00	244 755.00

续表

部门	职务	应付工资总数	社会保险及住房公积金				小计	实发工资
			养老保险（8%）	医疗保险（2%）	失业保险（0.3%）	住房公积金（12%）		
仓储部	主管	8 000.00	3 200.00	800.00	120.00	4 800.00	8 920.00	31 080.00
	仓管员	5 000.00	18 000.00	4 500.00	675.00	27 000.00	50 175.00	174 825.00
生产部	车间管理人员	8 000.00	19 200.00	4 800.00	720.00	28 800.00	53 520.00	186 480.00
生产一部	生产工人（磷酸铁锂）	4 949.00	313 568.64	78 392.16	11 758.82	470 352.96	874 072.58	3 045 535.42
生产二部	生产工人（62.8kWh 磷酸铁锂电池组）	4 933.00	357 543.84	89 385.96	13 407.89	536 315.76	996 653.45	3 472 644.55
	生产工人（78.54kWh 磷酸铁锂电池组）	5 039.00	228 165.92	57 041.48	8 556.22	342 248.88	636 012.50	2 216 061.50
供气车间	生产工人	4 500.00	1 080.00	270.00	40.50	1 620.00	3 010.50	10 489.50
供电车间	生产工人	4 500.00	2 880.00	720.00	108.00	4 320.00	8 028.00	27 972.00
供水车间	生产工人	4 500.00	1 440.00	360.00	54.00	2 160.00	4 014.00	13 986.00
研发部	主管	15 000.00	6 000.00	1 500.00	225.00	9 000.00	16 725.00	58 275.00
	技术员	12 000.00	393 600.00	98 400.00	14 760.00	590 400.00	1 097 160.00	3 822 840.00
营销部	主管	23 350.00	11 208.00	2 802.00	420.30	16 812.00	31 242.30	108 857.70
	业务员	17 138.00	191 945.60	47 986.40	7 197.96	287 918.40	535 048.36	1 864 271.64
合计		229 109.00	1 636 144.00	409 036.00	61 355.40	2 454 216.00	4 560 751.40	15 891 048.60

根据表 2-10 编制发放工资，缴纳社会保险、住房公积金会计分录。

（1）发放工资分录：

借：应付职工薪酬——工资　　　　　　　　　　　　　　　20 451 800.00
　　贷：其他应付款——代扣社保费　　　　　　　　　　　　2 106 535.40
　　　　　　　　　——代扣住房公积金　　　　　　　　　　2 454 216.00
　　　　银行存款　　　　　　　　　　　　　　　　　　　15 891 048.60

（2）缴纳社保、住房公积金分录：

借：应付职工薪酬——养老保险费　　　　　　　　　　　　3 067 770.00
　　　　　　　　——医疗保险费　　　　　　　　　　　　1 370 270.60
　　　　　　　　——工伤保险费　　　　　　　　　　　　　　42 948.78
　　　　　　　　——失业保险费　　　　　　　　　　　　　143 162.60
　　　　　　　　——住房公积金　　　　　　　　　　　　2 454 216.00
　　其他应付款——代扣社保费　　　　　　　　　　　　　2 106 535.40
　　　　　　　——代扣住房公积金　　　　　　　　　　　2 454 216.00
　　贷：银行存款　　　　　　　　　　　　　　　　　　 11 639 119.38

表 2-11 202×年12月工会经费及职工教育经费计提表

金额单位：元

部门	职务	应付工资	工会经费（2%）	职工教育经费（8%）
董事会	董事长	20 000.00	400.00	1 600.00
	董事	102 000.00	2 040.00	8 160.00
行政部	主管	18 400.00	368.00	1 472.00
	行政专员	214 500.00	4 290.00	17 160.00
财务部	财务部经理	15 000.00	300.00	1 200.00
	主管	24 000.00	480.00	1 920.00
	会计	64 000.00	1 280.00	5 120.00
采购部	采购员	301 000.00	6 020.00	24 080.00
质检部	主管	30 000.00	600.00	2 400.00
	质检员	315 000.00	6 300.00	25 200.00
仓储部	主管	40 000.00	800.00	3 200.00
	仓管员	225 000.00	4 500.00	18 000.00
生产部	车间管理人员	240 000.00	4 800.00	19 200.00
生产一部	生产工人（磷酸铁锂）	3 919 608.00	78 392.16	313 568.64
生产二部	生产工人（62.8kWh磷酸铁锂电池组）	4 469 298.00	89 385.96	357 543.84
	生产工人（78.54kWh磷酸铁锂电池组）	2 852 074.00	57 041.48	228 165.92
供气车间	生产工人	13 500.00	270.00	1 080.00
供电车间	生产工人	36 000.00	720.00	2 880.00
供水车间	生产工人	18 000.00	360.00	1 440.00
研发部	主管	75 000.00	1 500.00	6 000.00
	技术员	4 920 000.00	98 400.00	393 600.00
营销部	主管	140 100.00	2 802.00	11 208.00
	业务员	2 399 320.00	47 986.40	191 945.60
合计		20 451 800.00	409 036.00	1 636 144.00

根据表 2-11 编制以下分录。

借：管理费用　　　　　　　　　　　　　　　　　　　136 890.00
　　制造费用　　　　　　　　　　　　　　　　　　　　2 400.00
　　生产成本——基本生产成本——磷酸铁锂　　　　　391 960.80
　　　　　　　　　　　　　　——62.8kWh 磷酸铁锂电池组　446 929.80
　　　　　　　　　　　　　　——78.54kWh 磷酸铁锂电池组　285 207.40
　　　　　——辅助生产成本——供气车间　　　　　　　1 350.00
　　　　　　　　　　　　　——供电车间　　　　　　　3 600.00
　　　　　　　　　　　　　——供水车间　　　　　　　1 800.00

研发支出——费用化支出	499 500.00
销售费用	253 942.00
贷：应付职工薪酬——工会经费	409 036.00
——职工教育经费	1 636 144.00

任务五　折旧费用和其他费用的核算

任务目标

1. 能准确计算产品成本中的折旧费用和其他费用。
2. 能准确识别和分类企业生产经营过程中发生的其他费用。

任务描述

陆明在参观扬帆电池有限公司的生产车间时，心中很困惑：生产产品要使用机器设备，机器设备存放在厂房中，那么使用机器设备和厂房不会有损耗吗？这些损耗对应的费用流向了何处？

思考

企业生产除材料、职工薪酬、外购动力之外，还涉及哪些要素费用支出？

任务分析

在企业财务管理与会计实践中，折旧费和其他费用的核算对于准确反映企业生产经营成本、优化资源配置及制定经营策略具有重要意义。

相关知识

一、折旧费用的核算

折旧，是指固定资产因使用或自然损耗而减少的价值。固定资产使用期间相对较长，支出不能一次性在购置期间全部费用化，应以计提"折旧费"的形式按月分期转移到成本费用中。

（一）折旧计提的范围

企业应对在用的固定资产计提折旧，但是以下九种特殊情况应区别处理。

（1）房屋及建筑物：不论是否使用，都有风吹日晒的自然损耗，要计提折旧。
（2）超龄使用的固定资产：折旧已经提足，不能再继续计提折旧。
（3）提前报废的固定资产：尽管折旧没有提足，但是不能补提折旧。
（4）融资租赁的固定资产：视同自有固定资产管理，要计提折旧。
（5）经营租入的固定资产：只有使用权，没有所有权，不计提折旧。
（6）经营租出的固定资产：外单位使用，所有权仍归本单位，应计提折旧。
（7）季节性和大修理停用的固定资产：计划内停用应视同在用状态，要计提折旧。
（8）单独估价入账的土地：不同于其他固定资产，没有损耗，不需要计提折旧。
（9）增减变化的固定资产：当月增加的当月不提折旧，下月开始计提；当月减少的当月照提折旧，下月停止计提。

（二）应计折旧额的确定

应计折旧额，是指固定资产应计提的折旧数额，是判断固定资产是否提足折旧的依据。影响应计折旧额的因素主要有固定资产原值、预计净残值和减值准备等。其计算公式如下：

$$应计折旧额 = 固定资产原值 - 预计净残值 - 减值准备$$

（1）固定资产原值，是指固定资产购置时，按照初始计量要求确定的入账价值，一般包括买价、运输费用、安装费用和资本化的借款费用等，是计算折旧最主要的影响因素。

（2）预计净残值，是指固定资产在使用终了时，预计该项资产的残值收入扣除处置费用后的金额，也可以用预计净残值率计算确定。预计净残值率由企业自行根据资产情况合理确定，一般在原值的5%以内。预计净残值一经确定，不得随意变更。其计算公式如下：

$$预计净残值 = 原值 \times 预计净残值率$$

（3）减值准备，是指固定资产发生损坏、技术陈旧或者其他经济原因，导致其可收回金额低于其账面价值的差额。

（三）月折旧额的计算

影响月折旧额计算的因素主要有固定资产的预计折旧年限和折旧计算方法两个方面。

（1）预计折旧年限。《中华人民共和国企业所得税法实施条例》规定了各类固定资产的最低使用年限，例如，房屋建筑物最低折旧年限为20年、生产设备最低折旧年限为10年、电子设备最低折旧年限为3年等，企业可根据具体情况上浮调整。

（2）折旧计算方法。折旧计算方法可分为两种：平均折旧计算方法，包括年限平均法、工作量法；加速折旧计算方法，包括双倍余额递减法、年数总和法。各种折旧计算方法具体如表2-12所示。

表2-12 各种折旧计算方法一览（假设：无减值准备）

折旧计算方法		折旧率	年折旧额	月折旧额
平均折旧计算方法	年限平均法	年折旧率 = $\frac{1 - 预计净残值率}{预计使用年限} \times 100\%$	原值 × 年折旧率	年折旧额 ÷ 12
	工作量法	单位工作量折旧率 = $\frac{应计提折旧额}{累计总工作量}$	年累计工作量 × 单位工作量折旧率	月工作量 × 单位工作量折旧率
加速折旧计算方法	双倍余额递减法	年折旧率 = $\frac{2}{预计使用年限}$	折余价值 × 年折旧率	年折旧额 ÷ 12
	年数总和法	年折旧率 = $\frac{尚可使用年数}{年数总和}$	应计提折旧额 × 年折旧率	年折旧额 ÷ 12

【例2-10】扬帆电池有限公司财务室一台多功能复印机原价值为12 000.00元，预计净残值率为3%，预计使用5年，采用年限平均法计算折旧如下。

预计净残值 = 12 000.00 × 3% = 360.00（元）

应计折旧额 = 12 000.00 - 360.00 = 11 640.00（元）

年折旧率 = （1 - 3%）÷ 5 × 100% = 19.4%

年折旧额 = 12 000.00 × 19.4% = 2 328.00（元）

月折旧额 = 2 328.00 ÷ 12 = 194.00（元）

(四) 折旧费用的归集与分配

固定资产的折旧费用，应按使用的车间、部门进行归集与分配，如图 2 – 10 所示。

对于基本生产车间的折旧费用，应先归集计入各车间的制造费用明细账的"折旧费"费用项目中；辅助生产车间规模较小时，固定资产折旧费用可不通过"制造费用"账户，直接计入有关劳务或产品的辅助生产成本明细账中的"折旧费"费用项目；行政管理部门和专设销售机构的折旧费用，应作为期间费用分别计入管理费用明细账和销售费用明细账的"折旧费"费用项目；经营出租在外的固定资产折旧费用，应计入"其他业务成本"账户。

在实际工作中，为了简化折旧计算工作，可在上月固定资产折旧额的基础上，通过调整上月增减变化固定资产的折旧额来计算当月的折旧额，其计算公式如下：

当月固定资产应计提的折旧额 = 上月固定资产计提的折旧额 + 上月增加的固定资产应增加计提的折旧额 – 上月减少的固定资产应减少计提的折旧额

在会计实务中，各月计提折旧一般是通过编制固定资产折旧费用分配计算表来完成，如表 2 – 13 所示。

图 2 – 10 折旧费用的归集与分配

表 2 – 13 折旧费用分配计算表

202×年12月　　　　　　　　　　　　　　　　　　　　　　　　　　　　　　　　金额单位：元

应借科目	固定资产使用部门	上月折旧额	上月增加固定资产应计提折旧额	上月减少固定资产计提折旧额	本月折旧额
制造费用	一车间	15 000.00	700.00		15 700.00
	二车间	15 000.00	1 100.00		16 100.00
	三车间	15 000.00			15 000.00
	小计	45 000.00	1 800.00		46 800.00
辅助生产成本	供电车间	6 000.00		260.00	5 740.00
	供气车间	3 000.00	190.00		3 190.00
	小计	9 000.00	190.00	260.00	8 930.00
管理费用	行政管理部门	15 000.00	400.00		15 400.00
销售费用	专设销售机构	2 000.00		150.00	1 850.00
其他业务成本	经营租出在外	1 300.00			1 300.00
合计		72 300.00	2 390.00	410.00	74 280.00

(五) 折旧费用的账务处理

根据折旧费用分配计算表编制记账凭证，会计分录如下：

借：制造费用——一车间	15 700.00
——二车间	16 100.00
——三车间	15 000.00
辅助生产成本——供电车间	5 740.00
——供气车间	3 190.00
管理费用	15 400.00
销售费用	1 850.00
其他业务成本	1 300.00
贷：累计折旧	74 280.00

根据审核无误的记账凭证，登记有关成本费用总账及其明细账。

二、其他费用的核算

其他费用，是指除了外购材料、外购燃料、外购动力、职工薪酬、折旧费用和利息费用等以外的各项费用，包括办公费、差旅费、广告费、印刷费、邮电费、修理费、财产保险费、排污费、招待费、租赁费和试验检验费等。

其他费用应于发生时，根据有关原始凭证，按其发生的地点和部门，分别计入有关成本费用账户。例如，基本生产车间发生的属于产品成本的组成部分，因其金额相对于材料和薪酬费用来说较小，没有专设成本项目，应计入制造费用明细账的有关费用项目；辅助生产车间发生的，当生产规模较小时，简化起见，直接计入辅助生产成本明细账的有关费用项目；行政管理部门和专设销售机构发生的，应作为期间费用分别计入管理费用明细账和销售费用明细账的有关费用项目。

在费用凭证较多的情况下，也可以在月末汇总编制其他费用分配表，如表2-14所示。

表2-14 其他费用分配表

202×年12月　　　　　　　　　　　　　　　　　　　　　　　　　　　　金额单位：元

应借科目		办公费	差旅费	广告费	印刷费	邮电费	其他	合计
制造费用	一车间	800.00	1 000.00			300.00	127.00	2 227.00
	二车间	750.00			650.00	200.00	100.00	1 700.00
	小计	1 550.00	1 000.00		650.00	500.00	227.00	3 927.00
辅助生产成本		600.00				230.00	85.00	915.00
管理费用		1 500.00	2 880.00		1 210.00	900.00	432.00	6 922.00
销售费用		525.00	1 945.00	15 000.00	940.00	150.00	226.00	18 786.00
合计		4 175.00	5 825.00	15 000.00	2 800.00	1 780.00	970.00	30 550.00

根据其他费用分配表编制记账凭证，会计分录如下：

借：制造费用——一车间	2 227.00
——二车间	1 700.00
辅助生产成本	915.00

管理费用	6 922.00
销售费用	18 786.00
贷：银行存款等	30 550.00

任务六　辅助生产费用的核算

任务目标

1. 能准确识别哪些费用属于辅助生产费用。
2. 能准确、及时地将辅助生产费用归集到相应的成本项目中。

任务描述

陆明入职扬帆电池有限公司财务部已有一段时间，在工作中他注意到，扬帆电池有限公司的生产部由基本生产车间和辅助生产车间组成，其中，辅助生产车间包括供气车间、供电车间和供水车间。

思考

1. 辅助生产车间与基本生产车间有何区别？
2. 辅助生产车间可能会产生哪些费用支出？
3. 辅助生产车间发生的费用支出应当如何记录？

任务分析

在企业生产经营过程中，除了直接材料费用和直接人工费用外，还存在着一系列为生产活动提供支持的辅助性费用，即辅助生产费用。这些费用的准确核算对于全面反映企业生产成本、加强成本控制及优化资源配置具有重要意义。

相关知识

一、辅助生产费用的归集

辅助生产部门，是指为基本生产车间、企业行政管理部门等单位服务而进行产品生产和劳务供应的部门。其中，有的辅助生产部门只生产一种产品或提供单一劳务，如供电、供水、供气、通风、运输等；有的辅助生产部门则生产多种产品或提供多种劳务，如从事工具、模具、修理用备件的制造，以及机器设备的修理等。辅助生产部门提供的产品和劳务，主要为本企业服务，但有时也对外销售。

企业辅助生产部门在产品和劳务供应过程中产生的各种耗费，构成了这些产品或劳务的成本。辅助生产费用的归集程序取决于辅助生产部门的生产特点。在只生产一种产品或提供单一劳务的辅助生产部门，发生的费用都属于直接费用，在发生时可直接计入该产品或劳务的有关成本项目，成本归集的程序比较简单。在生产多种产品或提供多种劳务的辅助生产部门，发生的费用需由两个或两个以上的产品或劳务负担，需将共同费用在不同的受益对象之间进行分配。

辅助生产费用的归集是通过"生产成本——辅助生产成本"账户进行的。一般应按车间、产品或劳务的种类设置明细账，账内可按成本项目或费用项目设置专栏，进行明细核算。对于直接用于辅助生产产品或提供劳务的费用，应计入"生产成本——辅助生产成本"账户；对于单设"制造费用"账户的辅助生产车间发生的制造费用，首应先计入"制造费用——辅助生产车间"账户，其次直接转入或分配转入"生产成本——辅助生产成本"账户及其明细账，计算辅助生产车间的产品或劳务的成本。

有的企业辅助生产车间规模较小，发生的制造费用较少，也不对外销售产品或提供劳务，不需要按照规定的成本项目计算辅助生产产品成本。为简化核算，辅助生产车间的制造费用可以不单独设置"制造费用——辅助生产车间"账户，不通过"制造费用"账户进行汇总，而是直接计入"生产成本——辅助生产成本"账户。

二、辅助生产费用的分配

辅助生产车间生产的产品和提供劳务的种类不同，转出和分配费用的程序方法也不一样。辅助生产车间生产的工具、模具、修理备用件等产品的成本，应在完工入库时，计算并结转为存货成本，即首先从"生产成本——辅助生产成本"账户转入"原材料"等账户，其次根据用途转入其他账户。辅助生产车间提供的不能入库的产品和劳务，如电、水和运输等发生的费用，需在各受益对象之间按照受益数量或其他有关比例进行分配。分配时，应从"生产成本——辅助生产成本"账户转入"生产成本——基本生产成本""制造费用""管理费用""销售费用""在建工程"等账户。

辅助生产费用分配方法很多，一般有直接分配法、交互分配法、计划成本分配法、顺序分配法和代数分配法等，本书重点讲解前三种分配方法。

（一）直接分配法

直接分配法是将归集起来的辅助生产费用在辅助生产车间之外进行分配，辅助生产车间之间相互发生的辅助生产费用视为没有发生，不在辅助生产车间之间进行分配的一种方法。直接分配法计算程序如下。

1. 确定待分配费用

待分配费用是指某辅助生产车间本月归集的生产费用。

2. 确定分配标准

某辅助生产费用分配标准的计算公式为：

$$\text{某辅助生产费用分配标准} = \text{该辅助生产车间提供的产品或劳务总量} - \text{其他辅助生产车间耗用的该辅助生产车间的产品或劳务数量}$$

3. 计算分配率

某辅助生产费用分配率的计算公式为：

$$\text{某辅助生产费用分配率} = \text{该辅助生产车间待分配费用} \div \text{该辅助生产费用分配标准}$$

4. 计算各受益对象承担金额（承担的辅助生产费用）

各受益对象承担金额的计算公式为：

各受益对象承担金额 = 该受益对象辅助生产费用分配标准 × 该辅助生产费用分配率

直接分配法适用于各辅助生产车间之间相互提供产品和劳务较少的情况，分配过程较为简单，但结果不够准确。

【例2-11】扬帆电池有限公司202×年12月供水车间费用为21 112元，供水共3 785吨，其中向供电车间提供15吨；供电车间费用为15 440元，供电共9 800千瓦时，其中向供水车间提供150千瓦时，其他劳务数量如表2-15所示。

要求：采用直接分配法分配辅助生产费用。

表2-15 辅助生产车间劳务数量表

车间（部门）			供水车间/吨	供电车间/千瓦时
基本生产车间	第一车间	甲产品生产		7 500
		一般耗用	600	60
	第二车间	乙产品生产		300
		一般耗用	1 500	80
	第三车间	丙产品生产		150
		一般耗用	1 300	60
辅助生产车间	供水车间	产品生产		150
	供电车间	产品生产	15	
企业行政管理部门			250	1 000
销售部门			120	500
合计			3 785	9 800

在Excel中建立辅助生产费用分配表（直接分配法），完成辅助生产费用相关数据录入及分配工作，如图2-11所示。

	A	B	C	D	E	F	G
1	辅助生产费用分配表（直接分配法）						
2	202×年12月					金额单位：元	
3	项目	供水车间			供电车间		
4		数量/件	分配率	分配金额	数量/件	分配率	分配金额
5	待分配辅助生产费用	3 785	5.6	21 112	9 800	1.6	15 440
6	其他辅助生产车间耗用的数量	15			150		
7	生产成本——基本生产成本——甲产品				7 500		12 000
8	生产成本——基本生产成本——乙产品				300		480
9	生产成本——基本生产成本——丙产品				150		240
10	制造费用——第一车间	600		3 360	60		96
11	制造费用——第二车间	1 500		8 400	80		128
12	制造费用——第三车间	1 300		7 280	60		96
13	管理费用	250		1 400	1 000		1 600
14	销售费用	120		672	500		800
15	合计	3 770		21 112	9 650		15 440

图2-11 辅助生产费用分配表（直接分配法）

小提示

· 原始生产数据录入,供水车间、供电车间待分配辅助生产费用,其他辅助生产耗用的产品(劳务)数量,以及各受益对象耗用数量,根据辅助生产车间劳务数量表录入。

· 计算供水车间分配率,选中 C5 单元格,输入公式"=D5/(B5-B6)"。

· 计算供电车间分配率,选中 F5 单元格,输入公式"=G5/(E5-E6)"。

· 计算各受益对象的分配金额,以甲产品承担的供电车间费用为例,选中 G7 单元格,输入公式"=E7*F5"。

· 计算销售费用的金额,用倒挤的方法确定,以专设销售机构承担的供水车间费用为例,选中 D14 单元格,输入公式"=D5-D6-D10-D11-D12-D13"。

根据辅助生产费用分配表(直接分配法)分配结果,编制会计分录如下:

借:生产成本——基本生产成本——甲产品　　　　　　　　　12 000
　　　　　　　　　　　　　　——乙产品　　　　　　　　　　480
　　　　　　　　　　　　　　——丙产品　　　　　　　　　　240
　　制造费用——第一车间　　　　　　　　　　　　　　　　3 456
　　　　　　——第二车间　　　　　　　　　　　　　　　　8 528
　　　　　　——第三车间　　　　　　　　　　　　　　　　7 376
　　管理费用　　　　　　　　　　　　　　　　　　　　　　3 000
　　销售费用　　　　　　　　　　　　　　　　　　　　　　1 472
　　贷:生产成本——辅助生产成本——供水车间　　　　　　21 112
　　　　　　　　　　　　　　　　——供电车间　　　　　　15 440

(二)交互分配法

交互分配法是将归集起来的辅助生产费用首先在辅助生产车间之间进行分配,其次在辅助生产车间之外进行分配的一种方法。

交互分配法要进行两次分配,第一次是对内交互分配,在各辅助生产车间之间将相互提供的产品或劳务进行分配;第二次是对外分配,将交互分配后的辅助生产费用分配给辅助生产车间以外的各受益对象。

1. 第一次分配——对内交互分配

(1)确定待分配费用。各辅助生产车间第一次对内交互分配的待分配费用即为该辅助生产车间发生的费用。

(2)确定分配标准。各辅助生产车间第一次对内交互分配的分配标准即为该辅助生产车间提供的产品或劳务总量。

(3)计算分配率。其计算公式为:

$$\text{某辅助生产费用交互分配的分配率} = \text{该辅助生产车间待分配费用} \div \text{该辅助生产费用的分配标准}$$

(4)计算各辅助生产车间分配金额。其计算公式为:

$$\text{分配标准车间承担额} = \text{该辅助生产车间耗用的其他辅助生产车间产品(劳务)数量} \times \text{该辅助生产费用交互分配的分配率}$$

2. 第二次分配——对外分配

（1）确定对外待分配费用。其计算公式为：

$$\text{某辅助生产车间对外待分配费用} = \text{该辅助生产车间第一次分配前费用} + \text{第一次分配转入的费用} - \text{第一次分配转出的费用}$$

（2）确定分配标准。其计算公式为：

$$\text{某辅助生产费用对外分配标准} = \text{该辅助生产车间提供的产品（劳务）总量} - \text{第一次分配转出的产品（劳务）数量}$$

（3）计算分配率。其计算公式为：

$$\text{某辅助生产费用对外分配的分配率} = \text{该辅助生产车间对外待分配费用} \div \text{该辅助生产费用对外分配标准}$$

（4）计算各受益对象的分配金额（承担的辅助生产费用）。其计算公式为：

$$\text{各受益对象承担额} = \text{该受益对象分配标准} \times \text{该辅助生产费用对外分配的分配率}$$

交互分配法在辅助生产车间之间相互提供产品和劳务较多的情况下使用，分配结果较为准确，但是辅助生产费用的分配过程较为复杂且分配工作量较大。

【例 2-12】沿用【例 2-11】，该企业辅助生产车间未设置"制造费用"账户，发生的相关费用直接计入"生产成本——辅助生产成本"账户。

要求：采用交互分配法分配辅助生产费用。

在 Excel 中建立辅助生产费用分配表（交互分配法），完成辅助生产费用相关数据录入及分配工作，如图 2-12 所示。

	A	B	C	D	E	F	G	H	I
1			辅助生产费用分配表（交互分配法）						
2			202×年12月					金额单位：元	
3		项目	供水车间			供电车间			合计
4			数量/件	分配率	分配金额	数量/件	分配率	分配金额	
5	对内分配	待分配辅助生产费用	3 785.00	5.577 8	21 112.00	9 800.00	1.575 5	15 440.00	36 552.00
6		生产成本—辅助生产成本（供水）				150.00		236.33	
7		生产成本—辅助生产成本（供电）	15.00		83.67				
8		交互分配后	3 770.00	5.640 5	21 264.66	9 650.00	1.584 2	15 287.34	
9	对外分配	生产成本—基本生产成本（甲成品）				7 500.00		11 881.50	11 881.35
10		生产成本—基本生产成本（乙成品）				300.00		475.26	475.26
11		生产成本—基本生产成本（丙成品）				150.00		237.63	237.63
12		制造费用—第一车间	600.00		3 384.30	60.00		95.05	3 479.35
13		制造费用—第二车间	1 500.00		8 460.75	80.00		126.74	8 587.49
14		制造费用—第三车间	1 300.00		7 332.65	60.00		95.05	7 427.70
15		管理费用	250.00		1 410.13	1 000.00		1 584.20	2 994.33
16		销售费用	120.00		676.83	500.00		792.91	1 468.74
17		合计	3 770.00		21 264.66	9 650.00		15 287.34	36 552.00

图 2-12 辅助生产费用分配表（交互分配法）

小提示

·原始生产数据录入，供水车间、供电车间对内交互分配待分配辅助生产费用，提供的产品（劳务）总量，其他辅助生产耗用的产品（劳务）数量，以及各受益对象耗用数量根据辅助生产车间提供的劳务数量表录入。

· 计算交互分配的分配率。供水车间分配率：选中 D5 单元格，输入公式"= ROUND（E5/C5，4）"；供电车间费用分配率：选中 G5 单元格，输入公式"= ROUND（H5/F5，4）"。

· 计算辅助生产车间相互承担的费用。供水车间承担的电费：选中 H6 单元格，输入公式"= ROUND（F6 * G5，2）"；供电车间承担的水费：选中 E7 单元格，输入公式"= ROUND（C7 * D5，2）"。

· 计算对外分配待分配辅助生产费用。供水车间待分配费用：选中 E8 单元格，输入公式"= E5 – E7 + H6"；供电车间待分配费用：选中 H8 单元格，输入公式"= H5 – H6 + E7"。

· 计算对外分配标准。供水车间产品数量：选中 C8 单元格，输入公式"= C5 – C7"；供电车间产品数量：选中 F8 单元格，输入公式"= F5 – F6"。

· 计算对外分配的分配率。供水车间分配率：选中 D8 单元格，输入公式"= ROUND（E8/C8，4）"；供电车间分配率：选中 G8 单元格，输入公式"= ROUND（H8/F8，4）"。

· 计算各受益对象分配金额，以甲产品承担供电车间费用为例，选中 H9 单元格，输入公式"= ROUND（F9 * G8，2）"。

· 计入销售费用的金额，用倒挤的方法计算，以承担的供电车间费用为例，选中 H16 单元格，输入公式"= H8 – H9 – H10 – H11 – H12 – H13 – H14 – H15"。

根据辅助生产费用分配表（交互分配法）分配结果（图 2 – 13），编制会计分录如下：

借：生产成本——辅助生产成本——供水车间	236.33
——辅助生产成本——供电车间	83.67
贷：生产成本——辅助生产成本——供水车间	83.67
——供电车间	236.33
借：生产成本——基本生产成本——甲产品	11 881.50
——乙产品	475.26
——丙产品	237.63
制造费用——第一车间	3 479.35
——第二车间	8 587.49
——第三车间	7 427.70
管理费用	2 994.33
销售费用	1 468.74
贷：生产成本——辅助生产成本——供水车间	21 264.66
——供电车间	15 287.34

（三）计划成本分配法

计划成本分配法是通过劳务或产品的计划单位成本和各受益单位的耗用数量分配辅助生产费用的一种方法。

计划成本分配法分配辅助生产费用时，需要分两个步骤进行。

（1）按照辅助生产的计划单位成本计算各受益单位应承担的辅助生产费用（计划成本）。其计算公式为：

$$\text{某受益对象承担的辅助生产计划成本} = \text{该受益对象耗用的辅助生产产品（劳务）数量} \times \text{辅助生产计划单位成本}$$

(2) 计算并结转各辅助生产成本差异。其计算公式为：

$$某辅助生产成本差异 = 该辅助生产的实际成本 - 该辅助生产的计划成本$$

$$某辅助生产的实际成本 = 该辅助生产分配前归集的费用 + 该受益对象承担的辅助生产计划成本$$

$$某辅助生产的计划成本 = 该辅助生产提供的产品（劳务）总量 \times 该辅助生产的计划单位成本$$

计划成本分配法一般在计划水平较高，产品或劳务的计划单位成本较为准确的情况下使用。该方法有利于开展成本控制工作。需要注意的是，在该方法下，辅助生产部门实际发生的费用（包括交互分配转入的费用）与按计划成本分配转出费用的差额，即成本差异，分配给辅助生产以外的受益单位，但为了简化核算工作，一般将成本差异全部计入管理费用。

【例2-13】沿用【案例2-11】，该企业辅助生产车间未设置"制造费用"账户，发生的相关费用直接记入"生产成本——辅助生产成本"账户。供水车间的计划单位成本为5.5元/吨，供电车间的计划单位成本为1.5元/千瓦时。

要求：采用计划成本分配法分配辅助生产费用。

在Excel中建立辅助生产费用分配表（计划成本分配法），完成辅助生产费用相关数据录入及分配工作，如图2-13所示。

	A	B	C	D	E	F	G	H
1	辅助生产费用分配表（计划成本分配法）							
2	202×年12月							金额单位：元
3		供水车间			供电车间			合计
4	项目	数量/件	计划单位成本/（元/件）	分配金额	数量/件	计划单位成本/（元/件）	分配金额	
5	待分配辅助生产费用	3 785	5.5	21 112	9 800	1.5	15 440	
6	生产成本—辅助生产成本—供水车间				150		225	225
7	生产成本—辅助生产成本—供电车间	15		82.5				82.5
8	生产成本—基本生产成本（甲产品）				7 500		11 250	11 250
9	生产成本—基本生产成本（乙产品）				300		450	450
10	生产成本—基本生产成本（丙产品）				150		225	225
11	制造费用—第一车间	600		3 300	60		90	3 390
12	制造费用—第二车间	1 500		8 250	80		120	8 370
13	制造费用—第三车间	1 300		7 150	60		90	7 240
14	管理费用	250		1 375	1 000		1 500	2 875
15	销售费用	120		660	500		750	1 410
16	按计划成本分配额	3 785		20 817.5	9 800		14 700	35 517.5
17	实际成本			21 337			15 522.5	
18	成本差异			519.5			822.5	

图2-13 辅助生产费用分配表（计划成本分配法）

小提示

·原始生产数据录入，供水车间、供电车间待分配辅助生产费用，各受益对象耗用的产品（劳务）数量，以及各辅助生产计划单位成本根据辅助生产车间提供的劳务数量表等资料录入。

·计算各受益对象承担的辅助生产计划成本，以供水车间承担的供电车间电费为例，选中G6

单元格,输入公式"=E6*F5"。

·计算各辅助生产的计划成本。供水车间按计划成本分配金额:选中 D16 单元格,输入公式"=SUM(D7:D15)";供电车间按计划成本分配金额:选中 G16 单元格,输入公式"=SUM(G6:G15)"。

·计算各辅助生产的实际成本。供水车间的实际成本:选中 D17 单元格,输入公式"=D5+G6";供电车间的实际成本:选中 G17 单元格,输入公式"=G5+D7"。

·计算各辅助生产成本差异。供水车间成本差异:选中 D18 单元格,输入公式"=D17-D16";供电车间成本差异:选中 G18 单元格,输入公式"=G17-G16"。

根据辅助生产费用分配表(计划成本分配法)分配结果,编制会计分录如下:

借:生产成本——辅助生产成本——供水车间	225
——供电车间	82.5
生产成本——基本生产成本——甲产品	11 250
——乙产品	450
——丙产品	225
制造费用——第一车间	3 390
——第二车间	8 370
——第三车间	7 240
管理费用	2 875
销售费用	1 410
贷:生产成本——辅助生产成本——供水车间	20 817.5
——供电车间	14 700
借:管理费用	1 342
贷:生产成本——辅助生产成本——供水车间	519.5
——供电车间	822.5

任务七 制造费用的核算

任务目标

1. 能理解制造费用的概念与范畴。
2. 能掌握制造费用的归集、分配和结转等核算流程。

任务描述

陆明在扬帆电池有限公司的工作中发现,企业存在许多共同使用的开支,如生产一部和生产二部在同一栋厂房里。这让他联想到中午在职工食堂用餐时思考的一个问题:如果一个食堂档口只卖宫保鸡丁和鱼香肉丝两种菜品,那么很容易分清黄瓜是用来制作宫保鸡丁的,蒜薹是用来制作鱼香肉丝的,而两道菜品共同使用的鸡肉、胡萝卜以及盐、油等原料的支出应如何在两种产品之间合理分配呢?

思考

1. 在企业的成本费用中，哪些属于直接成本，哪些属于间接成本？
2. 当多个部门或多种产品共同产生某些支出时，应当如何记录？

任务分析

制造费用包括折旧费、水电费、办公费、差旅费、薪酬费、租赁费和物料消耗等内容。辅助生产车间发生的制造费用，在分配辅助生产费用之前已经分配转出，所以一般核算的是基本生产车间发生的制造费用。

相关知识

一、制造费用的归集

制造费用是在生产车间发生的各项间接费用，是指工业企业为生产产品或提供劳务而发生的、应计入产品成本但没有专设成本项目的各项生产费用。制造费用主要包括物料消耗，车间管理人员的薪酬，车间管理用房屋和设备的折旧费、租赁费、保险费，车间管理用具摊销，车间管理用的照明费、水费、取暖费、劳动保护费、设计制图费、试验检验费、差旅费、办公费，以及季节性、修理期间停工损失等。

为了正确反映制造费用的归集与分配情况，企业要设置"制造费用"账户进行核算。"制造费用"账户按照生产车间设置明细账，归集各生产单位在一定时期内为组织和管理生产所发生的制造费用及其分配情况。制造费用发生时，计入"制造费用"账户的借方；制造费用进行分配结转时，计入"制造费用"账户的贷方。"制造费用"账户月末一般没有余额。

二、制造费用的分配

企业发生的制造费用，应根据受益原则进行分配，按月分配计入各成本核算对象的生产成本。在只生产一种产品的情况下，其归集的制造费用应直接计入该种产品的成本；在生产多种产品的情况下，制造费用应采用适当的分配方法分配计入各种产品的成本。

制造费用的分配方法很多，通常采用生产工时比例分配法、年度计划分配率分配法、生产工人工资比例分配法以及机器工时比例分配法，本书重点讲解前两种方法。具体采用哪种分配方法，企业可以自行决定。分配方法一经确定，不得随意变更。确需变更的，应当在报表附注中予以说明。企业选择制造费用分配方法，必须与制造费用的发生具有比较密切的相关性，确保分配到每个成本核算对象上的制造费用金额合理，并且计算简便。不同的制造费用分配方法，分配标准不一样，但计算程序相同，都是以下三个步骤。

第一步，确定各成本核算对象的分配标准，包括实际生产工时、定额生产工时、生产工人工资、机械工时、产品计划产量的定额工时等。

第二步，计算制造费用分配率。其计算公式为：

某制造费用分配率 = 该制造费用总额 ÷ 各成本核算对象分配标准

第三步，计算各成本核算对象的分配金额（承担的制造费用）。其计算公式为：

各成本核算对象承担额 = 该成本核算对象分配标准 × 该制造费用分配率

(一) 生产工时比例分配法

生产工时比例分配法是以各种产品所耗生产工人工时为分配标准进行制造费用分配的一种方法。

【例 2 – 14】扬帆电池有限公司 202×年 12 月末归集的一车间、二车间和三车间的制造费用分别是 15 150 元、30 450 元和 21 600 元。每个车间甲、乙产品的生产时间分别为：一车间甲产品 1 750 小时、乙产品 750 小时，二车间甲产品 3 000 小时、乙产品 750 小时，三车间甲产品 2 250 小时、乙产品 1 500 小时。

要求：采用生产工时比例分配法分配甲、乙产品承担的制造费用。

在 Excel 中建立制造费用分配表（生产工时比例分配法），完成制造费用相关数据录入及分配工作，如图 2 – 14 所示。

	A	B	C	D	E	F	G	H	I	J	K	L
1					制造费用分配表（生产工时比例分配法）							
2												金额单位：元
3	应借科目		一车间			二车间			三车间			合计
4			生产工时/小时	分配率	分配金额	生产工时/小时	分配率	分配金额	生产工时/小时	分配率	分配金额	
5	生产成本——基本生产成本——甲产品		1 550		10 963.46	2 500		20 491.75	2 500		16 842.00	48 297
6	生产成本——基本生产成本——乙产品		500		3 536.54	550		4 508.25	1 300		8 758.00	16 803
7	合计		2 050	7.073 2	14 500	3 050	8.197	25 000	3 800	6.736 8	25 600	65 100

图 2 – 14 制造费用分配表（生产工时比例分配法）

小提示

· 原始生产数据录入，一车间、二车间、三车间归集的制造费用，甲产品和乙产品生产工时根据实际生产情况及相关凭证录入。

· 计算各车间总消耗工时，以一车间为例，选中 C7 单元格，输入公式" = SUM（C5：C6）"。

· 计算各车间制造费用分配率，以一车间为例，选中 D7 单元格，输入公式" = ROUND（E7/C7，4）"。

· 计算各产品承担的制造费用，以一车间制造费用分配为例，选中 E5 单元格，输入公式" = C5 * D7"；选中 E6 单元格，输入公式" = E7 – E5"。

根据制造费用分配表（生产工时比例分配法）分配结果，编制会计分录如下：

借：生产成本——基本生产成本——甲产品　　　　　　　　　　　　47 925
　　　　　　　　　　　　　　　　　　——乙产品　　　　　　　　　19 275
　　贷：制造费用——一车间　　　　　　　　　　　　　　　　　　　15 150
　　　　　　　　——二车间　　　　　　　　　　　　　　　　　　　30 450
　　　　　　　　——三车间　　　　　　　　　　　　　　　　　　　21 600

（二）年度计划分配率分配法

年度计划分配率分配法是以企业正常经营条件下的年度制造费用计划数和预计产量的定额标准量为分配标准计算分配率，并用该分配率和各月实际产量的定额分配标准量对制造费用进行分配的一种方法。

采用年度计划分配率分配法，可以随时计算已经完工产品负担的制造费用，分配手续简单，比较适用于季节性生产的企业车间，也适用于计划管理水平较高的企业；否则，制造费用的计划分配额与实际发生额差异过大，会影响产品成本计算的准确性。

制造费用按照年度计划分配率进行分配，每月实际发生的制造费用与分配转出的制造费用金额不一定相等，"制造费用"账户一般会有月末余额，表示年度内实际发生的制造费用与按照年度计划分配率分配的累计转出额的差额，并且余额既可能在借方，也可能在贷方，情况如图2-15所示。

制造费用	
各月归集的实际发生的制造费用	各月按照年度计划分配率分配转出的制造费用
如果余额在借方，则年度内实际发生的制造费用大于按照年度计划分配率分配的累计转出额的差额	如果余额在贷方，则年度内实际发生的制造费用小于按照年度计划分配率分配的累计转出额的差额

图2-15 "制造费用"T形账户（年度计划分配率分配法）

年末，全年制造费用实际发生额与计划分配额之间的差额，调整转入12月产品成本后，制造费用没有余额。

【例2-15】扬帆电池有限公司一车间生产甲、乙产品，202×年12月制造费用计划数为90 000元，甲、乙产品的计划产量分别为10 000件和2 500件，单位工时定额分别为2.5小时和5小时，9月的实际产量分别为1 000件和200件。本月实际发生制造费用9 000元。

要求：采用年度计划分配率分配法分配制造费用。

在Excel中建立制造费用分配表（年度计划分配率分配法），完成制造费用相关数据录入及分配工作，如图2-16所示。

	A	B	C	D	E	F	G	H	I	J
1	制造费用分配表（年度计划分配率分配法）									
2	202×年12月									金额单位：元
3	应借科目		年度计划费用	年度计划产量	工时定额	年度计划定额工时	分配率	本月实际产量/件	本月定额工时/件	本月分配费用
4										
5	生产成本——基本生产成本——甲产品			10 000	2.5	25 000	2.4	1 000	2 500	6 000
6	生产成本——基本生产成本——乙产品			2 500	5	12 500		200	1 000	2 400
7	合计		90 000	12 500		37 500			3 500	8 400

图2-16 制造费用分配表（年度计划分配率分配法）

小提示

· 原始生产数据录入。一车间制造费用年度计划数、甲产品和乙产品年度计划产量、本月产量、工时定额等数据根据实际生产情况及相关凭证录入。

· 计算各产品年度计划定额工时（即制造费用的分配标准）。选中F5单元格，输入公式"=

D5＊E5"；选中 F6 单元格，输入公式"＝D6＊E6"。

·计算分配率。选中 G5 单元格，输入公式"＝C7/F7"。

·计算各产品本月定额工时。选中 I5 单元格，输入公式"＝H5＊E5"；选中 I5 单元格，输入公式"＝H6＊E6"。

·计算各产品本月分配费用。选中 J5 单元格，输入公式"＝I5＊G5"；选中 J5 单元格，输入公式"＝I6＊G5"。

根据制造费用分配表（年度计划分配率分配法）分配结果，编制会计分录如下：

借：生产成本——基本生产成本——甲产品　　　　　　　　　　　　　6 000

　　　　　　　　　　　　　——乙产品　　　　　　　　　　　　　2 400

　　贷：制造费用——一车间　　　　　　　　　　　　　　　　　　8 400

【例 2－16】沿用【例 2－15】，假定至 202×年末扬帆电池有限公司一车间实际发生制造费用 101 000 元，累计已分配转出制造费用 98 600 元（其中，甲产品已分配 69 020 元，乙产品已分配 29 580 元）。

要求：将"制造费用"账户的差额进行调整。

年末制造费用账户余额 ＝ 101 000 － 98 600 ＝ 2 400（元）（借方余额）。

实际发生的制造费用大于按照年度计划分配率计算的累计转出额，差额 2 400 元按照甲产品和乙产品已分配金额比例调整计入甲产品和乙产品成本。

甲产品应调整的制造费用 ＝ 2 400 ×（69 020 ÷ 98 600）＝ 1 680（元）。

乙产品应调整的制造费用 ＝ 2 400 ×（29 580 ÷ 98 600）＝ 720（元）。

编制会计分录如下：

借：生产成本——基本生产成本——甲产品　　　　　　　　　　　　　1 680

　　　　　　　　　　　　　——乙产品　　　　　　　　　　　　　720

　　贷：制造费用——一车间　　　　　　　　　　　　　　　　　　2 400

任务八　损失费用的核算

任务目标

1. 能准确计算并反映企业在生产过程中因各种原因造成的损失。
2. 能运用合理的成本核算方法，对损失费用进行合理分摊。

任务描述

陆明在参观扬帆电池有限公司的生产车间时了解到，在产品生产过程中，不可避免地会产生一些废品，生产设备故障、停电等因素会导致停工。这些情况都会给公司带来一定的经济损失。陆明不禁思考：这些损失对应的费用，是否会被计入产品的生产成本，从而影响最终产品的定价？

思考

1. 企业在生产过程中可能会面临哪些损失？
2. 企业是如何核算废品损失的？

任务分析

在市场经济环境下,许多制造业会因调整生产计划、待料、停电、机器设备发生故障、生产操作不熟练、生产组织不合理、季节性大修理和疫情防控等各种原因造成生产损失。因此,企业在日常经营管理过程中,应采取各种措施把损失控制在最小范围。

相关知识

一、废品损失的核算

(一) 废品损失的概念

1. 废品的概念及分类

废品,是指不符合规定的技术标准,不能按照原定用途使用或者需要修理后才能使用的在产品、半成品或产成品,包括在生产过程中发现的废品,以及入库后发现的废品。

按照产生原因不同,废品分为料废和工废两种。料废是材料不符合质量要求造成的废品,工废是工人违反操作规程、看错或绘错图纸等原因造成的废品。

按照修复技术可能性和修复成本经济合理性,废品分为可修复废品和不可修复废品两种。可修复废品,是指在技术上能够修复,而且修复成本在经济上合算的废品(两个条件需要同时具备);不可修复废品,是指在技术上无法修复,或者技术上虽然可以修复但所耗修复成本在经济上不合算的废品。

2. 废品损失的概念及内容

废品损失,是指由于产生废品而发生的损失及修复成本。废品损失包括在生产过程中和入库后发现的不可修复废品的报废成本,以及可修复废品的修复成本扣除回收的残料价值和应由过失单位或个人赔偿以后的损失。

合格品入库后,因保管、运输等原因发生变质、损坏,不能按照原定用途使用的,应作为产品毁损处理,造成的损失不属于废品损失;质量不符合规定的技术标准,但经检验部门检验,不需要返修即可降价出售或使用的产品,在实际工作中称为"次品",次品因降价等原因造成的损失不属于废品损失;实行"包退、包修、包换"(三包)的企业,在产品出售后发现的废品所发生的一切损失不属于废品损失。

(二) 废品损失的归集和分配

企业质量检验部门发现废品时,应该填制废品通知单,列明废品的种类、数量,以及生产废品的原因和过失人等。废品通知单经过成本会计人员和质检人员审核后,成为废品损失核算的依据。

不可修复废品的生产成本和可修复废品的修复费用,通过"废品损失"账户进行核算。

1. 不可修复废品损失的归集和分配

不可修复废品损失,是指不可修复废品的生产成本扣除回收残料价值、责任人赔款后的废品净损失。其废品损失的归集和分配包括不可修复废品生产成本结转、回收残料核算、责任人赔款核算以及不可修复废品净损失结转四个步骤。

(1) 不可修复废品生产成本结转。

不可修复废品是与同种合格产品一并进行生产的，其成本与同种合格产品成本同时发生，都归集在该种产品生产成本明细账中，要归集和分配不可修复废品损失，必须先计算不可修复废品生产成本，并将其从该种产品成本中剥离出来。

不可修复废品生产成本可以按照废品的实际成本计算，也可以按照废品的定额成本计算。

①按照实际成本计算不可修复废品生产成本。

按照实际成本计算不可修复废品生产成本，就是采用一定的分配标准，计算废品与合格品共同发生的各成本项目费用分配率，将各成本项目费用在合格品与废品之间进行分配，计算出废品的实际成本，从"生产成本"账户转入"废品损失"账户。其计算公式为：

$$\text{各成本项目费用分配率} = \text{该成本项目归集的生产费用} \div (\text{合格产品该项目分配标准} + \text{不可修复废品该项目分配标准})$$

$$\text{不可修复废品某成本项目承担额} = \text{不可修复废品该项目分配标准} \times \text{该成本项目费用分配率}$$

②按照废品的定额成本计算不可修复废品生产成本。

按照废品的定额成本计算不可修复废品生产成本，就是按照不可修复废品数量和各项费用定额计算废品的定额成本。其计算公式为：

$$\text{不可修复废品各成本项目定额成本} = \text{不可修复废品数量} \times \text{该成本项目费用定额}$$

计算出的不可修复废品的定额成本，应从"生产成本——基本生产成本"账户贷方转入"废品损失"账户借方。

(2) 回收残料核算。

不可修复废品报废，如果残料还有价值，则应予以回收，回收残料价值应冲减废品的报废成本，借记"原材料"账户，贷记"废品损失"账户。

(3) 责任人赔款核算。

对工作失误等原因造成废品损失的责任人，应追究责任，如赔偿相应损失。对于确定应收的赔偿款，应冲减废品的报废成本，借记"其他应收款"账户，贷记"废品损失"账户。

(4) 不可修复废品净损失结转。

不可修复废品净损失应由同种合格产品承担，经过以上步骤，"废品损失"账户归集的金额即为不可修复废品净损失，应从"废品损失"账户贷方转入"生产成本——基本生产成本"账户借方。

【例2-17】扬帆电池有限公司一生产车间生产甲产品，202×年12月生产甲产品250件，生产过程中发现不可修复废品20件。生产工时为10 000小时，其中，合格品9 600小时，废品400小时。基本生产成本（甲产品）明细账记录本月发生的生产费用为70 000元，其中，直接材料50 000元，直接人工12 500元，制造费用7 500元。报废废品回收残料价值1 500元，责成责任人赔款500元。原材料系生产开始时一次投入，原材料费用按照合格品和废品数量比例分配；其他费用按照生产工时比例分配。

要求：计算并结转不可修复废品损失。

在 Excel 中建立不可修复废品损失计算表（按实际成本计算），完成不可修复废品损失相关数据录入及计算工作，如图 2-17 所示。

	A	B	C	D	E	F	G	H
1				不可修复废品损失计算表（按实际成本计算）				
2				202×年12月				金额单位：元
3	项目		数量/件	直接材料	生产工时/小时	直接人工	制造费用	合计
4	生产费用		250	50 000	10 000	12 500	7 500	70 000
5	费用分配率			200		1.25	0.75	202
6	废品生产成本		20	4 000	400	500	300	4 800
7	合格品生产成本		230	46 000	9 600	12 000	7 200	65 200

图 2-17 不可修复废品损失计算表（按实际成本计算）

小提示

· 相关数据录入。数量（包括总数量、合格品数量、废品数量）、生产工时（包括总生产工时、合格品生产工时、废品生产工时）、生产费用各成本项目数据根据实际生产情况及相关凭证录入。

· 分配直接材料费。"直接材料"项目费用分配率，选中 D5 单元格，输入公式"=D4/C4"；废品承担的直接材料，选中 D6 单元格，输入公式"=D5*C6"；合格品承担的直接材料，选中 D7 单元格，输入公式"=D5*C7"，如果分配率是四舍五入的，则合格品承担额采用倒挤方法确定。

· 分配直接人工。"直接人工"项目费用分配率，选中 F5 单元格，输入公式"=F4/E4"；废品承担的直接人工，选中 F6 单元格，输入公式"=E6*F5"；合格品承担的直接人工，选中 F7 单元格，输入公式"=E7*F5"，如果分配率是四舍五入的，则合格品承担额采用倒挤方法确定。

· 分配制造费用，方法同直接人工。

根据不可修复废品损失计算表（按实际成本计算）分配结果，编制会计分录如下：

第一步，结转不可修复废品生产成本。

借：废品损失——甲产品　　　　　　　　　　　　　　　　　　　　　　4 800
　　贷：生产成本——基本生产成本——甲产品　　　　　　　　　　　　　　4 800

第二步，冲减回收残料价值。

借：原材料　　　　　　　　　　　　　　　　　　　　　　　　　　　　1 500
　　贷：废品损失——甲产品　　　　　　　　　　　　　　　　　　　　　1 500

第三步，责成责任人赔款。

借：其他应收款　　　　　　　　　　　　　　　　　　　　　　　　　　　500
　　贷：废品损失——甲产品　　　　　　　　　　　　　　　　　　　　　　500

第四步，结转不可修复废品净损失。

借：生产成本——基本生产成本——甲产品　　　　　　　　　　　　　　2 800
　　贷：废品损失——甲产品　　　　　　　　　　　　　　　　　　　　　2 800

【例 2-18】 扬帆电池有限公司一车间 202×年 10 月生产乙产品，直接材料费用定额 160 元，生产工时定额 5 小时，直接人工费用单价 11 元/件，制造费用单价 6 元/件。验收入库时发现不可修复废品 15 件，回收废品残料入库，价值 500 元。原材料系生产开始时一次投入，废品的完工程度为50%。废品的生产成本按定额成本计算。

要求：计算并结转不可修复废品损失。

在 Excel 中建立不可修复废品损失计算表（按定额成本计算），完成不可修复废品损失相关数据录入及计算工作，如图 2-18 所示。

	A	C	D	E	F	G	H
1		不可修复废品损失计算表（按定额成本计算）					
2		202×年12月				金额单位：元	
3	项目	数量/件	直接材料	工时定额	直接人工	制造费用	合计
4	费用定额		160	5	11	6	
5	废品定额成本	15	2 400		825	450	3 675

图 2-18 不可修复废品损失计算表（按定额成本计算）

小提示

· 相关数据录入。各项费用定额及废品数量根据实际生产情况及相关凭证录入。

· 废品各成本项目定额成本计算。"直接材料"项目，选中 D5 单元格，输入公式"=C5*D4"；"直接人工"项目，选中 F5 单元格，输入公式"=C5*E4*F4"；"制造费用"项目，选中 G5 单元格，输入公式"=C5*E4*G4"。

· 废品定额成本合计，选中 H5 单元格，输入公式"=D5+F5+G5"。

根据不可修复废品损失计算表（按定额成本计算）分配结果，编制会计分录如下：

第一步，结转不可修复废品生产成本。

借：废品损失——乙产品　　　　　　　　　　　　　　　　　　　　　　　3 675
　　贷：生产成本——基本生产成本——乙产品　　　　　　　　　　　　　　3 675

第二步，冲减回收残料价值。

借：原材料　　　　　　　　　　　　　　　　　　　　　　　　　　　　　　500
　　贷：废品损失——乙产品　　　　　　　　　　　　　　　　　　　　　　　500

第三步，结转不可修复废品净损失。

借：生产成本——基本生产成本——乙产品　　　　　　　　　　　　　　　3 175
　　贷：废品损失——乙产品　　　　　　　　　　　　　　　　　　　　　　3 175

2. 可修复废品损失的归集和分配

可修复废品损失，是指可修复废品在返修过程中发生的各种修复费用扣除回收残料价值、责任人赔款后的废品净损失。可修复废品损失的归集和分配包括可修复废品修复费用的核算、回收残料核算、责任人赔款核算以及可修复废品净损失的结转四个步骤。

可修复废品在修复期间发生的直接材料、直接人工和应分配的制造费用等可修复废品的修复费用，直接确认为废品损失，借记"废品损失"账户，贷记"原材料"账户等。回收残料核算、责任人赔款核算，以及可修复废品净损失的结转与不可修复废品核算相同。

【例 2-19】扬帆电池有限公司一车间 202×年12月生产乙产品，生产过程中发现其中有可修复废品 20 件，在对可修复废品的修复过程中发生的费用为：直接材料 1 800 元，直接人工 800 元，制造费用 1 100 元，收回残料价值 700 元，应由责任人赔偿 500 元。

根据以上资料，编制会计分录如下。

第一步，可修复废品修复费用的核算。

借：废品损失——乙产品　　　　　　　　　　　　　　　　　　　3 700
　　贷：原材料　　　　　　　　　　　　　　　　　　　　　　　　1 800
　　　　应付职工薪酬　　　　　　　　　　　　　　　　　　　　　　800
　　　　制造费用　　　　　　　　　　　　　　　　　　　　　　　1 100

第二步，冲减回收残料价值。

借：原材料　　　　　　　　　　　　　　　　　　　　　　　　　　700
　　贷：废品损失——乙产品　　　　　　　　　　　　　　　　　　　700

第三步，责成责任人赔款。

借：其他应收款　　　　　　　　　　　　　　　　　　　　　　　　500
　　贷：废品损失——乙产品　　　　　　　　　　　　　　　　　　　500

第四步，结转可修复废品净损失。

借：生产成本——基本生产成本——乙产品　　　　　　　　　　　2 500
　　贷：废品损失——乙产品　　　　　　　　　　　　　　　　　　2 500

二、停工损失的核算

（一）停工损失的概念

停工损失，是指生产车间或车间内某个班组在停工期间发生的各项生产费用。

停工损失主要包括停工期间发生的原材料费用、人工费用和制造费用等，但不包括应由过失个人、单位或保险公司负担的赔款以及不满 1 个工作日的停工损失部分。

企业停工按停工是否正常，可以分为正常停工（如季节性停工、正常生产周期内修理期间的停工、计划内减产停工等）和非正常停工（如原材料或工具等短缺停工、设备故障停工、电力中断停工、自然灾害停工等）。

（二）停工损失的归集和分配

停工损失的分配是指将停工损失分配计入产品成本费用的过程。

停工损失可以单独核算，也可以合并核算，季节性停工、修理期间的正常停工费用应计入产品成本，非正常停工费用应计入当期损益。

1. 单独核算停工损失

在单独核算停工损失的企业中，停工损失的归集与分配是通过"停工损失"账户进行的。停工期间发生的计入停工损失的各种费用，应该在"停工损失"账户的借方归集，借记"停工损失"账户，贷记"原材料""应付职工薪酬""制造费用"等账户。停工损失中应取得赔偿的部分，应从"停工损失"账户贷方转出至"其他应收款"账户；属于自然灾害造成的净损失，应从"停工损失"账户贷方转出至"营业外支出"账户；其余净损失，应从"停工损失"账户贷方转出至"生产成本——基本生产成本"账户，结转后该账户没有余额。其会计分录如下。

（1）停工损失发生时：

借：停工损失——××车间
　　贷：原材料
　　　　应付职工薪酬
　　　　银行存款
　　　　制造费用
　　　　周转材料

（2）应收的由个人、单位或保险公司赔偿的金额以及自然灾害造成的损失时：

借：其他应收款——个人、单位或保险公司
　　营业外支出——非正常损失
　　贷：停工损失——××车间

（3）结转停工净损失成本时：

借：生产成本——基本生产成本——××产品
　　贷：停工损失——××产品

2. 合并核算停工损失

在辅助生产车间等部门，不单独设置"停工损失"账户，其停工损失直接计入"制造费用"等账户。其会计分录如下：

借：制造费用
　　其他应收款——个人、单位或保险公司
　　营业外支出——自然灾害
　　贷：原材料
　　　　应付职工薪酬
　　　　银行存款
　　　　制造费用
　　　　周转材料

任务九　完工产品成本的核算

任务目标

1. 能准确计算在产品和完工产品的成本，提高成本核算的精确度和效率。
2. 能根据月末在产品的特点选择恰当的分配方法，合理分配生产费用。

任务描述

陆明在工作中了解了产品与完工产品之间的关系，以及企业生产的流转过程。他发现，在产品台账中仅登记了在产品的数量，而未登记金额。在产品成本的计量成为他的一大困惑。

思考

1. 产品的成本应当如何核算？

2. 生产费用如何在完工产品与在产品之间进行合理分配？

任务分析

在企业的生产过程中，生产费用的合理分配对于准确反映产品成本、控制生产成本以及制定合理的产品定价策略至关重要。生产费用在完工产品与在产品之间的分配是成本会计中的一个核心环节，涉及多方面的考量与操作。

相关知识

一、在产品的核算

（一）在产品的概念

在产品是没有完成全部生产过程，不能作为商品销售的企业未完工产品。在产品有广义和狭义之分。广义在产品是指从投产开始至尚未制成最终产品入库的产品，包括正在加工过程中的在制品、已完成一个或几个生产步骤还需继续加工的半成品、已完工但尚未入库的产成品、正在返修和等待返修的废品等。狭义在产品是指正在各个生产车间处于相关生产步骤进行加工的在制品。本任务讨论的在产品是指狭义在产品。

（二）在产品数量的核算

在产品数量是核算在产品成本的基础，要确定月末在产品成本，必须先确定月末在产品的数量。

在产品数量的核算方法一般有两种：一是设置在产品台账，进行台账记录，反映在产品的结存数量；二是通过实地盘点方式确定月末在产品数量。在实际工作中，往往将两种方法结合使用，通过在产品台账反映在产品的理论结存数量，利用实地盘点方式确定在产品的实际结存数量，两者差额表现为在产品的盘点溢余或短缺的数量。在产品台账如图 2-19 所示。

	A	B	C	D	E	F	G	H	I	J
1						在产品台账				
2	车间：一车间					202×年12月				
3	202×年		摘要	收入		转入			结存	
4	月	日		凭证号	数量	凭证号	合格品	废品	已完工	未完工
5										
6										
7										
8										
9										
10										

图 2-19　在产品台账

（三）在产品清查的核算

在产品清查一般在每月月末进行，通过实地盘点确定在产品的实际结存数量，与在产品台账记录的结存数量进行核对，如有不符，则填制在产品盘盈盘亏报告表，填明在产品名称、盈亏数量、金额、原因等，对于毁损的在产品还要登记残值。经有关领导审准后进行账务处理。

为了反映在产品盘盈、盘亏和毁损的处理过程，应当设置"待处理财产损溢"账户。"待处理财产损溢"账户的借方一般反映在产品发生盘亏、毁损和经批准处理核销的在产品发生盘盈的金额等,贷方一般反映在产品发生盘盈和经批准处理核销的在产品发生盘亏、毁损的金额等。期末,"待处理财产损溢"账户一般没有余额。

经批准处理核销的在产品发生盘盈的金额计入"管理费用"账户;经批准处理核销的在产品发生盘亏、毁损的金额依据不同情况进行处理:准予计入产品成本的损失或由车间管理不善造成的损失,转入"制造费用"账户的借方;自然灾害造成的非常损失应由保险公司或过失人赔偿部分计入"其他应收款"账户的借方,其余损失则计入"营业外支出"账户的借方;无法查明原因的计入"管理费用"等账户。

1. 盘盈的会计处理

(1) 批准前(发生盘盈时):

借:生产成本——基本生产成本——×产品
　　贷:待处理财产损溢——待处理流动资产损溢

(2) 批准后(予以转销时):

借:待处理财产损溢——待处理流动资产损溢
　　贷:管理费用

2. 盘亏、毁损的会计处理

(1) 批准前(发生盘亏、毁损时):

借:待处理财产损溢——待处理流动资产损溢
　　贷:生产成本——基本生产成本——某产品

(2) 批准后(予以转销时,区别不同情况处理):

借:原材料(毁损在产品收回的残值)
　　其他应收款(应收过失人或保险公司赔偿损失)
　　营业外支出(非常损失的净损失)
　　管理费用(无法收回的损失)
　　贷:待处理财产损溢——待处理流动资产损溢

【例2-20】扬帆电池有限公司202×年12月基本生产车间在产品清查结果如下:甲产品的在产品盘盈20件,费用定额200元;乙产品的在产品盘亏50件,费用定额60元,其中,应由过失人赔款1 000元,其余损失是由车间管理不善造成的;丙产品的在产品毁损600件,费用定额40元,其中,自然灾害损失7 000元,残料入库价值2 000元,其余损失是由车间管理不善造成的。以上事项均已批准处理。

1. 在产品盘盈的核算

(1) 批准前:

借:生产成本——基本生产成本——甲产品　　　　　　　　　　　　　4 000
　　贷:待处理财产损溢——待处理流动资产损溢　　　　　　　　　　　　4 000

(2) 批准后:

借:待处理财产损溢——待处理流动资产损溢　　　　　　　　　　　　4 000

    贷：管理费用   4 000

2. 在产品盘亏、毁损的核算

（1）批准前：

借：待处理财产损溢——待处理流动资产损溢   27 000
   贷：生产成本——基本生产成本——乙产品   3 000
            ——丙产品   24 000

（2）批准后：

①盘亏转销。

借：其他应收款   1 000
  制造费用   2 000
   贷：待处理财产损溢——待处理流动资产损溢   3 000

②毁损的残料入库。

借：原材料   2 000
   贷：待处理财产损溢——待处理流动资产损溢   2 000

③毁损转销。

借：营业外支出   7 000
  制造费用   15 000
   贷：待处理财产损溢——待处理流动资产损溢   22 000

二、生产费用在完工产品与在产品之间的分配

  生产费用在完工产品与在产品之间的分配，首先，将本月发生的生产费用在不同产品之间进行归集，即本月应计入各种产品成本的生产费用，按成本项目归集在"生产成本——基本生产成本"账户及其所属明细账的借方；其次，将各产品的月初在产品成本加上本月发生的生产费用，即各产品的本月生产费用合计，采用适当分配方法，在完工产品和在产品之间进行分配，以计算本月完工产品成本和在产品成本。

  生产费用在完工产品与在产品之间分配时，要注意月初在产品成本、本月生产费用、本月完工产品成本和月末在产品成本之间的关系。用公式表示为：

$$月初在产品成本 + 本月生产费用 = 本月完工产品成本 + 月末在产品成本$$
$$月初在产品成本 + 本月生产费用 - 月末在产品成本 = 本月完工产品成本$$

  在实际工作中，常用的生产费用在完工产品与在产品之间分配的方法包括在产品不计算成本法、在产品按固定成本计价法、在产品按所耗直接材料成本计价法、约当产量法、在产品按定额成本计算法、定额比例法、在产品按完工产品成本计算法等。

  完工产品和在产品之间费用分配方法的选择，要考虑月末在产品数量、各月在产品数量变化、各项费用在成本中所占比重、定额管理水平等因素。

（一）在产品不计算成本法

  在产品不计算成本法，是指月末在产品不计算成本，本期分配归集的生产费用全部由完工产品承担的方法。该方法适用于月末在产品数量很少、成本价值很低、是否计算成本对完工产品成本影

响很小且管理上不要求计算在产品成本的产品。因此，为简化产品成本核算工作，根据重要性原则，某些生产企业可以不计算月末在产品成本，如自来水生产企业、发电企业、采掘企业等。

在产品不计算成本下，本月完工产品的总成本等于本月该种产品发生的（应负担的）全部生产费用，并且账面上没有期末在产品成本。用公式表示为：

$$本月完工产品总成本 = 本月发生生产费用$$

（二）在产品按固定成本计价法

在产品成本按固定成本计价法，是指年内各月都固定以上年末计算确定的在产品成本作为各月的月末在产品成本，并以此确定当月完工产品成本的方法。该方法适用于各月月末在产品数量变动不大的产品，如果各月月末在产品数量变化不大，月初、月末在产品成本的差额就不大，因此，是否计算各月月初、月末在产品成本差额，对于完工产品成本确定的影响很小。某些企业生产的产品，如炼铁厂、化工厂等有固定容器装置的在产品，数量都比较稳定，或者虽然在产品结存数量较多，但各月月末在产品数量稳定、起伏不大，是否计算各月在产品成本的差额，对完工产品成本的影响不大。为了简化核算工作，各月月末在产品成本可以按年初固定数计算。

采用在产品按固定成本计价法，每年1—11月，不论在产品的数量是否发生变化，都固定以年初的在产品成本作为各月在产品成本，这样本月发生的生产费用等于本月完工产品成本，但账面上有期末在产品成本。用公式表示为：

$$\begin{matrix}本月完工\\产品成本\end{matrix} = \begin{matrix}月初在产品成本\\（固定年初数额）\end{matrix} + \begin{matrix}本月发生\\生产费用\end{matrix} - \begin{matrix}月末在产品成本\\（固定年初数额）\end{matrix} = \begin{matrix}本月发生\\生产费用\end{matrix}$$

（三）在产品按所耗直接材料成本计价法

在产品按所耗直接材料成本计价法，是指在确定月末在产品成本时，只计算在产品所消耗的直接材料费用，而其所消耗的人工费用和制造费用全部计入当期完工产品成本的方法。该方法适用于月末在产品数量较多，各月在产品数量变化较大，同时"直接材料"项目在产品成本中占较大比重的产品。例如，造纸、酿酒等行业的产品，直接材料费用占产品成本的70%以上，则可采用在产品按所耗直接材料成本计价法进行核算。

1. 计算"直接材料"项目费用的分配率（假定材料是生产开始时一次投入）

"直接材料"项目费用分配率的计算公式为：

$$\begin{matrix}"直接材料"项目\\费用分配率\end{matrix} = \begin{matrix}该成本项目\\归集的生产费用\end{matrix} \div （完工产品产量 + 月末在产品产量）$$

2. 计算月末在产品成本

月末在产品成本的计算公式为：

$$月末在产品成本 = 月末在产品数量 \times "直接材料"项目费用分配率$$

3. 计算本月完工产品成本

本月完工产品成本的计算公式为：

$$本月完工产品成本 = 完工产品数量 \times \begin{matrix}"直接材料"项目\\费用分配率\end{matrix} + \begin{matrix}本月发生的\\直接人工\end{matrix} + \begin{matrix}本月发生的\\制造费用\end{matrix}$$

【例 2-21】扬帆电池有限公司 202×年 8 月生产某产品,原材料在生产开始时一次投入。月初在产品直接材料 12 000 元,本月耗用直接材料 28 000 元,直接人工 8 000 元,制造费用 10 000 元。本月完工产品 160 件,月末在产品 40 件。

要求:采用在产品按所耗直接材料成本计价法计算完工产品和月末在产品成本。

在 Excel 中建立产品成本计算单(在产品按所耗直接材料成本计价法),完成月末在产品和完工产品成本计算相关数据录入及分配工作,如图 2-20 所示。

	A	B	C	D	E	F	G
1			产品成本计算单(在产品按所耗直接材料成本计价法)				
2	月	日	摘要	直接材料	直接人工	制造费用	合计
3	8	1	月初在产品成本	12 000			12 000
4		31	本月生产费用	28 000	8 000	10 000	46 000
5		31	生产费用合计	40 000	8 000	10 000	58 000
6		31	完工产品产量	160	160	160	
7		31	月末在产品产量	40			
8		31	费用分配率	200			
9		31	完工产品成本	32 000	8 000	10 000	50 000
10		31	月末在产品成本	8 000			8 000

图 2-20 产品成本计算单(在产品按所耗直接材料成本计价法)

小提示

·原始生产数据录入。月初在产品成本、本月生产费用、完工产品产量、月末在产品产量,根据实际生产情况及相关凭证录入。

·生产费用合计,选中 D5 单元格,输入公式"=SUM(D3:D4)";选中 D5 单元格,拖曳填充柄至 G5 单元格。

·计算"直接材料"项目的费用分配率,选中 D8 单元格,输入公式"=D5/(D6+D7)"。

·计算月末在产品承担的直接材料费用,选中 D10 单元格,输入公式"=D8*D7"。

·计算完工产品成本,"直接材料"项目选中 D9 单元格,输入公式"=D6*D8";"直接人工"项目选中 E9 单元格,输入公式"=E5";"制造费用"项目选中 F9 单元格,输入公式"=F5"。

根据产品成本计算单(在产品按所耗直接材料成本计价法),编制会计分录如下:

借:库存商品 50 000
  贷:生产成本——基本生产成本 50 000

(四)约当产量法

约当产量法是将各成本项目期初结存在产品成本与本期发生的生产费用之和,按完工产品数量与月末在产品约当产量的比例进行分配,以计算完工产品成本和月末在产品成本的一种方法。约当产量,是指将月末在产品数量按照其完工程度折算为相当于完工产品的产量。约当产量法适用于月末在产品数量较多、在产品数量变化较大、各成本项目所占比重相差不大的产品。

1. 各成本项目月末在产品约当产量的计算

采用约当产量法将生产费用在完工产品和在产品之间进行分配,关键在于月末在产品约当产量的计算,而月末在产品约当产量计算的关键在于合理确定在产品的投料程度和加工程度。

（1）"直接材料"项目在产品约当产量的计算。"直接材料"项目在产品约当产量的确定，取决于产品生产过程中的投料程度。在产品生产过程中，原材料投料方式不同，在产品投料程度的确定方式也有所差异。

①原材料在生产开始时一次投入，单位月末在产品所耗原材料与单位完工产品所耗原材料相同，在产品的投料程度按照100%计算。

②原材料在每道工序开始时一次投入，各道工序月末在产品应负担的直接材料费用为截至该道工序的累计投料额，各道工序月末在产品投料程度计算公式如下：

$$某工序月末在产品投料程度 = \frac{前面各工序材料消耗定额之和 + 本工序材料消耗定额}{完工产品材料消耗定额}$$

③原材料随生产进度逐步投入，如果是单工序生产，则月末在产品投料程度与完工程度一致；如果是多工序生产，则各道工序月末在产品投料程度计算公式如下：

$$某工序月末在产品投料程度 = \frac{前面各工序材料消耗定额之和 + 本工序材料消耗定额 \times 该工序完工程度}{完工产品材料消耗定额}$$

月末在产品投料程度确定后，即可计算月末在产品"直接材料"项目约当产量。其计算公式为：

$$某工序"直接材料"项目月末在产品约当产量 = 该工序月末在产品数量 \times 该工序月末在产品投料程度$$

（2）"加工费用"项目在产品约当产量的计算。"加工费用"项目包括"直接人工"项目和"制造费用"项目，在产品约当产量的确定取决于产品生产过程中的完工程度。产品生产过程中的完工程度除了可以按照实际完工程度确定外，还有如下两种方式。

①按照平均完工程度计算，即各工序在产品完工程度一律按照50%计算，在各工序在产品数量和单位产品在各工序加工量都相差不多的情况下使用，能够简化成本核算。

②各工序分别测定完工程度，即根据各工序的累计工时定额占完工产品工时定额的比率计算月末在产品完工程度。其计算公式为：

$$某工序月末在产品完工程度 = \frac{前面各工序工时定额之和 + 该工序工时定额 \times 该工序完工程度}{完工产品工时定额}$$

月末在产品完工程度确定后，即可计算月末在产品"加工费用"项目的约当产量。其计算公式为：

$$某工序加工费用项目月末在产品约当产量 = 该工序月末在产品数量 \times 该工序月末在产品完工程度$$

2. 各成本项目费用分配率（单位成本）的计算

约当产量法下，各成本项目费用分配率的计算公式如下：

$$"直接材料"项目费用分配率 = \frac{月初在产品直接材料 + 本期发生的直接材料}{完工产品产量 + 月末在产品"直接材料"项目约当产量}$$

$$"直接人工"项目费用分配率 = \frac{月初在产品直接人工 + 本期发生的直接人工}{完工产品产量 + 月末在产品"直接人工"项目约当产量}$$

$$"制造费用"项目费用分配率 = \frac{月初在产品制造费用 + 本期发生的制造费用}{完工产品产量 + 月末在产品"制造费用"项目约当产量}$$

3. 完工产品成本的计算

约当产量法下,完工产品各成本项目成本的计算公式如下:

完工产品承担的直接材料成本 = 完工产品产量 × "直接材料"项目费用分配率
完工产品承担的直接人工成本 = 完工产品产量 × "直接人工"项目费用分配率
完工产品承担的制造费用成本 = 完工产品产量 × "制造费用"项目费用分配率

4. 月末在产品成本的计算

约当产量法下,月末在产品成本的计算可以用月末在产品各成本项目的约当产量乘以各成本项目费用分配率得到。如果费用分配率是四舍五入确定的,则月末在产品各成本项目金额应采用倒挤的方法确定,即用各成本项目归集的全部生产费用扣除完工产品承担的部分计算得到。

【例 2-22】 扬帆电池有限公司 202×年7月生产某产品,原材料于生产开始时一次投入,本月完工入库产品 400 件,月末在产品数量 100 件,在产品完工程度为 50%,月初在产品成本和本月生产费用资料如表 2-16 所示。

要求:采用约当产量法计算完工产品成本和在产品成本。

表 2-16 生产费用表

202×年7月   金额单位:元

摘要	直接材料	燃料和动力	直接人工	制造费用	合计
月初在产品成本	4 000	500	400	300	5 200
本月生产费用	16 000	4 000	5 000	3 300	28 300
生产费用合计	20 000	4 500	5 400	3 600	33 500

在 Excel 中建立产品成本计算单(约当产量法),完成相关数据录入及完工产品与在产品成本计算工作,如图 2-21 所示。

	A	B	C	D	E	F	G	H
1			产品成本计算单(约当产量法)					
2	月	日	摘要	直接材料	燃料和动力	直接人工	制造费用	合计
3	7	1	月初在产品成本	4 000	500	400	300	5 200
4		31	本月生产费用	16 000	4 000	5 000	3 300	28 300
5		31	生产费用合计	20 000	4 500	5 400	3 600	33 500
6		31	完工产品产量/件	400	400	400	400	
7		31	月末在产约当产量/件	100	50	50	50	
8		31	费用分配率	40	10	12	8	70
9		31	完工产品成本	16 000	4 000	4 800	3 200	28 000
10		31	月末在产品成本	4 000	500	600	400	5 500

图 2-21 产品成本计算单(约当产量法)

小提示

• 原始生产数据录入。月初在产品成本、本月生产费用、完工产品产量根据实际生产情况及相关凭证录入。

• 月末在产品约当产量计算。"直接材料"项目,选中 D7 单元格,输入公式"= 100 * 100%";"燃料和动力"项目,选中 E7 单元格,输入公式"=100 * 50%";"直接人工"项目与"制造费用"项目月末在产品约当产量计算同"燃料和动力"项目。

• 各项目费用分配率计算。"直接材料"项目,选中 D8 单元格,输入公式"= D5/(D6 +

D7）"；"燃料和动力"项目，选中 E8 单元格，输入公式"= E5/（E6 + E7）"；"直接人工"项目和"制造费用"项目费用分配率计算以此类推。

· 完工产品成本计算。"直接材料"项目，选中 D9 单元格，输入公式"= D6 * D8"；"燃料和动力"项目，选中 E9 单元格，输入公式"= E6 * E8"；"直接人工"项目和"制造费用"项目完工产品成本计算以此类推。

· 月末在产品成本计算。"直接材料"项目，选中 D10 单元格，输入公式"= D5 – D9"；其他项目月末在产品成本计算以此类推。

【例 2 – 23】 扬帆电池有限公司 202×年 7 月生产某产品，其加工需经过三道工序完成，原材料分三次在每道工序开始时一次投入，该产品材料消耗定额为 500 千克，其中，第一道工序投入原材料 280 千克，第二道工序投入原材料 160 千克，第三道工序投入原材料 60 千克。该产品工时定额为 80 小时，其中，第一道工序工时定额为 16 小时，第二道工序工时定额为 40 小时，第三道工序工时定额为 24 小时。该产品本月完工 500 件，三道工序在产品数量分别为 100 件、50 件和 60 件，各工序在产品在本工序完工程度均为 50%。月初在产品成本 18 000 元，其中，直接材料 10 000 元，直接人工 5 000 元，制造费用 3 000 元；本月发生生产费用 55 242 元，其中，直接材料 32 900 元，直接人工 14 839 元，制造费用 7 503元。

要求：采用约当产量法计算完工产品和在产品成本。

在 Excel 中建立月末在产品"直接材料"项目约当产量计算表、月末在产品"加工费用"项目约当产量计算表以及产品成本计算单（约当产量法），完成相关数据录入及完工产品与在产品成本计算工作。

第一步，计算月末在产品"直接材料"项目约当产量，如图 2 – 22 所示。

	A	B	C	D	E
1	月末在产品"直接材料"项目约当产量计算表				金额单位：元
2	工序	材料消耗定额/千克	在产品投料程度/%	在产品数量/件	在产品约当产量/件
3	第一道工序	280	56%	100	56
4	第二道工序	160	88%	50	44
5	第三道工序	60	100%	60	60
6	合计	500			160

图 2 – 22　月末在产品"直接材料"项目约当产量计算表

小提示

· 原始生产数据录入。各道工序材料消耗定额、在产品数量根据实际生产情况及相关凭证录入。

· 在产品投料程度计算。第一道工序在产品投料程度，选中 C3 单元格，输入公式"= B3/B6"；第二道工序在产品投料程度，选中 C4 单元格，输入公式"=（B3 + B4）/B6"；第三道工序在产品投料程度，选中 C5 单元格，输入公式"=（B3 + B4 + B5）/B6"。

· 在产品约当产量计算，第一道工序在产品约当产量选中 E3 单元格，输入公式"= D3 * C3"；第二道工序在产品投料程度选中 E4 单元格，输入公式"= D4 * C4"；第三道工序在产品投料程度选中 E5 单元格，输入公式"= D5 * C5"。

第二步，计算月末在产品"加工费用"项目约当产量，如图 2 – 23 所示。

	A	B	C	D	E
1		月末在产品"加工费用"项目约当产量计算表			金额单位：元
2	工序	工时定额/小时	在产品完工程度/%	在产品数量/件	在产品约当产量/件
3	第一道工序	16	10%	100	10
4	第二道工序	40	45%	50	22.5
5	第三道工序	24	85%	60	51
6	合计	80			83.5

图2-23　月末在产品加工费用项目约当产量计算表

小提示

· 原始生产数据录入，各道工序工时定额、在产品数量根据实际生产情况及相关凭证录入。

· 在产品完工程度计算。第一道工序在产品完工程度，选中C3单元格，输入公式"=（B3*50%）/B6"；第二道工序在产品完工程度，选中C4单元格，输入公式"=（B3+B4*50%）/B6"；第三道工序在产品完工程度，选中C5单元格，输入公式"=（B3+B4+B5*50%）/B6"。

· 在产品约当产量计算。第一道工序在产品约当产量，选中E3单元格，输入公式"=D3*C3"；第二道工序在产品约当产量，选中E4单元格，输入公式"=D4*C4"；第三道工序在产品约当产量，选中E5单元格，输入公式"=D5*C5"。

第三步，将生产费用在完工产品和在产品之间进行分配，如图2-24所示。

	A	B	C	D	E	F	G
1			产品成本计算单（约当产量法）				金额单位：元
2	月	日	摘要	直接材料	直接人工	制造费用	合计
3	7	1	月初在产品成本	10 000	5 000	3 000	18 000
4		31	本月生产费用	32 900	14 839	7 503	55 242
5		31	生产费用合计	42 900	19 839	10 503	73 242
6		31	完工产品产量/件	500	500	500	
7		31	月末在产品约当产量/件	160	83.5	83.5	
8		31	费用分配率	65.00	34.00	18.00	117.00
9		31	完工产品成本	32 500	17 000	9 000	58 500
10		31	月末在产品成本	10 400	2 839	1 503	14 742

图2-24　产品成本计算单（约当产量法）

小提示

· 原始生产数据录入。月初在产品成本、本月生产费用、完工产品产量根据实际生产情况及相关凭证录入。

· 月末在产品约当产量录入。根据前面步骤计算结果直接填入，或根据"月末在产品'直接材料'项目约当产量计算表""月末在产品'加工费用'项目约当产量计算表"对应引入。"直接材料"项目，选中D7单元格，输入公式"=月末在产品'直接材料'项目约当产量计算表！E6"；"直接人工"项目，选中E7单元格，输入公式"=月末在产品'加工费用'项目约当产量计算表！E6"；"制造费用"项目，选中F7单元格，输入公式"=月末在产品'加工费用'项目约当产量计算表！E6"。

· 费用分配率计算。"直接材料"项目，选中D8单元格，输入公式"=D5/（D6+D7）"；"直接人工"项目，选中E8单元格，输入公式"=E5/（E6+E7）"；"制造费用"项目，选中F8单元格，输入公式"=F5/（F6+F7）"。

·完工产品成本计算。"直接材料"项目,选中 D9 单元格,输入公式"= D6 * D8";"直接人工"项目,选中 E9 单元格,输入公式"= E6 * E8";"制造费用"项目,选中 F9 单元格,输入公式"= F6 * F8"。

·月末在产品成本计算。"直接材料"项目,选中 D10 单元格,输入公式"= D5 - D9";"直接人工"项目,选中 E10 单元格,输入公式"= E5 - E9";"制造费用"项目,选中 F10 单元格,输入公式"= F5 - F9"。

(五) 在产品按定额成本计算法

在产品按定额成本计算法,是指根据月末在产品数量和单位定额成本计算月末在产品成本,确定本期完工产品成本的方法。在产品按定额成本计算法的特点是,在产品只按定额成本计算,月末在产品的实际成本与定额成本之间的差额由本期完工产品负担。该方法适用于各项消耗定额或成本定额比较准确、稳定,而且各月末在产品数量变化不大的产品。

1. 计算月末在产品定额成本

各成本项目月末在产品定额成本的计算公式为:

$$\text{月末在产品直接材料定额成本} = \text{在产品数量} \times \text{单位在产品材料消耗定额} \times \text{材料计划单价}$$

$$\text{月末在产品直接人工定额成本} = \text{在产品数量} \times \text{单位在产品工时定额} \times \text{直接人工计划单价}$$

$$\text{月末在产品制造费用定额成本} = \text{在产品数量} \times \text{单位在产品工时定额} \times \text{制造费用计划单价}$$

2. 计算完工产品成本

某项目完工产品成本的计算公式为:

$$\text{某项目完工产品成本} = \text{该项目月初在产品成本} + \text{该项目本月发生的生产费用} - \text{该项目月末在产品定额成本}$$

【例 2-24】扬帆电池有限公司 202×年 7 月生产某产品,月初在产品成本 110 000 元,其中,直接材料 80 000 元,直接人工 20 000 元,制造费用 10 000 元;本月发生生产费用 690 000 元,其中,直接材料 390 000 元,直接人工 200 000 元,制造费用 100 000 元。本月完工入库产品 110 件,在产品 10 件,单位在产品工时定额 5 小时,单件产品材料消耗定额 10 千克,材料单价 300 元/千克,直接人工计划单价 200 元/小时,制造费用计划单价 100 元/小时。

要求:采用在产品按定额成本计算法计算本月完工产品成本和月末在产品成本。

在 Excel 中建立产品成本计算单 (在产品按定额成本计算法),完成相关数据录入及完工产品与在产品成本计算工作,如图 2-25 所示。

小提示

·原始生产数据录入。月初在产品成本、本月生产费用根据实际生产情况及相关凭证录入。

·生产费用合计计算。由各成本项目月初在产品定额成本与本月生产费用求和得到。

·月末在产品定额成本计算。"直接材料"项目,选中 D7 单元格,输入公式"= 10 * 10 * 300";"直接人工"项目,选中 E7 单元格,输入公式"= 10 * 5 * 200";"制造费用"项目,选中

	A	B	C	D	E	F	G
1			产品成本计算单（在产品按定额成本计算法）				金额单位：元
2	月	日	摘要	直接材料	直接人工	制造费用	合计
3	7	1	月初在产品成本	80 000	20 000	10 000	110 000
4		31	本月生产费用	390 000	200 000	100 000	690 000
5		31	生产费用合计	470 000	220 000	110 000	800 000
6		31	完工产品成本/件	440 000	210 000	105 000	755 000
7		31	月末在产品成本/件	30 000	10 000	5 000	45 000

图 2-25　产品成本计算单（在产品按定额成本计算法）

F7 单元格，输入公式" =10 * 5 * 100"。

· 完工产品成本计算。"直接材料"项目，选中 D6 单元格，输入公式" =D5 - D7"；"直接人工"项目，选中 E6 单元格，输入公式" =E5 - E7"；"制造费用"项目，选中 F6 单元格，输入公式" =F5 - F7"。

（六）定额比例法

定额比例法，是指将生产费用按照完工产品与月末在产品定额消耗量或定额耗费的比例分配计算完工产品成本和月末在产品成本的方法。"直接材料"项目可以按原材料定额耗用量或原材料定额成本比例分配；"直接人工""制造费用"等其他成本项目，可以按定额工时比例分配。定额比例法适用于定额管理基础较好，各项消耗定额比较准确、稳定，各月末在产品数量变化较大的生产企业。采用定额比例法分配生产费用，分配结果较合理，便于将实际成本与定额成本进行比较，从而更好地考核和分析定额执行情况。

1. 按照定额耗用量或定额成本比例分配直接材料费用

按照定额耗用量或定额成本比例分配直接材料费用的计算公式为：

$$\text{直接材料费用分配率} = \frac{\text{月初在产品直接材料} + \text{本期发生的直接材料}}{\text{完工产品材料定额耗用量（或定额成本）} + \text{月末在产品材料定额耗用量（或定额成本）}}$$

$$\text{完工产品承担的直接材料} = \text{完工产品材料定额耗用量（或定额成本）} \times \text{直接材料费用分配率}$$

$$\text{月末在产品承担的直接材料} = \text{月初在产品直接材料} + \text{本月发生直接材料} - \text{完工产品承担的直接材料}$$

2. 按照定额工时比例分配直接人工费用

按照定额工时比例分配直接人工费用的计算公式为：

$$\text{直接人工费用分配率} = \frac{\text{月初在产品直接人工} + \text{本期发生的直接人工}}{\text{完工产品定额工时} + \text{月末在产品定额工时}}$$

$$\text{完工产品承担的直接人工} = \text{完工产品定额工时} \times \text{直接人工费用分配率}$$

$$\text{月末在产品承担的直接人工} = \text{月初在产品直接人工} + \text{本月发生直接人工} - \text{完工产品承担的直接人工}$$

3. 按照定额工时比例分配制造费用

按照定额工时比例分配制造费用的计算公式为：

$$制造费用分配率 = \frac{月初在产品制造费用 + 本期发生的制造费用}{完工产品定额工时 + 月末在产品定额工时}$$

完工产品承担的制造费用 = 完工产品定额工时 × 制造费用分配率

月末在产品承担的制造费用 = 月初在产品制造费用 + 本月发生制造费用 − 完工产品承担的制造费用

【例 2 – 25】扬帆电池有限公司202×年9月生产某产品,本月完工产品入库2 000件,月末在产品数量200件。完工产品材料消耗定额10千克/件,工时定额5小时/件。材料系开工时一次投入,在产品完工程度为40%。该产品月初在产品成本19 560元,其中,直接材料11 600元,直接人工2 480元,制造费用5 480元;本月生产费用80 000元,其中,直接材料50 000元,直接人工10 000元,制造费用20 000元。

要求:采用定额比例法分配计算完工产品成本和在产品成本。

在Excel中建立产品成本计算单(定额比例法),完成相关数据录入及完工产品与在产品成本计算工作,如图2 – 26所示。

	A	B	C	D	E	F	G
1			产品成本计算单(定额比例法)				
2	完工产量:2 000件 在产品:200件 完工程度:40%						金额单位:元
3	月	日	摘要	直接材料	直接人工	制造费用	合计
4	9	1	月初在产品成本	11 600.00	2 480.00	5 480.00	19 560.00
5		30	本月生产费用	50 000.00	10 000.00	20 000.00	80 000.00
6		30	生产费用合计	61 600.00	12 480.00	25 480.00	99 560.00
7		30	产品材料消耗定额(或定额工时)	10.00	5.00	5.00	
8		30	完工产品定额消耗量(或定额工时)	20 000.00	10 000.00	10 000.00	
9		30	月末在产品定额消耗量(或定额工时)	2 000.00	400.00	400.00	
10		30	费用分配率	2.80	1.20	2.45	6.45
11		30	完工产品成本	56 000.00	12 000.00	24 500.00	92 500.00
12		30	月末在产品成本	5 600.00	480.00	980.00	7 060.00

图2 – 26 产品成本计算单(定额比例法)

小提示

·原始生产数据录入。月初在产品成本、本月生产费用、产品材料消耗定额(或工时定额)根据实际生产情况及相关凭证录入。

·计算生产费用合计。由各成本项目月初在产品成本与本月生产费用求和得到。

·计算完工产品定额消耗量(或定额工时)。"直接材料"项目,选中D8单元格,输入公式"=2000*D7";"直接人工"项目,选中E8单元格,输入公式"=2000*E7";"制造费用"项目,选中F8单元格,输入公式"=2000*F7"。

·计算月末在产品定额消耗量(或定额工时)。"直接材料"项目,选中D9单元格,输入公式"=200*D7";"直接人工"项目,选中E9单元格,输入公式"=200*E7*40%";"制造费用"项目,选中F9单元格,输入公式"=200*F7*40%"。

·计算费用分配率。"直接材料"项目,选中D10单元格,输入公式"=D6/(D8+D9)";选中D10单元格,拖曳填充柄至F10单元格,生成"直接人工""制造费用"项目的费用分配率。

·计算完工产品成本。"直接材料"项目,选中D11单元格,输入公式"=D8*D10";选中D11单元格,拖曳填充柄至F11单元格,生成"直接人工""制造费用"项目的完工产品成本。

·计算月末在产品成本。"直接材料"项目,选中D12单元格,输入公式"=D6–D11";选中D12单元格,拖曳填充柄至F12单元格,生成"直接人工""制造费用"项目的月末在产品成本。

（七）在产品按完工产品成本计算法

在产品按完工产品成本计算法，是指将月末在产品视同完工产品，按照本月完工产品数量与月末在产品数量的比例分配各项生产费用的方法。在产品按完工产品成本计算方法是一种特殊的约当产量法，即单位在产品成本相当于100%的单位完工产品成本，适用于月末在产品趋于完工，或已经加工完成但尚未包装或尚未验收入库的产品。

当在产品生产加工状态趋于完工，发生的生产费用接近完工产品所耗时，为简化核算工作，将其视同完工产品承担本月发生的生产费用，即产品成本计算单中的生产费用合计金额，按照完工产品产量与在产品数量比例进行分配。分配后，计算出完工产品成本和在产品成本。此时，应将完工产品成本从"生产成本——基本生产成本"账户转出，对于已办理入库手续的产品应转入"库存商品"账户。编制会计分录如下：

借：库存商品
　　贷：生产成本——基本生产成本

任务十　应用 Excel 建立品种法成本计算模型——品种法综合案例

任务目标

1. 能掌握品种法的核算流程，正确运用对应核算方法计算要素费用、辅助生产费用、制造费用以及分配完工产品和在产品成本。
2. 能运用 Excel 建立成本核算模型，提高成本核算的效率与准确度。

任务描述

陆明在工作中深入了解了企业的生产步骤，并熟练掌握品种法的核算工作流程。他发现，传统的手工计算方式已无法满足当前生产规模需求，因此决定利用 Excel 构建相关的成本核算模型。

思考

1. 品种法的核算流程具体包括哪些环节？
2. 如何有效利用 Excel 建立品种法的成本核算模型？

任务分析

相比于传统手工会计的成本核算工作，Excel 成本核算处理迅速、准确，分配率的计算、费用分配的环节都是自动生成数据；弥补了一般会计软件成本核算功能的欠缺，简便灵活，可以满足制造业企业的成本核算要求。

相关知识

一、成本核算资料

扬帆电池有限公司基本生产车间既生产碱性电池又生产锌碳电池，同时设有两个辅助生产车间——质检车间和供水车间。企业月末采用品种法对两种产品进行核算，该公司打算利用 Excel 辅助成本核算工作，提高成本核算岗位的工作效率。该公司202×年11月的生产情况及成本费用资料如下。

(1) 各产品生产情况如表2-17所示。

表2-17 扬帆电池有限公司202×年11月各产品生产情况

202×年11月 单位：件

产品	月初在产品	本月投入产品	本月完工产品	月末在产品
碱性电池	90 000	100 000	100 000	90 000
锌碳电池	10 000	70 000	60 000	20 000

(2) 各产品月初在产品成本资料如表2-18所示。

表2-18 扬帆电池有限公司202×年11月月初在产品成本

202×年11月 金额单位：元

产品	直接材料	直接人工	制造费用	合计
碱性电池	13 000	5 000	4 000	22 000
锌碳电池	6 000	3 000	1 000	10 000

(3) 本月发生的原材料消耗如表2-19所示。

表2-19 扬帆电池有限公司202×年11月原材料耗用

202×年11月 金额单位：元

材料用途	A材料	B材料	C材料	机物料	D材料	定额耗用量/吨
碱性电池	15 000	1 200	800		1 500	300
锌碳电池	18 000	3 300	2 000			200
车间一般耗用				2 900		
质检车间				300		
供水车间				500		
合计	33 000	4 500	2 800	3 700	1 500	

(4) 本月发生的职工薪酬费用如表2-20所示。

表2-20 扬帆电池有限公司202×年11月职工薪酬费用

202×年11月 金额单位：元

部门	职工薪酬
车间生产工人	18 000
车间管理人员	6 000
企业管理人员	20 000
质检车间人员	3 500
供水车间人员	5 000
销售人员	4 000
合计	56 500

备注：企业按照职工总额的20%提取社会保险（医疗保险8%、养老保险8%、失业保险2%、工伤保险2%），10%提取住房公积金，2%提取工会经费，8%提取职工教育经费。

(5) 本月发生的固定资产折旧费用如表2-21所示。

表2-21 扬帆电池有限公司202×年11月折旧费用

202×年11月　　　　　　　　　　　　　　　　　　　　　　　　　　　　　　　金额单位：元

部门	金额
基本生产车间	3 500
质检车间	900
供水车间	2 300
企业管理部门	1 500
合计	8 200

(6) 辅助生产车间本月提供的产品及劳务数量如表2-22所示。

表2-22 扬帆电池有限公司辅助生产车间202×年11月产品及劳务量

202×年11月

受益部门	质检车间/小时	供水车间/吨
供水车间	95	
质检车间		500
基本生产车间	235	2 400
企业管理部门	70	400
合计	400	3 300

(7) 有关费用的分配方法：

①两种产品共同耗用的材料费用按照定额耗用量比例进行分配；

②职工薪酬费用和制造费用按两种产品的生产工时比例进行分配，碱性电池耗用360工时，锌碳电池耗用240工时；

③碱性电池的在产品成本按年初固定数计算，锌碳电池的在产品成本按约当产量计算，其产品的投料方式为生产开始时一次性投入，在产品的完工程度按50%计算；

④辅助生产费用采用直接分配法分配。

二、成本核算程序

（一）开设相关成本费用明细账

在 Excel 中按照车间开设制造费用明细账，按照车间开设辅助生产成本明细账，按照产品开设基本生产成本明细账。

（二）分配材料费用

在 Excel 中建立材料费用分配表，完成本月材料费用数据录入及分配，如图2-27所示。

小提示

·直接计入各成本费用的材料费用按照表2-19对应项目数据直接录入。

·碱性电池和锌碳电池共同耗用的材料需要分配计算，选中 E7 单元格，输入公式"= F7/D7"；选中 E5 单元格，输入公式"= $ E $ 7"，拖曳右下角填充柄至 E6 单元格。

	A	B	C	D	E	F	G
1				材料费用分配表			
2				202×年11月			金额单位：元
3	应借科目		直接计入	分配计入			合计
4	总账	明细账		定额耗用量	分配率	分配额	
5	基本生产成本	碱性电池	17 000.00	300.00	3.00	900.00	17 900.00
6		锌碳电池	23 300.00	200.00	3.00	600.00	23 900.00
7		小计	40 300.00	500.00	3.00	1 500.00	41 800.00
8	制造费用	机物料	2 900.00				2 900.00
9	辅助生产成本	质检车间	300.00				300.00
10		供水车间	500.00				500.00
11	合计		44 000.00			1 500.00	45 500.00

图 2-27 材料费用分配表

· 碱性电池和锌碳电池分配额计算，选中 F5 单元格，输入公式"= D5 * E5"，拖曳右下角填充柄至 F6 单元格。

· 各项目材料成本合计，选中 G5 单元格，输入公式"= C5 + F5"，拖曳右下角填充柄至 G11 单元格。

· 根据材料费用分配表结果，编制会计分录，并登记制造费用明细账、辅助生产成本明细账和基本生产成本明细账。

（三）分配职工薪酬

在 Excel 中建立职工薪酬费用分配表，完成本月职工薪酬费用数据录入及分配，如图 2-28 所示。

	A	B	C	D	E	F	G	H	I	J	K	L
1							职工薪酬费用分配表					
2							202×年11月					金额单位：元
3	应借科目		直接计入	分配计入			工资合计	社会保险费（20%）	公积金（10.00%）	工会经费（2%）	职工教育经费（8.00%）	合计
4	总账	明细账		生产工时	分配率	分配计入						
5	基本生产成本	碱性电池		360.00	30.00	10 800.00	10 800.00	2 160.00	1 080.00	216.00	864.00	15 120.00
6		锌碳电池		240.00	30.00	7 200.00	7 200.00	1 440.00	720.00	144.00	576.00	10 080.00
7		小计		600.00	30.00	18 000.00	18 000.00	3 600.00	1 800.00	360.00	1 440.00	25 200.00
8	制造费用	工资	6 000.00				6 000.00	1 200.00	600.00	120.00	480.00	8 400.00
9	辅助生产成本	质检车间	3 500.00				3 500.00	700.00	350.00	70.00	280.00	4 900.00
10		供水车间	5 000.00				5 000.00	1 000.00	500.00	100.00	400.00	7 000.00
11	管理费用	工资	20 000.00				20 000.00	4 000.00	2 000.00	400.00	1 600.00	28 000.00
12	合计		34 500.00				34 500.00	6 900.00	3 450.00	690.00	2 760.00	48 300.00

图 2-28 职工薪酬费用分配表

小提示

· 直接计入各成本费用的职工薪酬按照表 2-20 对应项目数据直接录入。碱性电池和锌碳电池共同耗用生产工人的职工薪酬费用以生产工时为标准进行分配计入，共同耗用直接人工费用及生产工时根据相关资料录入。

· 碱性电池和锌碳电池共同耗用直接人工费用分配率计算。选中 E7 单元格，输入公式"= F7/D7"；E5 单元格和 E6 单元格输入公式"= E7"。

· 碱性电池和锌碳电池应分配直接人工费用计算。碱性电池，选中 F5 单元格，输入公式"= D5 * E7"；锌碳电池，选中 F6 单元格，输入公式"= D6 * E6"。

· 工资合计金额，选中 G5 单元格，输入公式"= C5 + F5"，拖曳右下角填充柄至 G12 单元格。

- 社会保险的计提，选中 H5 单元格，输入公式"＝＄G5＊H＄4"。住房公积金、工会经费和职工教育经费，拖曳 H5 单元格右下角填充柄至 K5，再分别拖曳 H5 至 K5 右下角填充柄填充至 H12 至 K12。
- 运用 SUM 函数完成职工薪酬费用分配表相关小计、合计、总计金额的计算。
- 根据职工薪酬费用分配表结果，编制会计分录，并登记制造费用明细账、辅助生产成本明细账和基本生产成本明细账。

（四）分配折旧费用

在 Excel 中建立折旧费用分配表，完成本月折旧费用数据录入及分配，如图 2-29 所示。

	A	B	C
1	折旧费用分配表		
2	202×年11月		金额单位：元
3	应借科目		金额
4	总账	明细账	
5	制造费用	折旧费	3 500.00
6	辅助生产成本	质检车间	900.00
7		供水车间	2 300.00
8	管理费用	折旧费	1 500.00
9	合计		8 200.00

图 2-29 折旧费用分配表

小提示

- 直接计入各成本费用的折旧费用，按照表 2-21 对应项目数据直接录入。
- 合计金额，选中 C9 单元格，输入公式"＝SUM（C5：C8）"。
- 根据固定资产折旧分配表结果，编制会计分录，并登记制造费用明细账和辅助生产成本明细账。

（五）分配辅助生产费用

（1）根据材料费用分配表、职工薪酬费用分配表、折旧费用分配表的分配结果登记辅助生产成本明细账，计算本月合计数，如图 2-30 所示。

小提示

- 以质检车间辅助生产成本明细账为例，质检车间承担的材料费用、职工薪酬费用、折旧费用数据从相关费用分配表中对应数据引入。承担的材料费用，选中 E4 单元格，输入公式"＝材料费用分配表！G9"；承担的职工薪酬费用，选中 F5 单元格，输入公式"＝职工薪酬费用分配表！L9"；承担的折旧费用，选中 G6 单元格，输入公式"＝折旧费用分配表！C6"。
- 供水车间承担的材料费用、职工薪酬费用、折旧费用数据从相关费用分配表中对应数据引入，具体操作同质检车间。

（2）在 Excel 中建立辅助生产费用分配表（直接分配法），完成本月辅助生产费用数据录入及分配，如图 2-31 所示。

小提示

- 待分配辅助生产费用分配金额的录入。相关数据从辅助生产成本明细账对应项目引入。质检车间，选中 B4 单元格，输入公式"＝辅助生产成本明细账！H7"；供水车间，选中 C4 单元格，输

	A	B	C	D	E	F	G	H
1				质检车间辅助生产成本明细账				金额单位：元
2	202×年		凭证号	摘要	材料费用	职工薪酬	折旧费用	合计
3	月	日						
4	11	30		材料费用分配表	300.00			300.00
5		30		职工薪酬费用分配表		4 900.00		4 900.00
6		30		折旧费用分配表			900.00	900.00
7		30		本月发生额	300.00	4 900.00	900.00	6 100.00
8		30		本月转出额	−300.00	−4 900.00	−900.00	−6 100.00
9								
10				供水车间辅助生产成本明细账				金额单位：元
11	202×年		凭证号	摘要	材料费用	职工薪酬	折旧费用	合计
12	月	日						
13	11	30		材料费用分配表	500.00			500.00
14		30		职工薪酬费用分配表		7 000.00		7 000.00
15		30		折旧费用分配表			2 300.00	2 300.00
16		30		本月发生额	500.00	7 000.00	2 300.00	9 800.00
17		30		本月转出额	−500.00	−7 000.00	−2 300.00	−9 800.00

图2-30 辅助生产成本明细账

	A	B	C	D
1		辅助生产费用分配表（直接分配法）		
2		202×年11月		金额单位：元
3	项目	质检车间	供水车间	合计
4	待分配费用	6 100.00	9 800.00	15 900.00
5	对外提供劳务总量	305.00	2 800.00	
6	费用分配率	20	3.5	
7	基本生产车间劳务总量	235.00	2 400.00	
8	制造费用	4 700.00	8 400.00	13 100.00
9	管理部门劳务总量	70.00	400.00	
10	管理费用	1 400.00	1 400.00	2 800.00

图2-31 辅助生产费用分配表（直接分配法）

入公式"=辅助生产成本明细账！H16"。

• 待分配辅助生产数量的录入。直接分配法下，质检车间、供水车间相互提供的产品不参与分配，根据表2-22，质检车间对外提供劳务总量，选中B5单元格，输入公式"=400-95"；供水车间对外提供劳务总量，选中C5单元格，输入公式"=3300-500"。

• 待分配辅助生产费用分配率的录入。质检车间费用分配率，选中B6单元格，输入公式"=B4/B5"；供水车间费用分配率，选中C6单元格，输入公式"=C4/C5"。

• 各部门分配金额计算。各部门耗用数量根据表2-22对应项目数据直接录入。基本生产车间应承担的质检成本，选中B8单元格，录入公式"=B7*B6"；基本生产车间应承担的供水成本，选中C8单元格，录入公式"=C7*C6"。管理部门应承担的质检成本，选中B10单元格，录入公式"=B4-B8"；管理部门应承担的供水成本，选中C10单元格，录入公式"=C4-C8"。

（六）分配制造费用

（1）根据材料费用分配表、职工薪酬费用分配表、折旧费用分配表和辅助生产费用分配表的分配结果登记制造费用明细账，计算出本月合计数，如图2-32所示。

	A	B	C	D	E	F	G	H	I	J
1					制造费用明细账					
2	车间：基本生产车间									金额单位：元
3	202×年		凭证号	摘要	材料费用	职工薪酬	折旧费用	质检费用	水费	合计
4	11月	30号		材料费用分配表	2 900.00					2 900.00
5				职工薪酬费用分配表		8 400.00				8 400.00
6				折旧费用分配表			3 500.00			3 500.00
7				辅助生产成本分配表				4 700.00	8 400.00	13 100.00
8				本月发生额	2 900.00	8 400.00	3 500.00	4 700.00	8 400.00	27 900.00
9				本月转出额	−2 900.00	−8 400.00	−3 500.00	−4 700.00	−8 400.00	−27 900.00

图 2−32 制造费用明细账

小提示

· 车间承担的材料费用。选中 E4 单元格，输入公式"=材料费用分配表！G8"。

· 车间承担的职工薪酬。选中 F5 单元格，输入公式"=职工薪酬费用分配表！L8"。

· 车间承担的折旧费用。选中 G6 单元格，输入公式"=折旧费用分配表！C5"。

· 车间承担的辅助生产成本。质检费用，选中 H7 单元格，输入公式"=辅助生产成本分配表！B8"；水费，选中 I7 单元格，输入公式"=辅助生产成本分配表！C8"。

· 合计列运用 SUM 函数进行计算。选中 J4 单元格，输入公式"=SUM（E4：I4）"，拖曳右下角填充柄至 J9 单元格。

（2）在 Excel 中建立制造费用分配表，完成制造费用数据录入及分配，如图 2−33 所示。

	A	B	C	D
1		制造费用分配表		
2	202×年11月			金额单位：元
3	产品名称	生产工时/小时	分配率	金额
4	碱性电池	360.00	46.50	16 740.00
5	锌碳电池	240.00	46.50	11 160.00
6	合计	600.00	46.50	27 900.00

图 2−33 制造费用分配表

小提示

· 产品的生产工时根据生产资料据实填入。合计选中 B6 单元格，输入公式"=SUM（B4：B5）"。

· 分配率的计算。总金额，选中 D6 单元格，输入公式"=制造费用明细账！J8"。分配率计算，选中 C6 单元格，输入公式"=ROUND（D6/B6，4）"，C4 和 C5 单元格输入公式"=＄C＄6"。

· 产品应承担的制造费用计算。碱性电池应承担的制造费用，选中 D4 单元格，输入公式"=B4＊C4"；拖曳右下角填充柄至 D5 单元格，即可计算出锌碳电池应承担的制造费用。

（七）生产费用在完工产品与在产品之间的分配

1. 碱性电池产品成本计算

本月生产费用根据月初在产品资料和本月各项费用分配表填列，归集本月生产费用。该产品采用在产品按年初固定数计算法分配完工产品成本与在产品成本。分配结果如图2-34所示。

	A	B	C	D	E	F	G	H
1				完工产品与在产品成本分配表				
2	产品名称：碱性电池			202×年11月				金额单位：元
3	202×年	凭证号		摘要	直接材料	直接人工	制造费用	合计
4	11月	1号		月初在产品	13 000.00	5 000.00	4 000.00	22 000.00
5		30号		材料费用分配表	17 900.00			17 900.00
6		30号		职工薪酬费用分配表		15 120.00		15 120.00
7		30号		制造费用分配表			16 740.00	16 740.00
8		30号		合计	30 900.00	20 120.00	20 740.00	71 760.00
9		30号		结转完工产品成本	17 900.00	15 120.00	16 740.00	49 760.00
10		30号		月末在产品成本	13 000.00	5 000.00	4 000.00	22 000.00

图2-34 碱性电池完工产品与在产品成本分配表

小提示

• 生产费用归集。月初在产品成本资料见表2-18，本月发生的生产费用："直接材料"项目，选中E5单元格，输入公式"=材料费用分配表！G5"；"直接人工"项目，选中F6单元格，输入公式"=职工薪酬费用分配表！L5"；"制造费用"项目，选中G7单元格，输入公式"=制造费用分配表！D4"。

• 完工产品与在产品成本分配。由于该产品采用在产品按年初固定数法计算，月末在产品成本等于月初在产品成本，选中E10单元格，输入公式"=E4"，拖曳填充柄至H10单元格。完工产品成本计算，"直接材料"项目，选中E9单元格，输入公式"=E8-E10"，拖曳右下角填充柄至H9单元格。

2. 锌碳电池产品成本计算

本月生产费用根据月初在产品资料和本月各项费用分配表填列，归集本月生产费用。该产品运用约当产量法分配完工产品成本与在产品成本。分配结果如图2-35所示。

	A	B	C	D	E	F	G	H
11								
12				完工产品与在产品成本分配表				
13	产品名称：碱性电池			202×年11月				金额单位：元
14	202×年	凭证号		摘要	直接材料	直接人工	制造费用	合计
15	11月	1号		月初在产品	6 000.00	3 000.00	1 000.00	10 000.00
16		30号		材料费用分配表	23 900.00			23 900.00
17		30号		职工薪酬费用分配表		10 080.00		10 080.00
18		30号		制造费用分配表			11 160.00	11 160.00
19		30号		合计	29 900.00	13 080.00	12 160.00	55 140.00
20		30号		完工产品数量	60 000.00	60 000.00	60 000.00	
21		30号		在产品数量	20 000.00	20 000.00	20 000.00	
22		30号		在产品约当产量	20 000.00	10 000.00	10 000.00	
23		30号		约当总产量	80 000.00	70 000.00	70 000.00	
24		30号		分配率	0.3738	0.1869	0.1737	0.7344
25		30号		结转完工产品成本	22 428.00	11 214.00	10 422.00	44 064.00
26		30号		月末在产品成本	7 472.00	1 866.00	1 738.00	11 076.00

图2-35 锌碳电池完工产品与在产品成本分配表

小提示

· 生产费用归集。月初在产品成本资料见表 2-18，本月发生的生产费用："直接材料"项目，选中 E16 单元格，输入公式"=材料费用分配表！G6"；"直接人工"项目，选中 F17 单元格，输入公式"=职工薪酬费用分配表！L6"；"制造费用"项目，选中 G18 单元格，输入公式"=制造费用分配表！D5"。

· 约当产量计算。完工产品数量和在产品数量根据表 2-17 据实填列。在产品约当产量计算，选中 E22 单元格，输入公式"=E21"；选中 F22 单元格，输入公式"=F21*0.5"；选中 G22 单元格，输入公式"=G21*0.5"。约当总产量计算，选中 E23 单元格，输入公式"=E20+E22"，拖曳右下角填充柄至 G23 单元格。

· 完工产品与在产品成本分配。分配率计算，选中 E24 单元格，输入公式"=ROUND（E19/E23，4）"，拖曳右下角填充柄至 G24 单元格。结转完工产品成本计算，选中 E25 单元格，输入公式"=ROUND（E24*E20，2）"，拖曳右下角填充柄至 G25 单元格。月末在产品成本计算，选中 E26 单元格，输入公式"=E19-E25"，拖曳右下角填充柄至 G26 单元格。

（八）编制完工产品成本汇总表

在 Excel 中建立完工产品成本汇总表，将各产品完工产品与在产品成本分配表中完工产品成本数据录入完工产品成本汇总表，如图 2-36 所示。

	A	B	C	D	E	F	G
1	完工产品成本汇总表						
2	202×年11月						金额单位：元
3	产品名称	数量/件	直接材料	直接人工	制造费用	总成本	单位成本
4	碱性电池	100 000	17 900.00	15 120.00	16 740.00	49 760.00	0.50
5	锌碳电池	60 000	22 428.00	11 214.00	10 422.00	44 064.00	0.73

图 2-36 完工产品成本汇总表

小提示

· 各产品数量参考表 2-17 据实录入。

· 各成本项目金额计算。以碱性电池为例，"直接材料"项目，选中 C4 单元格，输入公式"=完工产品与在产品成本分配表！E9"；"直接人工"项目，选中 D4 单元格，输入公式"=完工产品与在产品成本分配表！F9"；"制造费用"项目，选中 E4 单元格，输入公式"=完工产品与在产品成本分配表！G9"。锌碳电池操作同碱性电池。

· 单位成本计算。碱性电池单位成本，选中 G4 单元格，输入公式"=F4/B4"；拖曳右下角填充柄至 G5 单元格，即可计算出锌碳电池单位成本。

思政园地

增强社会责任感

在学习归集和分配要素费用两部分内容时，其中一个要素费用就是职工薪酬，职工薪酬的内容不仅包括我们熟知的职工工资、奖金、津贴和补贴等基本构成，还有一个非常关键的部分，即社会保险费，通常称为"社保"。社保是社会保障的一部分，关系着每一个人、每一个家庭的福祉；也是社会的稳定器，稳定就业市场，为员工提供生活保障；还是员工权益的重要保障，关系着国家的长治久安。我国覆盖城乡的社会保障体系建设取得了举世瞩目的成就，制度统一性和规范性不断增强，围绕全覆盖、保基本、多层次、可持续等目标加强社会保障体系建设，持续推动社会保障事业高质量发展，社保制度改革向着更成熟、更完善的目标迈进。

所有企业都存在于社会中，企业在社会体系中是十分重要的枢纽。企业为社会创造财富，也为社会提供就业岗位和保障人民生活。企业的成本会计核算工作直接关乎员工的薪酬待遇问题，只有企业做到准确分配和缴纳社保，按时发放工资、奖金，员工的短期和长期基本生活水平得到保障，员工才能积极生产，创造效益，并参与到社会建设中，促进消费，拉动内需，共同推动社会的进步和发展。

项目练习

一、单项选择题

1. 直接用于产品生产的燃料费用，核算的会计账户是（　　）。
   A. "生产成本——基本生产成本"　　　B. "销售费用"
   C. "管理费用"　　　　　　　　　　　D. "制造费用"

2. 分配辅助生产费用的方法中，直接分配法是将（　　）。
   A. 辅助生产费用直接分配给受益的各基本生产车间的方法
   B. 辅助生产费用直接计入管理费用的方法
   C. 辅助生产费用直接分配给辅助车间以外的各受益单位的方法
   D. 辅助生产费用直接分配给各受益单位的方法

3. 对于机械化程度较高的生产企业，在月末分配制造费用时，宜采用（　　）。
   A. 生产工人工资比例分配法　　　　B. 年度计划分配率分配法
   C. 生产工时比例分配法　　　　　　D. 机器工时比例分配法

4. 车间领用材料，直接材料10 000元，其中，生产产品9 000元，修复废品1 000元；辅助材料4 000元，其中，生产产品3 000元，车间一般消耗1 000元，则材料费用中应计入制造费用的金额为（　　）元。
   A. 14 000　　　　B. 1 000　　　　C. 2 000　　　　D. 4 000

5. 在产品有广义和狭义之分，狭义在产品就某一车间或某一生产步骤而言，是指某车间或某一生产步骤正在加工中的（　　）。
   A. 完工自制半成品　　　　　　　B. 库存商品
   C. 等待返修的废品　　　　　　　D. 在制品

6. 生产费用在完工产品与在产品之间分配的方法中，如果某种产品的月末在产品数量较大，各月在产品数量变化也较大，且产品成本中原材料费用和加工费用所占比重相差不多，则宜采用（　　）。
   A. 在产品按固定成本计价法　　　B. 定额比例法
   C. 在产品不计算成本法　　　　　D. 约当产量法

7. 在产品投料程度的确定中，原材料在生产开始时一次投入，则投料程度为（　　）。
   A. 50%　　　　B. 0　　　　C. 100%　　　　D. 加工程度

8. 产品成本核算的基本方法中，品种法的成本核算程序第一步骤是（　　）。

A. 开设生产成本明细账　　　　　　　B. 归集和分配制造费用

C. 归集和分配各种要素费用　　　　　D. 归集和分配辅助生产费用

9. 如果只生产一种产品，采用品种法核算产品成本，则发生的生产费用（　　）。

A. 部分计入直接费用，部分计入间接费用

B. 全部计入间接费用

C. 全部计入直接费用

D. 需要在各种产品中进行分配

10. 一般来说，化肥厂应采用的产品成本核算基本方法是（　　）。

A. 分批法　　　B. 品种法　　　C. 分类法　　　D. 分步法

二、多项选择题

1. 直接材料费用的分配标准可以采用（　　）。

A. 直接材料定额消耗量　　　　　B. 产品的体积

C. 直接材料定额费用　　　　　　D. 产品的重量

2. 对辅助生产费用进行分配时，在下列方法中，不对辅助生产费用进行两次或两次以上分配的方法有（　　）。

A. 代数分配法　　　　　　　　　B. 交互分配法

C. 直接分配法　　　　　　　　　D. 顺序分配法

3. 下列项目中，属于停工损失的是（　　）。

A. 季节性生产企业停工期内的费用　　B. 停工期内耗用的燃料和动力费用

C. 停工期内支付的生产工人工资　　　D. 停工期内应负担的制造费用

4. 某工厂有基本生产车间和机修辅助生产车间，为生产产品领用直接材料 50 000 元，其中，生产产品 45 000 元，设备维修 5 000 元；领用辅助材料 10 000 元，其中，生产产品 8 000 元，车间一般消耗 2 000 元，则下列会计处理正确的是（　　）。

A. 计入基本生产成本 53 000 元　　　B. 计入辅助生产成本 5 000 元

C. 计入基本生产成本 50 000 元　　　D. 计入辅助生产成本 10 000 元

5. 计算完工产品成本，采用倒挤法要受到（　　）的影响。

A. 本月生产费用　　　　　　　　B. 月初在产品成本

C. 等待返修的废品　　　　　　　D. 月末在产品成本

6. 需将生产成本在完工产品与月末在产品之间分配的是（　　）。

A. 约当产量法　　　　　　　　　B. 直接分配法

C. 定额比例法　　　　　　　　　D. 在产品不计算成本法

7. 在下列因素中，计算在产品约当产量时应考虑（　　）。

A. 在产品加工程度　　　　　　　B. 完工产品数量

C. 原材料投料方式　　　　　　　D. 月末各工序在产品数量

8. 下列关于品种法说法正确的是（　　）。

A. 品种法是以产品品种作为成本核算对象，归集和分配生产成本，计算产品成本的一种方法

B. 品种法成本计算按月进行，其成本计算期与会计报告期一致，但与生产周期不一致

C. 如果企业生产的产品属于多步骤，则应采用品种法计算产品成本

D. 如果是单步骤大量生产型企业，则应采用品种法计算产品成本

9. 下列项目中，属于品种法特点是（　　）。

A. 月末如果有在产品的话，一般应在完工产品与月末在产品之间分配费用

B. 品种法是最基本的成本核算方法

C. 以产品品种为成本核算对象

D. 成本计算按月定期进行

10. 下列项目中，属于品种法适用范围的是（　　）。

A. 按产品生产步骤计算产品成本的企业

B. 按产品批次计算产品成本的企业

C. 大量大批单步骤生产的企业

D. 管理上不要求提供各步骤成本资料的大量大批多步骤生产企业

三、判断题

1. 在实行计件工资制的生产车间，直接人工费用不需要分配，直接计入产品生产成本。（　　）

2. 几种产品共同耗用的原材料费用，属于间接计入费用，应采用适当的分配方法，在各种产品之间进行分配，然后计入各种产品成本明细账的"直接材料"项目。（　　）

3. 基本生产车间发生的各种费用均应直接计入"生产成本——基本生产成本"账户。（　　）

4. 生产车间所有职工的工资费均计入"直接人工"项目。（　　）

5. 辅助生产车间发生的各种生产费用都直接计入"生产成本——辅助生产成本"账户。（　　）

6. 采用按计划成本分配法分配辅助生产成本时，辅助生产的成本差异可全部计入管理费用。（　　）

7. 直接分配法适用于辅助生产车间相互提供产品或劳务较少的企业。（　　）

8. 交互分配法适用于辅助生产车间相互不提供劳务或提供劳务较少的辅助生产费用分配。（　　）

9. "生产成本——辅助生产成本"科目期末应无余额。（　　）

10. 制造费用是为组织和管理生产而发生的各种直接费用。（　　）

11. 废品损失是指废品的报废损失，即不可修复废品的生产成本扣除收回残料价值后的净损失。（　　）

12. 企业发生的生产损失，原则上由本期的完工产品承担。（　　）

13. 料废原因导致的废品，应照付计件工资。（　　）

14. 采用定额比例法分配生产费用，不仅分配结果比较合理，而且可以考核和分析定额的执行情况。（　　）

15. 分配原材料费用时，若原材料陆续投入，则不管分不分工序，投料程度都是50%。（　　）

16. 完工产品成本与在产品成本之间的关系是，"某种完工产品成本 = 某种产品期初在产品成本 + 某种产品本月发生的生产费用 – 期末在产品成本"。（　　）

17. 约当产量法适用于工资、制造费用等的分配，不适用原材料费用的分配。（　　）

18. 用约当产量比例法分配原材料费用与分配加工费用所用的完工率都是一致的。（   ）

19. 品种法仅适用于大量大批单步骤生产。（   ）

20. 在一般情况下，品种法的成本计算期与生产周期是一致的。（   ）

四、案例分析题

1. 扬帆电池有限公司生产甲、乙两种产品，耗用材料费用共计15 000千克，单价5元/千克。本月投产甲产品250件、乙产品200件。单件产品材料消耗定额：甲产品4千克，乙产品5千克。

要求：

（1）采用材料定额费用比例分配甲、乙产品实际耗用的材料费用。

（2）采用材料定额耗用量比例分配甲、乙产品实际耗用的材料费用。

2. 张三为扬帆电池有限公司职工，月标准工资为4 500元，3月31天，事假5天，病假2天，星期休假8天，出勤16天。根据张三的工龄，其病假工资按工资标准的80%给付，病假和事假期间没有节假日。

要求：

（1）按日历天数30天计算日工资率，按月薪制计算张三该月应得计时工资。

（2）按法定工作日20.83天计算日工资率，按月薪制计算张三该月应得计时工资。

（3）按日历天数30天计算日工资率，按日薪制计算张三该月应得计时工资。

3. 扬帆电池有限公司7月耗电40 000千瓦时，单价0.50元/千瓦时，应付电费20 000元，尚未支付。该企业基本生产车间耗用33 000千瓦时，其中，车间照明用电3 000千瓦时，企业行政管理部门用电7 000千瓦时。企业基本生产车间生产A、B两种产品，A产品生产工时36 000小时，B产品生产工时24 000小时。

要求：

（1）计算分配电费，其中，A、B产品电费按生产工时分配。

（2）编制分配电费的会计分录。

4. 星辰公司202×年9月机修车间和蒸汽车间辅助生产费用明细账归集发生的辅助生产费用总额分别为13 500元和15 000元。两个辅助生产车间对企业内部各部门提供劳务情况如表2-23所示。

表2-23　辅助生产车间劳务供应量汇总

202×年9月

提供劳务的辅助生产车间	劳务计量单位	提供劳务总量	各受益单位接受劳务量				
			辅助生产车间		基本生产车间	行政管理部门	销售部门
			机修车间	蒸汽车间			
机修车间	小时	540		40	420	50	30
蒸汽车间	万立方米	1 000	200		600	120	80

要求：

（1）采用直接分配法分配辅助生产费用，编制辅助生产费用分配表（见表2-24），并写出相应会计分录。

表 2-24 辅助生产费用分配表（直接分配法）

202×年9月　　　　　　　　　　　　　　　　　　　　　　　　　　　　　　　金额单位：元

项目			机修车间/小时	蒸汽车间/立方米	金额合计
待分配辅助生产费用					
供应的劳务数量					
单位成本（分配率）					
受益单位	基本生产车间	耗用数量			
		分配金额			
	行政管理部门	耗用数量			
		分配金额			
	销售部门	耗用数量			
		分配金额			
分配金额合计					

（2）采用交互分配法分配辅助生产费用，编制辅助生产费用分配表（见表2-25），并写出相应会计分录。

表 2-25 辅助生产费用分配表（交互分配法）

202×年9月　　　　　　　　　　　　　　　　　　　　　　　　　　　　　　　金额单位：元

项目			交互分配			对外分配		
			机修车间/小时	蒸汽车间/立方米	合计	机修车间/小时	蒸汽车间/立方米	合计
待分配辅助生产费用								
供应劳务数量								
费用分配率								
辅助生产车间耗用	机修车间	耗用量						
		分配金额						
	蒸汽车间	耗用量						
		分配金额						
	小计							
基本生产车间耗用		耗用量						
		分配金额						
行政部门耗用		耗用量						
		分配金额						
销售部门耗用		耗用量						
		分配金额						
分配金额合计								

（3）若公司确定的计划成本为修理费24.9元/小时、蒸汽费15.2元/立方米，则采用计划分配法分配辅助生产费用，编制辅助生产费用分配表（见表2-26），并写出相应会计分录。

表 2-26 辅助生产费用分配表（计划分配法）

202×年9月　　　　　　　　　　　　　　　　　　　　　　　　　　　　　　　　　　金额单位：元

项目			机修车间/小时	蒸汽车间/立方米	合计
待分配辅助生产费用					
供应劳务数量					
计划单位成本					
辅助生产车间耗用	机修车间	耗用量			
		分配金额			
	蒸汽车间	耗用量			
		分配金额			
	小计				
基本生产车间耗用		耗用量			
		分配金额			
行政部门耗用		耗用量			
		分配金额			
销售部门耗用		耗用量			
		分配金额			
按计划成本分配金额合计					
辅助生产实际成本					
辅助生产成本差异					

5. 星辰公司基本生产车间202×年11月生产甲产品500件，其中有50件是不可修复废品。全部生产工时为6 000小时，合格品和废品的生产工时分别为5 600小时和400小时。甲产品生产明细账所列合格品和废品的全部生产成本为：原材料4 800元、燃料及动力660元、工资及附加费720元、制造费用2 400元，共计8 580元。废品残料回收价值为50元，原材料为生产开始时一次投入，费用按合格品数量与废品数量比例分配；其他费用按生产工时比例分配。

要求：

（1）编制不可修复废品成本计算表（表2-27）。

（2）编制废品损失归集与结转的会计分录。

表 2-27 不可修复废品损失计算表（按实际成本计算）

生产车间：基本生产车间　　　　　　　　　　　　　　　　　　　　　　　　　产品名称：甲产品

废品数量：50件　　　　　　　　　　　　202×年11月　　　　　　　　　　　　金额单位：元

项目	数量/件	原材料	生产工时/小时	燃料及动力	工资及附加费	制造费用	合计
费用总额							
费用分配率							
废品成本							
减：回收残料价值							
废品净损失							

6. 星辰公司基本生产车间在202×年11月产品完工验收入库时，发现乙产品有10件为不可修复废品。每件乙产品的费用定额为：直接材料40元、燃料及动力90元、工资及附加费50元、制造

费用80元。残料回收价值180元,按定额成本计算废品成本和废品损失。

要求:

(1) 编制不可修复废品成本计算表(表2-28)。

(2) 编制废品损失归集与结转的会计分录。

表2-28 不可修复废品损失计算表(按定额成本计算)

生产车间:基本生产车间　　　　　　　　　　　　　　　　　　　　产品名称:乙产品

废品数量:10件　　　　　　　　　202×年11月　　　　　　　　　金额单位:元

项目	直接材料	燃料及动力	工资及附加费	制造费用	合计
费用定额					
废品定额成本					
减:回收残料价值					
废品损失					

7. 星辰公司基本生产车间生产丙、丁两种产品,成本核算采用品种法,202×年8月成本核算资料如下。

(1) 月初在产品、本月完工产品、月末在产品、月末在产品完工程度(原材料陆续投入)和耗用工时如表2-29所示。

表2-29 本月生产情况

产品名称	月初在产品/件	本月完工产品/件	月末在产品/件	月末在产品完工程度/%	耗用工时/小时
丙产品	30	200	40	50	600
丁产品	10	80	40	50	400

(2) 月初在产品成本:丙产品为6 820元,其中,直接材料2 460元,直接人工3 080元,制造费用1 280元;丁产品为2 360元,其中,直接材料1 200元,直接人工500元,制造费用660元。本月生产成本如表2-30所示。

表2-30 本月生产成本　　　　　　　　　　　　　　　　　　　　　　　　　金额单位:元

产品名称	直接材料	直接人工	制造费用
丙产品	2 460	3 080	1 280
丁产品	1 200	500	660
合计	3 660	3 580	1 940

要求:

(1) 按工时比例将本月的直接人工、制造费用在丙、丁产品间进行分配。

(2) 按约当产量法将生产成本在完工产品与月末在产品之间进行分配。

(3) 计算丙产品、丁产品本月完工产品的单位成本。

8. 大力公司第二生产车间定额管理基础较好,各项消耗定额或费用定额比较准确、稳定。本月生产的丁产品顺序经过三道工序加工制成。原材料分别在各工序生产开始时一次投入,各工序在产品在本工序的完工率为50%。

丁产品基本生产成本明细账显示：月初在产品成本 22 780 元，其中，直接材料 21 500 元，直接人工 800 元，制造费用 480 元。本月生产丁产品的生产费用为 48 000 元，其中，直接材料 40 000 元，直接人工 5 000 元，制造费用 3 000 元。丁产品本月完工验收入库数量 1 000 件，其他资料如表 2-31 所示。

表 2-31　各工序在产品资料　　　　　　　　　　　　　　　　　金额单位：元

工序	在产品数量/件	材料定额成本	工时定额/小时
1	200	20	20
2	50	60	40
3	150	20	40
合计	—	100	100

要求：采用定额比例法计算丁产品的完工产品成本和在产品成本，完成表 2-32 和表 2-33。

表 2-32　在产品的定额耗用量和定额总工时计算表　　　　　金额单位：元

工序	在产品数量/件	直接材料定额成本		定额总工时/小时	
		累计平均单位定额	定额总成本	平均工时定额/小时	定额工时/小时
1					
2					
3					
合计					

表 2-33　产品成本计算单

产品：丁产品　　　　　　　　　产量：1000 件　　　　　　　　金额单位：元

摘要	直接材料	直接人工	制造费用	成本合计
月初在产品成本				
本月生产费用				
生产费用合计				
完工产品定额				
在产品定额				
定额合计				
费用分配率				
完工产品成本				
月末在产品成本				

9. 利源制造厂基本生产车间生产甲、乙两种产品。该企业是大量生产的企业，因为半成品不对外销售，所以管理上不要求计算半成品成本，采用品种法计算产品成本。该企业实行一级成本核算，为了归集生产费用计算产品成本，设置了甲、乙两种产品的基本生产成本明细账，并在其中设置了"直接材料""直接人工""制造费用"三个成本项目。

202×年 9 月生产车间发生经济业务如下。

（1）基本生产车间领用材料 100 000 元，其中，直接用于甲产品的 A 材料 20 000 元，直接用于乙产品的 B 材料 30 000 元，甲、乙产品共同耗用的 C 材料 40 000 元（按甲、乙产品的定额消耗量比例进行分配。甲产品的定额消耗量为 8 000 千克，乙产品的定额消耗量为 2 000 千克），车间的机物料消耗性材料 11 800 元。

（2）基本生产车间的工人工资 40 000 元（按甲、乙产品耗用的生产工时比例进行分配，甲产品的生产工时为 6 000 小时，乙产品的生产工时为 2 000 小时），管理人员工资 8 000 元。

（3）按工资费用的 14% 计提职工福利费。

（4）基本生产车间月初在用固定资产原值 200 000 元，月末在用固定资产原值 240 000 元，按月折旧率 1% 计提折旧。

（5）基本生产车间发生其他货币支出 9 080 元，其中，办公费 2 000 元，差旅费 3 000 元，运输费 4 080 元。各项货币支出均为全月汇总的金额，并假定全部用银行存款支付。

基本生产车间的制造费用按生产工时比例在甲、乙产品之间进行分配。

月初在产品生产成本：甲产品直接材料费用 32 000 元，直接人工费用 23 800 元，制造费用 57 200 元；乙产品直接材料费用 19 000 元，直接人工费用 7 000 元，制造费用 10 000 元。

甲产品本月完工产成品 2 000 件，月末在产品 800 件，完工率为 40%，采用约当产量比例法分配完工产品和在产品的费用。甲产品的原材料在生产开始时一次投入。

乙产品本月完工产成品 20 件，各月在产品数量变化不大，生产费用在产成品与在产品之间的分配，采用在产品成本按年初数固定计算法。

要求：

（1）根据上述资料，分配各项费用，编制各种费用分配表，完成表 2-34 至表 2-37。

（2）根据各种费用分配表，编制会计分录。

（3）根据各种费用分配表和会计分录，登记各种费用、成本明细账，完成表 2-38 和表 2-39。

（4）根据各产品成本明细账分配计算完工产品成本和月末在产品成本，并编制结转产品成本的会计分录。

表 2-34 材料费用分配表

202×年9月　　　　　　　　　　　　　　　　　　　　　　　　　　　金额单位：元

分配对象		成本项目或费用项目	原材料实际成本
基本生产车间	甲产品	直接材料	
	乙产品	直接材料	
	一般耗用	机物料消耗	
合　计			

表 2-35 工资及福利费分配表

202×年9月　　　　　　　　　　　　　　　　　　　　　　　　　　　金额单位：元

分配对象	成本项目或费用项目	分配标准（工时）	分配率	工资分配金额	职工福利费（工资的14%）	工资及福利费合计
甲产品	直接人工					
乙产品	直接人工					
基本生产车间	工资费用					
合计						

表 2-36 基本车间制造费用明细账

202×年9月　　　　　　　　　　　　　　　　　　　　　　　　　　　　　　　金额单位：元

摘要	机物料消耗	工资及福利费	折旧费用	其他	合计
分配其他费用					
分配材料费用					
分配工资费用					
分配福利费					
分配折旧费用					
月计					
月末分配转出					

表 2-37 制造费用分配表

车间名称：基本车间　　　　　　　　202×年9月　　　　　　　　　　金额单位：元

产品名称	生产工时/小时	分配率	分配金额
甲产品			
乙产品			
合　计			

表 2-38 基本生产成本明细账

产品名称：甲产品　　　　　　　　　　　　　　　　　　　　　　　　　　　金额单位：元
完工产品：2 000 件　　　　　　　　　202×年9月　　　　　　　月末在产品：800 件

202×年		凭证		摘要	成本项目			合计
月	日	字	号		直接材料	直接人工	制造费用	
				月初在产品成本				
				分配材料费用				
				分配动力费用				
				分配工资费用				
				分配福利费				
				分配制造费用				
				合计				
				完工产品数量				
				在产品约当产量				
				分配率				
				结转完工成本				
				月末在产品成本				

表 2-39 基本生产成本明细账

产品名称：乙产品　　　　　　　　　　　　　　　　　　　　　　　　　　全额单位：元

完工产品：1 120 件　　　　　　　202×年9月　　　　　　　　　　　月末在产品：　件

202×年		凭证		摘要	成本项目			合计
月	日	字	号		直接材料	直接人工	制造费用	
				月初在产品成本				
				分配材料费用				
				分配动力费用				
				分配工资费用				
				分配福利费				
				分配制造费用				
				合计				
				结转完工成本				
				月末在产品成本				

学习评价

表 2-40 专业能力评价表

任务名称	评价指标	掌握程度		
		优秀	良好	一般
认识品种法	品种法的概念及适用范围			
	品种法的特点			
	品种法的成本核算程序			
材料费用的核算	材料的分类			
	材料费用的归集与分配			
外购动力费用的核算	外购动力费用的归集			
	外购动力费用的分配			
职工薪酬费用的核算	薪酬费用的内容及分类			
	薪酬费用的计量依据			
	薪酬费用的计量方法			
	薪酬费用的归集与分配			
折旧费用和其他费用的核算	折旧费用的核算			
	其他费用的核算			
辅助生产费用的核算	辅助生产费用的归集			
	辅助生产费用的分配			
制造费用的核算	制造费用的归集			
	制造费用的分配			
损失费用的核算	废品损失的核算			
	停工损失的核算			

续表

任务名称	评价指标	掌握程度		
		优秀	良好	一般
完工产品成本的核算	在产品的核算			
	生产费用在完工产品与在产品之间的分配			
运用 Excel 建立品种法成本计算模型——品种法综合案例	成本核算资料			
	成本核算程序			

项目三
分步法核算产品成本

学习目标

知识目标

1. 理解分步法的概念、适用范围、特点、种类。
2. 掌握逐步结转分步法的概念、适用范围、特点。
3. 掌握逐步结转分步法的成本核算程序和方法。
4. 掌握平行结转分步法的概念、适用范围、特点。
5. 掌握平行结转分步法的成本核算程序和方法。

技能目标

1. 能运用 Excel 建立逐步结转分步法成本计算模型，完成产品成本核算并进行成本还原。
2. 能运用 Excel 建立平行结转分步法成本计算模型，完成产品成本核算。

素养目标

1. 通过分步法的学习，培养认真细致、严谨务实的作风，以及良好的工作和学习习惯。
2. 通过学习能恰当选择分步法种类，培养善于从实际出发，做出正确选择的能力。

案例导入

小王毕业于某财经大学会计系，目前在某家会计咨询公司工作。最近，公司经理派小王去新成立的万事可乐饮料公司帮助设计可乐饮料产品的成本核算制度。小王经调查得知，万事可乐饮料公司主要生产罐装可乐饮料，该饮料所需的直接材料是糖浆、碳酸水和易拉罐。其生产过程分为四步：第一步，生产糖浆；第二步，将糖浆与碳酸水混合制成可罐装的液体，这一步的直接材料成本是糖浆和碳酸水的成本；第三步，将液体装入易拉罐空罐，这一步的成本主要是人工成本；第四步，在罐上加盖，然后将已装罐的可乐包装成箱，至此完成整个生产流程。根据调查掌握的资料，小王认为，该公司产品的生产是典型的分步骤生产，所以将其成本核算方法设计为分步法。

小王的分析设计不是很准确。在设计产品成本核算方法时，应既要考虑产品的生产工艺特点，又要满足公司成本管理的要求。显然，可乐的生产属于大量大批多步骤生产，如果成本管理不要求分步骤计算产品成本，则该公司要采用品种法计算产品成本；如果成本管理要求分步骤计算产品成本，则公司要采用分步法计算产品成本。在计算产品成本时，各个生产步骤成本的计算和结转有逐步结转和平行结转两种不同的方法，产品成本计算的分步法也分为逐步结转分步法和平行结转分步法，所以，小王说的分步法并不准确。

任务一　认识分步法

任务目标

1. 能识别哪些类型的企业或生产流程适合采用分步法。
2. 熟练掌握分步法的基本核算流程。

任务描述

扬帆电池有限公司生产的铅酸电池和锂离子电池是分几道工序生产的，各工序紧密衔接。为了更好地管理成本并优化生产流程，扬帆电池有限公司采用分步法进行成本核算。

思考

1. 分步法的特点及适用范围是什么？
2. 分步法可以分为几类？

任务分析

分步法是一种重要的管理和决策方法，尤其在复杂的项目管理和成本核算中发挥着关键作用。通过明确的步骤和顺序，分步法帮助团队或企业系统地规划、执行和监控各项任务，确保资源的有效利用和目标的顺利实现。

相关知识

一、分步法的概念及适用范围

分步法是以产品的品种及所经过的生产步骤为成本核算对象归集生产费用、计算产品成本的一种方法。

分步法主要适用于大量大批多步骤生产，管理上有要求按步骤核算成本的企业，如纺织、冶金、造纸以及机器制造企业等。在这些企业中，产品的生产分为几个不同的生产步骤进行，如纺织企业的生产可以分为纺纱、织布、印染等步骤，冶金企业的生产可以分为炼铁、炼钢及轧钢等步骤，造纸企业的生产可以分为制浆、制纸等步骤，机器制造企业的生产可以分为铸造、加工和装配等步骤。这些企业为了加强成本管理，不仅要求按照产品品种归集生产费用，计算产品成本，还要求按照产品的生产步骤归集生产费用，计算各步骤产品成本，以便企业考核和分析各种产品及其各生产步骤成本计划的完成情况，促进企业节约生产费用，降低产品成本。

二、分步法的特点

（一）成本计算对象是每种产品及其经过的生产步骤

在计算产品成本时，应当按照产品的生产步骤设立产品成本明细账。如果企业只生产一种产品，则成本计算对象是该种产品及其经过的各生产步骤，产品成本明细账应该按照该产品的生产步骤开设。如果企业生产多种产品，则成本计算对象是各种产品及其经过的各生产步骤，产品成本明细账应该按照每种产品经过的不同生产步骤分别开设。

在实际工作中，产品成本计算划分的步骤与产品的生产步骤不一定完全一致。为了满足成本管理要求、简化成本计算，有时需要将几个生产车间合并为一个生产步骤或者将一个车间划分为几个生产步骤。生产过程中发生的费用，若是直接费用，则可以直接计入各有关成本计算对象；若是间接费用，则应该按照一定的方法经过分配后再计入各有关成本计算对象。

（二）成本计算期与会计报告期一致

由于分步法主要适用于大量大批多步骤生产企业，其生产组织特点决定了产品生产周期较长，可以间断，而且往往都是跨月陆续完工，无法准确划分生产周期。企业为及时进行成本考核，成本计算工作一般都是按月定期进行，这与会计报告期一致，与产品生产周期不一致。

（三）需要在完工产品和在产品之间进行费用分配

大量大批多步骤生产企业，由于其产品的生产周期较长，产品的生产往往要跨月进行，期末经常会有在产品结存，月末计算产品成本时，需要采用一定的方法，将产品成本明细账上归集的生产费用合计数在完工产品和在产品之间进行分配，从而计算出完工产品和在产品成本。

（四）各生产步骤之间需要进行成本结转

在产品分步骤生产的情况下，企业的半成品是在各生产步骤之间流转移动的，在整个生产过程中，上一步骤生产的半成品是下一步骤的加工对象。因此，在分步法下，为了计算各种产品的完工产品成本，需要按照各产品的品种，分别结转其各步骤的成本。

【知识链接】

《企业产品成本核算制度（试行）》（部分条款）

……

第九条　制造企业一般按照产品品种、批次订单或生产步骤等确定产品成本核算对象。

（一）大量大批单步骤生产产品或管理上不要求提供有关生产步骤成本信息的，一般按照产品品种确定成本核算对象。

（二）小批单件生产产品的，一般按照每批或每件产品确定成本核算对象。

（三）多步骤连续加工产品且管理上要求提供有关生产步骤成本信息的，一般按照每种（批）产品及各生产步骤确定成本核算对象。

产品规格繁多的，可以将产品结构、耗用原材料和工艺过程基本相同的产品，适当合并作为成本核算对象。

……

三、分步法的种类

企业生产工艺过程的特点和成本管理要求不同，各生产步骤的成本计算和结转方式也不同，根据各生产步骤是否需要计算半成品成本，分步法分为逐步结转分步法和平行结转分步法，如图3-1所示。

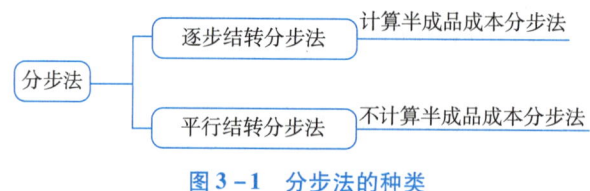

图 3-1　分步法的种类

任务二　逐步结转分步法

任务目标

1. 熟悉逐步结转分步法的计算步骤和流程。
2. 会根据企业实际情况，选择合适的逐步结转方式。
3. 能根据企业的生产类型、产品特点及管理需求，判断是否适用逐步结转分步法。

任务描述

扬帆电池有限公司生产的铅酸电池，生产流程包括极板制造、装配、化成、充电等连续工序，各工序紧密衔接。该公司结合铅酸电池生产工艺流程及成本管理要求，对该产品采用逐步结转分步法进行成本核算。

思考

1. 逐步结转分步法的特点及适用范围是什么？
2. 逐步结转分步法可以分为几类？
3. 综合结转分步法为什么要进行成本还原？

任务分析

逐步结转分步法是一种在多步骤生产中计算产品成本的方法，主要特点是随着半成品实物的转移而逐步结转各步骤半成品成本。这种方法适用于半成品可以进一步加工成多种不同产品，或者半成品本身可以直接作为商品对外销售的企业。本任务将对逐步结转分步法的概念、适用范围、特点、核算程序进行详细描述。

相关知识

一、逐步结转分步法的概念及适用范围

逐步结转分步法是按照产品各生产步骤的先后顺序逐步计算并结转半成品成本，直至最后步骤累计计算出产品成本的一种成本计算方法。

逐步结转分步法又称作"计算半成品成本分步法",其成本核算对象是产成品及各步骤的半成品。各生产步骤需要计算半成品成本,并随着半成品实物转移进行半成品成本结转,直到最后步骤计算出最终产品成本,如图3-2所示。

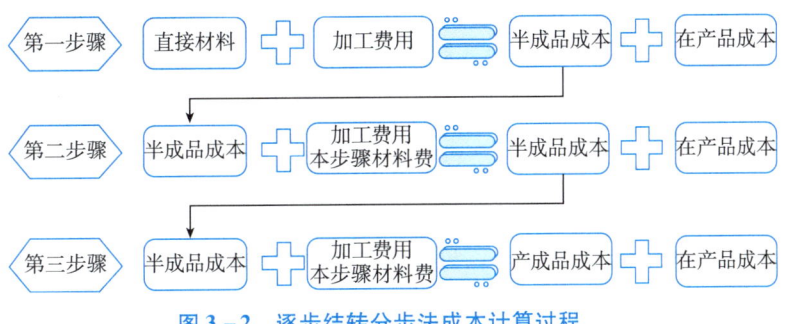

图3-2 逐步结转分步法成本计算过程

逐步结转分步法是一种在生产成本核算中广泛采用的方法,特别适合生产过程涉及大量大批连续式生产,且管理上要求提供各步骤成本资料的制造企业。通过逐步结转分步法,企业能够详细追踪每个生产步骤的成本,从而更好地控制生产成本,优化生产流程,提高经济效益。

二、逐步结转分步法的特点

采用逐步结转分步法,各步骤耗用的上一步骤半成品成本,需要随着半成品实物的转移,从上一步骤的产品成本明细账转入下一步骤相同的产品成本明细账,以便逐步计算各步骤的半成品成本及最后步骤的产成品成本。其特点主要有以下几个。

(一)成本计算对象是最终的完工产品及各步骤的半成品

逐步结转分步法依据产品品种和生产步骤设置成本计算单,可按品种法归集生产费用,进而计算出各步骤完工的半成品成本及在产品(狭义在产品)成本。可以说,逐步结转分步法是品种法的多次综合运用。

(二)逐步结转分步法成本计算单的费用构成

逐步结转分步法成本计算单的费用包括本步骤月初在产品的费用、本步骤本月发生的费用以及本步骤本月耗用前一步骤的半成品费用(除第一步骤外)。将这三部分费用的合计金额,在本步骤本月完工产品(半成品)和在产品(狭义在产品)之间,采用一定的方法进行分配,从而计算出完工产品(半成品)和在产品(狭义)的成本。

(三)半成品成本的结转与半成品实物的结转相一致

采用逐步结转分步法,上一步骤的半成品成本需随半成品实物的转移而结转到下一步骤该产品的成本计算单中。

逐步结转分步法半成品实物结转程序如图3-3所示,半成品成本结转程序如图3-4所示。

三、逐步结转分步法的分类

按照半成品成本在下一步骤产品成本计算单中反映形式的不同,逐步结转分步法可分为综合结转分步法和分项结转分步法。

第一步骤	
项目	数量/件
月初在产品	20
本月投产	230
本月完工	210
月末在产品	40

第二步骤	
项目	数量/件
月初在产品	30
本月投产	210
本月完工	220
月末在产品	20

第三步骤	
项目	数量/件
月初在产品	50
本月投产	220
本月完工	230
月末在产品	40

图 3-3 逐步结转分步法半成品实物结转程序（不经过半成品库）

第一步骤成本计算单			金额单位：元
项目	半成品	加工费用	合计
月初在产品	300	160	460
本月投产	4 700	2 140	6 840
本月完工	4 200	2 100	6 300
月末在产品	800	200	1 000

第二步骤成本计算单			金额单位：元
项目	半成品	加工费用	合计
月初在产品	1 140	240	1 380
本月投产	6 300	1 830	8 130
本月完工	6 820	1 980	8 800
月末在产品	620	90	710

第三步骤成本计算单			金额单位：元
项目	半成品	加工费用	合计
月初在产品	1 460	650	2 110
本月投产	8 800	2 350	11 150
本月完工	8 740	2 760	11 500
月末在产品	1 520	240	1 760

产品成本计算单			金额单位：元
项目	半成品	加工费用	合计
总成本	8 740	2 760	11 500
单位成本	38	12	50

图 3-4 逐步结转分步法半成品成本结转程序（不经过半成品库）

（一）综合结转分步法

综合结转分步法是将各步骤耗用的上一步骤半成品成本，以合计数综合计入下一步骤产品成本计算单中的"直接材料"或"半成品"成本项目中。综合结转可以按照半成品的实际成本进行，也可以按照半成品的计划成本或定额成本进行。本项目仅以半成品按实际成本结转为例。这种方法虽简单易行，但无法详细反映每个步骤的成本构成，因此，在成本分析和控制方面存在一定的局限性。

（二）分项结转分步法

分项结转分步法，是指在每个生产步骤中，将前一步骤转入的成本按照成本项目（如"直接材料""直接人工""制造费用"等）分别结转到本步骤，然后加上本步骤发生的成本，计算出本步骤的总成本。这种方法能够详细反映每个步骤的成本构成，有助于企业进行成本分析和控制，但计算过程相对复杂。

四、应用 Excel 建立逐步综合结转分步法成本计算模型

在大量大批多步骤生产企业，如果企业成本管理要求按生产步骤归集生产费用、计算产品成本，就应当以产成品及其经过的生产步骤作为成本核算对象归集和分配生产费用，将产成品耗用的各种半成品成本，按照上一步骤成本计算表计算的成本，综合或分项结转到下一步骤，直至结转至最后一个步骤计算出本月完工产品成本。由此可见，企业生产的产成品步骤越多，财务人员每月计算产成品成本的工作量就越大。通过应用 Excel 建立逐步结转分步法成本计算模型，可以实现成本

计算的智能化，简化计算方式，把财务人员从繁杂的计算工作中解放出来，从而提高工作效率。

【例 3-1】扬帆电池有限公司大量大批生产甲产品，经过三个生产步骤连续加工，第一步骤生产 A 半成品，第二步骤生产 B 半成品，A、B 半成品完工后直接转入下一生产步骤继续加工直至生产成甲产品。原材料在生产开始时一次性投入，月末生产费用按照约当产量法进行分配，各步骤在产品的完工程度均为 50%。202×年 3 月相关资料如表 3-1、表 3-2 所示。

表 3-1 各步骤生产数量表

时间：202×年 3 月　　　　　　　　　　　　　　　　　　　　　　　　　　　　　　　　　　　　　单位：件

项目	第一步骤	第二步骤	第三步骤
月初在产品数量	20	40	40
本月投入或上步骤转入半成品数量	220	200	200
本月完工半成品或产成品数量	200	200	220
月末在产品数量	40	40	20

表 3-2 各步骤生产费用表

时间：202×年 3 月　　　　　　　　　　　　　　　　　　　　　　　　　　　　　　　　　　　　金额单位：元

项目	第一步骤		第二步骤		第三步骤	
	月初在产品成本	本月生产费用	月初在产品成本	本月生产费用	月初在产品成本	本月生产费用
直接材料	5 000	55 000	20 200		5 200	
直接人工	1 250	26 250	6 200	40 000	1 400	41 150
制造费用	1 000	21 000	5 200	30 000	1 050	31 150
合计	7 250	102 250	31 600	70 000	7 650	72 300

（一）第一步骤产品成本计算

利用 Excel 建立第一步骤成本核算表，包括第一步骤生产数量表、第一步骤生产费用表以及第一步骤基本生产成本明细账（第一步骤半成品成本计算单）。

（1）设置第一步骤生产数量表，具体数据根据企业实际数据（见表 3-1）直接录入，结果如图 3-5 所示。

	A	B
1	第一步骤生产数量表	
2	项目	数量
3	月初在产品数量/件	20
4	本月投入或上一步骤转入半成品/件	220
5	本月完成半成品/件	200
6	月末在产品/件	40
7	在产品投料程度/%	100
8	在产品完工程度/%	50

图 3-5 第一步骤生产数量表

（2）设置第一步骤生产费用表，具体数据根据企业实际数据（见表 3-2）直接录入，结果如图 3-6 所示。

	A	B	C	D	E
1	第一步骤生产费用表				金额单位：元
2	摘要	直接材料	直接人工	制造费用	合计
3	月初在产品成本	5 000	1 250	1 000	7 250
4	本月生产费用	55 000	26 250	21 000	102 250

图3-6　第一步骤生产费用表

（3）设置第一步骤基本生产成本明细账（见图3-7），完成第一步骤完工半成品及月末在产品成本的计算。具体操作如下。

	A	B	C	D	E	F	G
1			第一步骤基本生产成本明细账				
2	半成品：2 000件						金额单元：元
3	月	日	摘要	直接材料	直接人工	制造费用	合计
4	3	1	月初在产品成本	5 000	1 250	1 000	7 250
5		31	本月生产费用				
6		31	生产费用合计				
7		31	完工半成品数量/件				
8		31	月末在产品约当产量/件				
9		31	约当总量/件				
10		31	费用分配率				
11		31	完工半产品成本				
12		31	月末在产品成本				

图3-7　第一步骤基本生产成本明细账

①登记月初在产品成本。第一步骤月初在产品成本各项目数据从图3-6对应项目引入，如"直接材料"数据引自图3-6中月初在产品成本"直接材料""直接人工""制造费用"项目数据，复制"直接材料"项目公式即可。

小提示

· 选中D4单元格，输入公式"=第一步骤生产费用表！B3"；
· 选中D4单元格，拖曳右下角填充柄至G4单元格，输出结果如图3-7所示。

②登记本月生产费用。第一步骤本月生产费用各项目数据从图3-6对应项目引入，如"直接材料"数据引自图3-6中本月生产费用"直接材料""直接人工""制造费用"项目数据，复制"直接材料"项目公式即可。

小提示

· 选中D5单元格，输入公式："=第一步骤生产费用表！B4"；
· 选中D5单元格，拖曳右下角填充柄至G5单元格。

③计算生产费用合计。将各成本项目月初在产品成本与本月生产费用求和。

小提示

· 选中D6单元格，填入"=SUM（D4：D5）"；
· 选中D6单元格，拖曳右下角填充柄至G6单元格。

④登记完工半成品数量。第一步骤完工半成品数量各成本项目数据直接从第一步骤生产数量表（见图3-5）引入。

小提示

· 选中 D7 单元格，输入公式" = 第一步骤生产数量表！B5"；

· 选中 E7 单元格，输入公式" = 第一步骤生产数量表！B5"；

· 选中 F7 单元格，输入公式" = 第一步骤生产数量表！B5"；

· 选中 G7 单元格，输入公式" = 第一步骤生产数量表！B5"。

需要注意的是，为确保以后步骤成本核算数据自动生成，完工半成品数量请从第一步骤生产数量表（见图 3 - 5）引入，不要手动填入。

⑤登记月末在产品约当产量。第一步骤月末在产品约当产量各成本项目数据从第一步骤生产数量表（见图 3 - 5）引入，月末在产品数量及在产品投料程度（或在产品完工程度）计算填列。

"直接材料"项目月末在产品约当产量 = 月末在产品数量 × 在产品投料程度

"直接人工"项目月末在产品约当产量 = 月末在产品数量 × 在产品完工程度

"制造费用"项目月末在产品约当产量 = 月末在产品数量 × 在产品完工程度

小提示

· 选中 D8 单元格，输入公式" = 第一步骤生产数量表！B6 * 第一步骤生产数量表！B7"；

· 选中 E8 单元格，输入公式" = 第一步骤生产数量表！B6 * 第一步骤生产数量表！B8"；

· 选中 F8 单元格，输入公式" = 第一步骤生产数量表！B6 * 第一步骤生产数量表！B8"。

⑥计算约当总量。将各成本项目完工半成品数量及月末在产品约当产量求和。

小提示

· 选中 D9 单元格，填入" = SUM（D7：D8）"；

· 选中 D9 单元格，拖曳右下角填充柄至 F9 单元格。

⑦计算费用分配率。将各成本项目本月生产费用合计金额，按照第一步骤本月完工半成品数量及月末在产品约当产量进行分配，计算分配率。

小提示

· 选中 D10 单元格，输入公式" = D6/D9"；

· 选中 D10 单元格，拖曳右下角填充柄至 F10 单元格；

· 选中 D10 至 G10 单元格，求和。

⑧计算完工半成品成本。第一步骤完工半成品成本各成本项目数据可以用各成本项目费用分配率乘以本月完工半成品数量计算得到。

各成本项目完工半成品成本 = 该成本项目费用分配率 × 完工半成品数量

小提示

· 选中 D11 单元格，输入公式" = D10 * D7"；

· 选中 D11 单元格，拖曳右下角填充柄至 G11 单元格。

⑨计算月末在产品成本。第一步骤月末在产品成本各成本项目数据可以用各成本项目生产费用合计扣除各成本项目完工半成品成本后计算得到。

各成本项目月末在产品成本 = 各成本项目生产费用合计 - 各成本项目完工半成品成本

小提示

· 选中 D12 单元格，输入公式" = D6 - D11"；

- 选中 D12 单元格，拖曳右下角填充柄至 G12 单元格。

完成以上步骤，生成第一步骤基本生产成本明细账，如图 3-8 所示。

A	B	C	D	E	F	G
		第一步骤基本生产成本明细账				
		半成品：A半成品			金额单位：元	
月	日	摘要	直接材料	直接人工	制造费用	合计
3	1	月初在产品成本	5 000	1 250	1 000	7 250
	31	本月生产费用	55 000	26 250	21 000	102 250
	31	生产费用合计	60 000	27 500	22 000	109 500
	31	完工半成品数量/件	200	200	200	
	31	月末在产品约当产量/件	40	20	20	
	31	约当总量/件	240	220	220	
	31	费用分配率	250	125	100	
	31	完工半产品成本	50 000	25 000	20 000	95 000
	31	月末在产品成本	10 000	2 500	2 000	14 500

图 3-8 第一步骤基本生产成本明细账

（二）第二步骤产品成本计算

以第一步骤成本核算表为模板，复制生成第二步骤成本核算表，包括第二步骤生产数量表、第二步骤生产费用表以及第二步骤基本生产成本明细账（第二步骤半成品成本计算单）。保持第一步骤成本核算表打开状态。

（1）设置第二步骤生产数量表，具体数据根据企业第二步骤实际数据（见表 3-1）直接录入，结果如图 3-9 所示。

	A	B
1	第二步骤生产数量表	
2	项目	数量
3	月初在产品数量/件	40
4	本月投入或上步骤转入半成品/件	200
5	本月完成半成品/件	200
6	月末在产品/件	40
7	在产品投料程度/%	100
8	在产品完工程度/%	50

图 3-9 第二步骤生产数量表

（2）设置第二步骤生产费用表，各成本项目数据录入操作如下。

①月初在产品成本各成本项目数据根据企业第二步骤实际数据（见表 3-2）直接录入。

②本月生产费用中的"直接人工""制造费用"项目数据根据企业第二步骤实际数据（见表 3-2）直接录入。

③本月生产费用中的"直接材料"项目数据从第一步骤基本生产成本明细账中完工半成品成本"合计"栏（见图 3-8）引入。

小提示

·选中B4单元格,输入公式"=[第一步骤成本核算表.xlsx]第一步骤基本生产成本明细账!＄G＄11";

·选中B4至E4单元格,求和。

完成以上操作步骤后,生成第二步骤生产费用表,如图3-10所示。

	A	B	C	D	E
1	第二步骤生产费用表				金额单位:元
2	摘要	直接材料	直接人工	制造费用	合计
3	月初在产品成本	20 200	6 200	5 200	31 600
4	本月生产费用	95 000	40 000	30 000	165 000

图3-10 第二步骤生产费用表

(3)设置第二步骤基本生产成本明细账。完成第二步骤生产数量表、第二步骤生产费用表数据录入后,第二步骤基本生产成本明细账各成本项目数据在Excel表格中自动生成。具体情况如图3-11所示。

	A	B	C	D	E	F	G
1			第二步骤基本生产成本明细账				
2				半成品:B半成品		金额单位:元	
3	月	日	摘要	直接材料	直接人工	制造费用	合计
4	3	1	月初在产品成本	20 200	6 200	5 200	31 600
5		31	本月生产费用	95 000	40 000	30 000	165 000
6		31	生产费用合计	115 200	46 200	35 200	196 600
7		31	完工半成品数量/件	200	200	200	
8		31	月末在产品约当产量/件	40	20	20	
9		31	约当总产量/件	240	220	220	
10		31	费用分配率	480	210	160	
11		31	完工半产品成本	96 000	42 000	32 000	170 000
12		31	月末在产品成本	19 200	4 200	3 200	26 600

图3-11 第二步骤基本生产成本明细账

(三)第三步骤产品成本计算

仍以第一步骤成本核算表为模板,复制生成第三步骤成本核算表,并更名,将"半成品"改为"产成品"。第三步骤成本核算表包括第三步骤生产数量表、第三步骤生产费用表以及第三步骤基本生产成本明细账(第三步骤产成品成本计算单)。保持第一步骤成本核算表、第二步骤成本核算表打开状态。

(1)设置第三步骤生产数量表,具体数据根据企业第三步骤实际数据(见表3-1)直接录入,结果如图3-12所示。

(2)设置第三步骤生产费用表,本项目数据录入操作如下。

①月初在产品成本各成本项目数据,根据企业第三步骤实际数据(见表3-2)直接录入。

②本月生产费用中的"直接人工""制造费用"项目数据,根据企业第三步骤实际数据(见表3-2)直接录入。

③本月生产费用中的"直接材料"项目数据从第二步骤基本生产成本明细账中完工半成品成本

	A	B
1	第三步骤生产数量表	
2	项目	数量
3	月初在产品数量/件	40
4	本月投入或上一步骤转入半成品/件	200
5	本月完成半成品/件	200
6	月末在产品/件	20
7	在产品投料程度/%	100
8	在产品完工程度/%	50

图 3-12 第三步骤生产数量表

"合计"栏（见图 3-11）引入。

小提示

· 选中 B4 单元格，输入公式"＝［第二步骤成本核算表.xlsx］第二步骤基本生产成本明细账！＄G＄11"。

完成以上操作步骤后，生成第三步骤生产费用表，如图 3-13 所示。

	A	B	C	D	E
1	第三步骤生产费用表			金额单位:元	
2	摘要	直接材料	直接人工	制造费用	合计
3	月初在产品成本	5 000	1 400	1 050	7 650
4	本月生产费用	170 000	41 150	31 150	24 230

图 3-13 第三步骤生产费用表

（3）设置第三步骤基本生产成本明细账。完成第三步骤生产数量表、第三步骤生产费用表数据录入后，第三步骤基本生产成本明细账各成本项目数据在 Excel 表格中自动生成，具体情况如图 3-14 所示。

	A	B	C	D	E	F	G
1			第三步骤基本生产成本明细账				
2				产品:甲产品		金额单位:元	
3	月	日	摘要	直接材料	直接人工	制造费用	合计
4	3	1	月初在产品成本	5 200	1 400	1 050	7 650
5		31	本月生产费用	170 000	41 150	31 150	242 300
6		31	生产费用合计	175 200	42 550	32 200	249 950
7		31	完工半成品数量/件	220	220	220	
8		31	月末在产品约当产量/件	20	10	10	
9		31	约当总产量/件	240	230	230	
10		31	费用分配率	730	185	140	
11		31	完工半产品成本	160 600	40 700	30 800	232 100
12		31	月末在产品成本	14 600	1 850	1 400	17 850

图 3-14 第三步骤基本生产成本明细账

（四）成本还原

目前，在第三步骤基本生产成本明细账中列示的总成本为 232 100 元，其中，包括直接材料 160 600 元，直接人工 40 700 元，制造费用 30 800 元。因为材料仅在第一步骤一次性投入，所以在完工产品成本中以直接材料列示的金额，实际是最终完工的产成品所耗用的第二步骤半成品成本（包含直接材料、直接人工和制造费用），第二步骤完工半成品成本又包括耗用的第一步骤半成品成本（包含直接材料、直接人工和制造费用），要真实反映完工产品原始成本项目，需要进行成本还原，并且还原两次。

成本还原的方法有两种，分别是计算半成品成本项目比重还原法和计算半成品成本还原分配率还原法。

1. 计算半成品成本项目比重还原法

计算半成品成本项目比重还原法，是指按照半成品成本项目占全部成本比重还原成本的方法。具体是将本月产成品耗用上一步骤半成品的成本，按照上一步骤完工半成品各成本项目占全部成本的比重进行还原。成本还原的计算程序如下。

（1）计算成本还原率。这里的成本还原率是指各步骤完工产品成本构成，即各成本项目占全部成本的比重。其计算公式为：

$$成本还原率 = \frac{上步骤所产半成品各成本项目金额}{上步骤所产半成品成本总计} \times 100\%$$

（2）将半成品的综合成本进行分解。分解方法是用产成品成本中半成品的综合成本乘以上一步骤生产的该种半成品各成本项目的比重。其计算公式为：

$$半成品成本还原 = 本月产成品耗用上一步骤半成品的成本 \times 成本还原率$$

（3）计算还原后产品成本。还原后产品成本是根据还原前产品成本加上半成品成本还原计算的。其计算公式为：

$$还原后产品成本 = 还原前产品成本 + 半成品成本还原$$

（4）如果成本计算有两个以上步骤，那么第一次成本还原后，还有未还原的半成品成本的，需要乘以前一步骤该种半成品的各个成本项目的比重。后面的还原步骤和方法同上，直至还原到第一步骤，才能将半成品成本还原为原来的成本项目。

以【例 3-1】资料计算的甲产品为例，运用 Excel 说明计算半成品成本项目比重还原法。

（1）利用 Excel 建立产成品成本还原表（按照计算半成品成本项目比重还原法）。

（2）成本数据引用。

①"还原前产成品总成本"列相关数据从第三步骤基本生产成本明细账引入（见图 3-14）。

小提示

·选中 B6 单元格，输入公式"=［第三步骤成本核算表.xlsx］第三步骤基本生产成本明细账！D7"。

·选中 B7 单元格，输入公式"=［第三步骤成本核算表.xlsx］第三步骤基本生产成本明细账！D11"。

·选中 B9 单元格，输入公式"=［第三步骤成本核算表.xlsx］第三步骤基本生产成本明细账！E11"。

·选中 B10 单元格,输入公式"=[第三步骤成本核算表.xlsx]第三步骤基本生产成本明细账!＄F＄11"。

·选中 B7 至 B11 单元格,求和。

②"本月完工 B 半成品成本"列相关数据从第二步骤基本生产成本明细账引入(见图 3-11)。

小提示

·选中 C7 单元格,输入公式"=[第二步骤成本核算表.xlsx]第二步骤基本生产成本明细账!＄D＄11"。

·选中 C9 单元格,输入公式"=[第二步骤成本核算表.xlsx]第二步骤基本生产成本明细账!＄E＄11"。

·选中 C10 单元格,输入公式"=[第二步骤成本核算表.xlsx]第二步骤基本生产成本明细账!＄F＄11"。

·选中 C7 至 C11 单元格,求和。

③"本月完工 A 半成品成本"列相关数据从第一步骤基本生产成本明细账引入(见图 3-8)。

小提示

·选中 F8 单元格,输入公式"=[第一步骤成本核算表.xlsx]第一步骤基本生产成本明细账!＄D＄11"。

·选中 F9 单元格,输入公式"=[第一步骤成本核算表.xlsx]第一步骤基本生产成本明细账!＄E＄11"。

·选中 F10 单元格,输入公式"=[第一步骤成本核算表.xlsx]第一步骤基本生产成本明细账!＄F＄11"。

·选中 F8 至 F11 单元格,求和。

④完成以上操作后,产成品成本还原表(按照计算半成品成本项目比重还原法)相关数据输出情况如图 3-15 所示。

	A	B	C	D	E	F	G	H	I	J
1	产成品成本还原表(按照计算半成品成本项目比重还原法)									金额单位:元
2			第一次还原			第二次还原				
3	项目	还原前产成品总成本	本月完工B半成品成本	本月完工B半成品各项目比重/%	产成品耗用B半成品成本	本月完工A半成品成本	本月完工A半成品各项目比重/%	产成品耗用A半成品成本	还原后产成品总项目成本	还原后产成品单位成本
6	完工产成品产量/件	220								
7	耗用上一步骤半成品成本	160 600	96 000							
8	直接材料					50 000				
9	直接人工	40 700	42 000			25 000				
10	制造费用	30 800	32 000			20 000				
11	合计	232 100	170 000			95 000				

图 3-15 产成品成本还原表(按照计算半成品成本项目比重还原法)

(3)第一次成本还原。

①确定成本还原对象。第一次成本还原的对象是完工产成品耗用的第二步骤 B 半成品成本,即完工产成品成本中以"直接材料"项目列示的 160 600 元,实质是耗用的第二步骤 B 半成品成本。

②计算第二步骤完工半成品各项目成本比重。其计算公式为：

$$第二步骤完工半成品各项目成本比重 = \frac{第二步骤完工半成品项目成本}{第二步骤完工半成品成本} \times 100\%$$

③计算完工产成品耗用的第二步骤半成品各项目成本。其计算公式为：

完工产成品耗用的第二步骤半成品各项目成本＝完工产成品耗用的第二步骤半成品成本×第二步骤完工半成品各项目成本比重

小提示

·选中 D7 单元格，输入公式"＝ROUND（C7/C11，4）"；选中 D9 单元格，输入公式"＝＝ROUND（C9/C11，4）"；选中 D10 单元格，输入公式"＝＝ROUND（C10/C11，4）"，D11 单元格输入公式"＝SUM（D7：D10）"。

·选中 E7 单元格，输入公式"＝B7＊D7"，选中 E9 单元格，输入公式"＝B7＊D9"；选中 E10 单元格，输入公式"＝B7＊D10"。

·选中 E7 至 E11 求和，E11 单元格的数值应与 B7 单元格的数值相等。

（4）第二次成本还原。

第二次成本还原与第一次成本还原操作基本相同。

①确定成本还原对象。还原对象是完工产成品耗用的第一步骤 A 半成品成本，即第一次还原确定的完工产成品成本中包含的第二步骤 B 半成品耗用的上一步骤半成品成本 90 691.78 元，实质是第一步骤 A 半成品成本。

②计算第一步骤完工半成品各项目成本比重。其计算公式为：

$$第一步骤完工半成品各项目成本比重 = \frac{第一步骤完工半成品各项目成本}{第一步骤完工半成品成本} \times 100\%$$

③计算完工产成品耗用的第一步骤半成品各项目成本。其计算公式为：

完工产成品耗用的第一步骤半成品各项目成本＝完工产成品耗用的第一步骤半成品成本×第一步骤完工半成品各项目成本比重

小提示

·选中 G8 单元格，输入公式"＝＝ROUND（F8/F11，4）"；选中 G9 单元格，输入公式"＝ROUND（F9/F11，4）"；选中 G10 单元格，输入公式"＝ROUND（F10/F11，4）"，G11 单元格，输入公式"＝SUM（G8：G10）"。

·选中 H8 单元格，输入公式"＝E7＊G8"；选中 H9 单元格，输入公式"＝E7＊G9"；选中 H10 单元格，输入公式"＝E7＊G10"。

·选中 H8 至 H11 单元格，求和，H11 单元格的数值应与 E7 单元格的数值相等。

（5）还原后产成品各项目成本。

还原后产成品各项目成本计算公式为：

完工产成品各项目成本＝完工产成品耗用的第三步骤该项目成本＋完工产成品耗用的第二步骤该项目成本＋完工产成品耗用的第一步骤该项目成本

小提示

·选中 I8 单元格，输入公式"＝B8＋E8＋H8"；选中 I8 单元格，拖曳右下角填充柄至 I10 单元格。

·选中 I8 到 I11 单元格，求和，I11 单元格的数值应与 B11 单元格的数值相等。

（6）还原后产成品各项目单位成本。

还原后产成品各项目单位成本计算公式为：

$$还原后产成品各项目单位成本 = \frac{还原后产成品各项目成本}{完工产成品产量}$$

小提示

· 选中 J8 单元格，输入公式 "= I8/B6"；

· 选中 J9 单元格，输入公式 "= I9/B6"；

· 选中 J10 单元格，输入公式 "= I10/B6"；

· 选中 J8 至 J11 单元格，求和。

完成以上操作后，输出结果如图 3-16 所示。

	A	B	C	D	E	F	G	H	I	J
1		产成品成本还原表（按照半成品成本项目比重还原法）								金额单位：元
2			第一次还原			第二次还原				
3	项目	还原前产成品总成本	本月完工B半成品成本	本月完工B半成品各项目比重/%	产成品耗用B半成品成本	本月完工A半成品成本	本月完工A半成品各项目比重/%	产成品耗用A半成品成本	还原后产成品总项目成本	还原后产成品单位成本
4										
5										
6	完工产成品产量	220								
7	耗用上步骤半成品成本	160 600	96 000	56.47	90 690.82					
8	直接材料					50 000	52.63	47 730.58	47 730.58	216.97
9	直接人工	40 700	42 000	24.71	39 684.26	25 000	26.32	23 869.82	104 254.08	473.88
10	制造费用	30 800	32 000	18.82	30 224.91	20 000	21.05	19 090.42	80 115.34	364.16
11	合计	232 100	170 000	100.00	160 600.00	95 000	100.00	90 690.82	232 100.00	1 055.00

图 3-16 产成品成本还原表（按照计算半成品成本项目比重还原法）

2. 计算半成品成本还原分配率还原法

计算半成品成本还原分配率还原法是从最后一个步骤起，把各步骤所耗上一步骤半成品的综合成本，按照半成品成本还原分配率进行逐步分解，还原成按照原始成本项目反映的产成品成本。

（1）计算成本还原率。成本还原率，是指本月产成品耗用上一步骤半成品成本合计占本月生产该种半成品成本合计的比重。其计算公式为：

$$成本还原率 = \frac{本月产成品耗用上一步骤半成品成本合计}{本月生产该种半成品成本合计} \times 100\%$$

（2）计算半成品成本还原额。半成品成本还原额，是指用成本还原率乘以本月生产该种半成品成本项目金额。其计算公式为：

$$半成品成本还原额 = 成本还原率 \times 本月生产该种半成品成本项目金额$$

（3）计算还原后产品成本。还原后产品成本是用还原前产品成本加上半成品成本还原计算得到的。其计算公式为：

$$还原后产品成本 = 还原前产品成本 + 半成品成本还原$$

（4）如果成本计算需要经过两个以上的步骤，则应重复步骤（1）~（3）进行再次还原，直至还原到第一步骤。

以【例 3-1】资料计算的甲产品为例，运用 Excel 说明计算半成品成本还原分配率还原法。

(1) 利用 Excel 建立产成品成本还原表（按照计算半成品成本还原分配率还原法）。

(2) 成本数据引用。还原前产成品总成本、本月完工 B 半成品成本、本月完工 A 半成品成本相关数据从第三步骤基本生产成本明细账（见图 3-14）、第二步骤基本生产成本明细账（见图 3-11）、第一步骤基本生产成本明细账（见图 3-8）引入，操作步骤同计算半成品成本项目比重还原法。完成数据引入后，产成品成本还原表（按照计算半成品成本还原分配率还原法）相关数据输出情况如图 3-17 所示。

	A	B	C	D	E	F	G	H	I	J
1	产成品成本还原表（按照计算半成品成本还原分配率还原法）									金额单位：元
2	项目	还原前产成品总成本	第一次还原			第二次还原			还原后产成品总项目成本	还原后产成品单位成本
3			本月完工B半成品成本	本月完工B半成品各项目比重/%	产成品耗用B半成品成本	本月完工A半成品成本	本月完工A半成品各项目比重/%	产成品耗用A半成品成本		
4										
5										
6	完工产成品产量	220								
7	耗用上一步骤半成品成本	160 600	96 000							
8	直接材料					50 000				
9	直接人工	40 700	42 000			25 000				
10	制造费用	30 800	32 000			20 000				
11	合计	232 100	170 000			95 000				

图 3-17 产成品成本还原表（按照计算半成品成本还原分配率还原法）

(3) 第一次成本还原。

①计算第二步骤半成品成本还原分配率。其计算公式为：

$$第二步骤半成品成本还原分配率 = \frac{完工产成品耗用的第二步骤半成品成本}{第二步骤完工半成品成本} \times 100\%$$

小提示

·选中 D11 单元格，输入公式"=B7/C11"。

②计算产成品耗用 B 半成品各项目成本。

小提示

·选中 E7 单元格，输入公式"=C7*D11"；
·选中 E9 单元格，输入公式"=C9*D11"；
·选中 E10 单元格，输入公式"=C10*D11"；
·选中 E7 至 E11 单元格，求和。

(4) 第二次成本还原。

①计算第一步骤半成品成本还原分配率。其计算公式为：

$$第一步骤半成品成本还原分配率 = \frac{完工产成品耗用的第一步骤半成品成本}{第一步骤完工半成品成本} \times 100\%$$

小提示

·选中 G11 单元格，输入公式"=E7/F11"。

②计算产成品耗用 A 半成品各项目成本。

小提示

·选中 H8 单元格，输入公式"=F8*G11"；

- 选中 H9 单元格，输入公式"＝F9＊G11"；
- 选中 H10 单元格，输入公式"＝F10＊G11"；
- 选中 H8 至 H11 单元格，求和。

（5）还原后产成品各项目成本及还原后产成品单位成本，操作步骤同计算半成品成本项目比重还原法。

完成以上各步骤操作后，输出结果如图 3－18 所示。

	A	B	C	D	E	F	G	H	I	J
1	产成品成本还原表（按照半成品成本还原分配率还原法）									金额单位：元
2	项目	还原前产成品总成本	第一次还原			第二次还原			还原后产成品总项目成本	还原后产成品单位成本
3			本月完工B半成品成本	本月完工B半成品各项目比重/%	产成品耗用B半成品成本	本月完工A半成品成本	本月完工A半成品各项目比重/%	产成品耗用A半成品成本		
6	完工产成品产量	220								
7	耗用上步骤半成品成本	160 600	96 000		90 691.20					
8	直接材料					50 000		47 730.00	47 730.00	216.95
9	直接人工	40 700	42 000		39 677.40	25 000		23 865.00	104 242.40	473.83
10	制造费用	30 800	32 000		30 231.40	20 000		19 096.20	80 127.60	364.22
11	合计	232 100	170 000	94.47	160 600.00	95 000	95.46	90 691.20	232 100.00	1 055.00

图 3－18 产成品成本还原表（按照半成品成本还原分配率比重还原法）

五、应用 Excel 建立逐步分项结转分步法成本计算模型

仍用【例 3－1】资料，说明采用逐步分项结转分步法的成本计算程序。

（一）第一步骤产品成本计算

利用 Excel 建立第一步骤产品成本核算表，包括第一步骤生产数量表、第一步骤生产费用表以及第一步骤基本生产成本明细账。

（1）设置第一步骤生产数量表，具体数据根据企业实际数据（见表 3－1）直接录入，如图 3－19 所示。

	A	B
1	第一步骤生产数量表	
2	项目	数量
3	月初在产品/件	20
4	本月投入或上一步骤转入半成品/件	220
5	本月完工半成品/件	200
6	月末在产品/件	40
7	在产品投料程度/%	100
8	在产品完工程度/%	50

图 3－19 第一步骤生产数量表

（2）设置第一步骤生产费用表，具体数据根据企业实际数据（见表 3－2）直接录入，如图 3－

20 所示。

	A	B	C	D	E
1			第一步骤生产费用表		金额单位：元
2	摘要		直接材料	直接人工	制造费用	合计
3	月初在产品成本		5 000	1 250	1 000	7 250
4	本月生产费用	耗用半成品成本				
5		本步骤费用	55 000	26 250	21 000	102 250
6		合计	55 000	26 250	21 000	102 250

图 3-20　第一步骤生产费用表

（3）设置第一步骤基本生产成本明细账（产品成本计算表），并完成第一步骤完工半成品和月末在产品成本计算。

①月初在产品成本各成本项目相关数据引自第一步骤生产费用表（见图 3-6）对应项目；

②本月生产费用各成本项目相关数据引自第一步骤生产费用表（见图 3-6）本月生产费用合计行对应项目。

其余相关数据引入、计算方法及过程同逐步综合结转分步法，计算结果如图 3-21 所示。

	A	B	C	D	E	F	G
1			第一步骤基本生产成本明细账				
2	半成品：A半成品					金额单元：元	
3	月	日	摘要	直接材料	直接人工	制造费用	合计
4	3	1	月初在产品成本	5 000	1 250	1 000	7 250
5		31	本月生产费用	55 000	26 250	21 000	102 250
6		31	生产费用合计	60 000	27 500	22 000	109 500
7		31	完工半成品数量/件	200	200	200	
8		31	月末在产品约当产量/件	40	20	20	
9		31	约当总量/件	240	220	220	
10		31	费用分配率	250	125	100	
11		31	完工半产品成本	50 000	25 000	20 000	95 000
12		31	月末在产品成本	10 000	2 500	2 000	14 500

图 3-21　第一步骤产品成本计算表

（二）第二步骤产品成本计算

以第一步骤成本核算表为模板，生成第二步骤成本核算表，包括第二步骤生产数量表、第二步骤生产费用表以及第二步骤基本生产成本明细账，并同时打开第一步骤基本生产成本明细账。

（1）设置第二步骤生产数量表，具体数据根据企业第二步骤实际数据直接录入（见表 3-1），如图 3-22 所示。

（2）设置第二步骤生产费用表，各成本项目数据录入操作如下。

①月初在产品成本各成本项目数据根据企业第二步骤实际数据（见表 3-2）直接录入。

②本月生产费用中的耗用半成品成本各成本项目数据从第一步骤基本生产成本明细账完工半成品成本对应项目栏引用。

	A	B
1	第二步骤生产数量表	
2	项目	数量
3	月初在产品/件	40
4	本月投入或上一步骤转入半成品/件	200
5	本月完工半成品/件	200
6	月末在产品/件	40
7	在产品投料程度/%	100
8	在产品完工程度/%	50

图 3-22　第二步骤生产数量表

小提示

·选中 C4 单元格，输入公式"='［第一步骤成本核算表.xlsx］第一步骤基本生产成本明细账'！＄D＄11"；

·选中 D4 单元格，输入公式"='［第一步骤成本核算表.xlsx］第一步骤基本生产成本明细账'！＄E＄11"；

·选中 E4 单元格，输入公式"='［第一步骤成本核算表.xlsx］第一步骤基本生产成本明细账'！＄F＄11"；

·选中 C4 至 F4 单元格，求和。

（3）本月生产费用中的本步骤费用，没有发生材料费，"直接人工""制造费用"项目数据根据企业第二步骤实际数据（见表 3-2）直接录入。

完成以上各步骤操作后，输出结果如图 3-23 所示。

	A	B	C	D	E	F
1	第二步骤生产费用表				金额单位：元	
2	摘要		直接材料	直接人工	制造费用	合计
3	月初在产品成本		20 200	6 200	5 200	31 600
4	本月生产费用	耗用半成品成本	50 000	25 000	20 000	95 000
5		本步骤费用		40 000	30 000	70 000
6		合计	50 000	65 000	50 000	165 000

图 3-23　第二步骤生产费用表

（4）设置第二步骤基本生产成本明细账。完成第二步骤生产数量表、第二步骤生产费用表数据录入后，第二步骤基本生产成本明细账各成本项目数据在 Excel 表格中自动生成，具体情况如图 3-24 所示。

（三）第三步骤产品成本计算

以第一步骤成本核算表为模板，生成第三步骤成本核算表，并更名，将"半成品"改为"产成品"。包括第三步骤生产数量表、第三步骤生产费用表以及第三步骤基本生产成本明细账，并同时打开第二步骤生产成本明细账。

	A	B	C	D	E	F	G
1			第二步骤基本生产成本明细账				
2	半成品：B半成品						金额单元：元
3	月	日	摘要	直接材料	直接人工	制造费用	合计
4	3	1	月初在产品成本	20 000	6 200	5 200	31 600
5		31	本月生产费用	50 000	65 000	50 000	165 000
6		31	生产费用合计	70 200	71 200	55 200	196 600
7		31	完工半成品数量/件	200	200	200	
8		31	月末在产品约当产量/件	40	20	20	
9		31	约当总量/件	240	220	220	
10		31	费用分配率	293	324	251	
11		31	完工半产品成本	58 500	64 727	50 182	173 409
12		31	月末在产品成本	11 700	6 473	5 018	23 191

图 3 - 24　第二步骤基本生产成本明细账

（1）设置第三步骤生产数量表，具体数据根据企业第三步骤实际数据（见表 3 - 1）直接录入，如图 3 - 25 所示。

	A	B
1	第三步骤生产数量表	
2	项目	数量
3	月初在产品/件	40
4	本月投入或上一步骤转入半成品/件	200
5	本月完工半成品/件	220
6	月末在产品/件	20
7	在产品投料程度/%	100
8	在产品完工程度/%	50

图 3 - 25　第三步骤生产数量表

（2）设置第三步骤生产费用表，月初在产品成本各项目根据企业第三步骤实际数据（见表 3 - 2）直接录入；本月耗用半成品成本各项目从第二步骤基本生产成本明细账完工半成品成本对应项目数据引用，本月本步骤费用根据企业第三步骤实际数据直接录入，具体情况如图 3 - 26 所示。

	A	B	C	D	E	F
1			第三步骤生产费用表		金额单位：元	
2		摘要	直接材料	直接人工	制造费用	合计
3		月初在产品成本	5 200	1 400	1 050	7 650
4	本月生产费用	耗用半成品成本	58 500	64 727	50 182	173 409
5		本步骤费用		41 150	31 150	72 300
6		合计	58 500	105 877	81 332	245 709

图 3 - 26　第三步骤生产费用表

（3）设置第三步骤基本生产成本明细账。完成第三步骤生产数量表、第三步骤生产费用表数据录入后，第三步骤基本生产成本明细账各成本项目数据在 Excel 表格中自动生成。具体情况如图 3 - 27 所示。

	A	B	C	D	E	F	G
1			第三步骤基本生产成本明细账				
2	半成品：B半成品						金额单元：元
3	月	日	摘要	直接材料	直接人工	制造费用	合计
4	3	1	月初在产品成本	5 200	1 400	1 050	7 650
5		31	本月生产费用	58 500	105 877	81 332	245 709
6		31	生产费用合计	63 700	107 277	82 382	253 359
7		31	完工半成品数量/件	220	220	220	
8		31	月末在产品约当产量/件	20	10	10	
9		31	约当总量/件	240	230	230	
10		31	费用分配率	265	466	358	
11		31	完工半产品成本	58 392	102 613	78 800	239 805
12		31	月末在产品成本	5 308	4 664	3 582	13 554

图 3-27　第三步骤基本生产成本明细账

任务三　平行结转分步法

任务目标

1. 能根据企业实际情况和成本管理的需要，选择合适的成本分配方法。
2. 能正确应用平行结转分步法进行计算。

任务描述

扬帆电池有限公司的生产车间生产锂离子电池，其生产需经过正极制备、负极制备、装配三个平行工序。扬帆电池有限公司结合锂离子电池生产工艺流程及成本管理的要求，采用平行结转分步法对该产品进行成本核算。

思考

1. 平行结转分步法的特点及适用范围是什么？
2. 平行结转分步法的具体计算流程是怎样的？

任务分析

平行结转分步法是一种在生产成本核算中广泛应用的方法，尤其适用于多步骤连续性生产的制造企业。这种方法能详细记录和追踪每个生产步骤的成本，从而提供更精确的成本信息。平行结转分步法的核心优势在于能够同时反映各个生产步骤的成本情况，使管理者及时发现并解决生产过程中的成本问题。本任务将对平行结转分步法的概念、适用范围、特点、核算程序进行详细描述。

相关知识

一、平行结转分步法的概念及适用范围

平行结转分步法，也称"不计算半成品成本分步法"，是指在计算产成品成本时，不计算各步骤所生产的半成品成本，也不计算本步骤所耗上一步骤的半成品成本，只计算本步骤所发生的各项生产费用和这些费用应计入完工产品成本的份额，最终将某一产品的各生产步骤应计入产成品的份

额进行平行结转、汇总，从而计算出该产品的产成品成本。

采用分步法计算产品成本的大量大批多步骤生产企业，其产品生产首先需要对各种原材料进行平行且连续的加工，使其成为半成品（各种零件或部件）；其次进行装配以形成完工产品。由于在这类生产企业中各生产步骤生产的半成品种类繁多，且半成品极少对外销售，在管理上无须单独计算半成品成本。为了减少成本核算的工作量，企业可以采用平行结转分步法计算产品成本。

二、平行结转分步法的特点

同逐步结转分步法一样，平行结转分步法也是按照生产步骤进行生产费用的归集，因此各步骤归集的费用需要在完工产品和在产品之间进行分配。除了具备分步法的一般特点外，平行结转分步法还具有以下特点。

（1）各生产步骤不计算半成品成本，仅计算本步骤所发生的生产费用。在平行结转分步法下，第一步骤的生产费用包括生产所耗的直接材料及其他费用，而其他后续生产步骤则不计算所耗上一生产步骤的半成品成本，仅计算本步骤的其他各项生产费用。

（2）各生产步骤不结转半成品成本。在平行结转分步法下，无论半成品实物是在各生产步骤之间直接转移，还是通过半成品仓库进行收发，半成品的成本都不随实物转移而结转，且不通过"自制半成品"账户核算。

（3）各生产步骤的生产费用在完工产品及广义在产品之间进行分配。在平行结转分步法下，广义在产品不仅仅包括本步骤正在加工的在产品，还包括本步骤完工后转入后续其他步骤但尚未最终完工的半成品。而完工产品即生产到最终步骤的产成品，其成本为各生产步骤生产费用应计入产成品成本的份额。

（4）各生产步骤应计入产成品成本的份额平行结转、汇总后，即可计算出完工产品的成本。

三、平行结转分步法的核算程序

平行结转分步法通常采用以下程序核算产品成本：

（1）根据各产品的品种及其经过的生产步骤，设置产品生产成本明细账。

（2）按照各产品的品种及其经过的生产步骤，归集生产费用，并计算各步骤的费用总额。

（3）采用适当的方法，分配各步骤的生产费用，确定各步骤应计入完工产品成本的份额。

（4）将各步骤应计入完工产品成本的份额进行平行汇总，结转计算完工产品成本。

（5）从各步骤产品生产成本明细账归集的生产费用中，扣除应计入完工产品成本的份额，以确定在产品成本。

采用约当产量法平行结转分步法计入产品成本份额的计算公式为：

$$某步骤应计入产品成本的份额 = 产成品产量 \times 单位产成品耗用$$
$$该步骤半成品的数量 \times 该成本项目费用分配率$$

其中：

$$该成本项目费用分配率 = \frac{该步骤月初在产品成本 + 该步骤本月生产费用}{该步骤产品约当总量}$$

$$某步骤产品约当总量 = 本月最终产成品数量 + 该步骤广义在产品约当产量$$

某步骤广义在产品约当产量＝该步骤狭义在产品数量×完工程度（投料程度）＋经本步骤加工而留存以后步骤的月末在产品数量（含已入半成品库的半成品）

四、应用 Excel 建立平行结转分步法成本计算模型

【例 3-2】扬帆电池有限公司生产甲产品，需经过三个生产步骤进行加工，原材料在生产开始时一次性投入，各步骤生产的半成品既不出售，也不经过半成品仓库进行收发，而是直接转入下一生产步骤继续加工。月末，生产费用按约当产量法进行分配。本月各步骤生产数量及生产费用详情分别如表 3-3、表 3-4 所示。

表 3-3　各步骤生产数量表

时间：202×年3月

项目	第一步骤	第二步骤	第三步骤
月初在产品数量/件	100	110	80
本月投入或上一步骤转入半成品数量/件	300	180	200
本月完工半成品或产成品数量/件	280	190	200
月末在产品数量/件	120	100	80
月末在产品完工程度/%	50	40	60

表 3-4　各步骤生产费用表

时间：202×年3月　　　　　　　　　　　　　　　　　　　　　　　金额单位：元

项目	第一步骤		第二步骤		第三步骤	
	月初在产品成本	本月生产费用	月初在产品成本	本月生产费用	月初在产品成本	本月生产费用
直接材料	580	2 850	—	—	—	—
直接人工	438	1 850	378	2 310	676	1 680
制造费用	808	1 260	802	1 150	440	1 420
合计	1 826	5 960	1 180	3 460	1 116	3 100

根据以上资料，通过平行结转分步法结合 Excel 的运用，计算 202×年3月甲产品成本，计算过程如下。

（一）第一步骤应计入产成品成本份额计算

利用 Excel 建立第一步骤成本核算表，包括第一步骤生产数量表、第一步骤生产费用表以及第一步骤基本生产成本明细账（成本计算单）。

（1）设置第一步骤生产数量表，具体数据根据企业实际数据（见表 3-3）直接录入，结果如图 3-28 所示。

（2）设置第一步骤生产费用表，具体数据根据企业实际数据（见表 3-4）直接录入，结果如图 3-29 所示。

（3）设置第一步骤基本生产成本明细账（如图 3-30 所示），完成第一步骤应计入完工产成品成本份额以及月末在产品成本的计算。具体操作如下。

①月初在产品成本、本月生产费用各成本项目数据从第一步骤生产费用表中对应项目引入（见图 3-30）。

	A	B
1	第一步骤生产数量表	
2	项目	数量
3	月初在产品/件	100
4	本月投入或上一步骤转入半成品/件	300
5	本月完工半成品或产成品/件	280
6	最终完工产成品/件	200
7	月末在产品	本步骤/件	150
8		后面步骤/件	180
9	在产品投料程度/%	100
10	在产品完工程度/%	50

图 3-28　第一步骤生产数量表

	A	B	C	D	E
1	第一步骤生产费用表				金额单位：元
2	摘要	直接材料	直接人工	制造费用	合计
3	月初在产品成本	580	438	808	1 826
4	本月生产费用	2 850	1 850	1 260	5 960

图 3-29　第一步骤生产费用表

小提示

·以月初在产品成本"直接材料"项目为例，选中 D4 单元格，输入公式"=第一步骤生产费用表！B3"；

·以本月生产费用"直接材料"项目为例，选中 D5 单元格，输入公式"=第一步骤生产费用表！B4"。

②最终产成品数量，从第一步骤生产数量表中本月完工产成品对应数据引入（见图 3-28）。

小提示

·选中 D7 单元格，输入公式"=第一步骤生产数量表！C6"；E7、F7、G7 单元格输入的公式与 D7 单元格相同。

③月末在产品约当产量，从第一步骤生产数量表引入相关数据（见图 3-28），计算第一步骤月末广义在产品约当产量，并进行填列。其计算公式为：

本步骤月末广义在产品约当产量 = 本步骤之后各步骤月末在产品数量之和 +
本步骤月末在产品数量 × 本步骤月末在产品完工程度（或投料程度）

小提示

·选中 D8 单元格，输入公式"=第一步骤生产数量表！C8+第一步骤生产数量表！C7*第一步骤生产数量表！C9"；

·选中 E8 单元格，输入公式"=第一步骤生产数量表！C8+第一步骤生产数量表！C7*第一步骤生产数量表！C10"；

·选中 F8 单元格，输入与 E8 单元格相同的公式。

④约当总产量。约当总产量的计算公式为：

约当总产量 = 最终产成品数量 + 月末广义在产品约当产量

小提示

· 以"直接材料"项目约当总产量为例，选中 D9 单元格，输入公式"=SUM（D7：D8）"。

⑤费用分配率。费用分配率的计算公式为：

费用分配率 = 生产费用合计 ÷ 约当总产量

小提示

· 以"直接材料"项目费用分配率为例，选中 D10 单元格，输入公式"=D6/D9"。

⑥计入产成品的份额。计入产成品成本份额计算公式为：

计入产成品成本份额 = 最终产成品数量 × 费用分配率

小提示

· 以"直接材料"项目计入产成品成本的份额为例，选中 D11 单元格，输入公式"=D7*D10"。

⑦月末结存。月末结存由各成本项目生产费用合计扣除计入产成品成本的份额后计算得到。

小提示

· 以"直接材料"项目月末结存为例，选中 D12 单元格，输入公式"=D6-D11"。

完成以上步骤后，生成第一步骤基本生产成本明细账，如图 3-30 所示。

	A	B	C	D	E	F	G
1	第一步骤基本生产成本明细账						
2	半成品：A半成品						金额单位：元
3	月	日	摘要	直接材料	直接人工	制造费用	合计
4	3	1	月初在产品成本	580	438	808	1 826
5		31	本月生产费用	2 850	1 850	1 260	5 960
6		31	生产费用合计	3 430	2 288	2 068	7 786
7		31	最终半成品数量/件	200	200	200	
8		31	在产品约当产量/件	300	240	240	
9		31	约当总产量/件	500	440	440	
10		31	费用分配率	6.86	5.20	4.70	17
11		31	计入产成品的份额	1 372	1 040	940	3 352
12		31	月末结存	2 058	1 248	1 128	4 434

图 3-30 第一步骤基本生产成本明细账

（二）第二步骤应计入产成品成本份额计算

以第一步骤成本核算表为模板，复制生成第二步骤成本核算表，包括第二步骤生产数量表、第二步骤生产费用表以及第二步骤基本生产成本明细账。

（1）设置第二步骤生产数量表，具体数据根据企业实际数据（见表 3-3）直接录入，结果如图 3-31 所示。

（2）设置第二步骤生产费用表，具体数据根据企业第二步骤实际数据（见表 3-4）直接录入，结果如图 3-32 所示。

（3）设置第二步骤基本生产成本明细账，完成第二步骤生产数量表、第二步骤生产费用表录入

	A	B
1	第二步骤生产数量表	
2	项目	数量
3	月初在产品/件	110
4	本月投入或上一步骤转入半成品/件	180
5	本月完工半成品或产成品/件	190
6	最终完工产成品/件	200
7	月末在产品 本步骤/件	110
8	月末在产品 后面步骤/件	80
9	在产品投料程度/%	100
10	在产品完工程度/%	50

图 3－31　第二步骤生产数量表

	A	B	C	D	E
1	第二步骤生产费用表				金额单位：元
2	摘要	直接材料	直接人工	制造费用	合计
3	月初在产品成本		378	802	1 180
4	本月生产费用		2 310	1 150	3 460

图 3－32　第二步骤生产费用表

后，第二步骤基本生产成本明细账各成本项目数据在 Excel 表格中自动生成，具体情况如图 3－33 所示。

	A	B	C	D	E	F	G
1			第二步骤基本生产成本明细账				
2	半成品：B半成品						金额单元：元
3	月	日	摘要	直接材料	直接人工	制造费用	合计
4	3	1	月初在产品成本		378	802	1 180
5		31	本月生产费用		2 310	1 150	3 460
6		31	生产费用合计		2 688	1 952	4 640
7		31	最终产成品数量/件		200	200	
8		31	在产品约当产量/件		120	120	
9		31	约当总产量/件		320	320	
10		31	费用分配率		8.40	6.10	
11		31	计入产成品的份额		1 680	1 220	2 900
12		31	月末结存		1 008	732	1 740

图 3－33　第二步骤基本生产成本明细账

（三）第三步骤应计入产成品成本份额计算

以第一步骤成本核算表为模板，复制生成第三步骤成本核算表，包括第三步骤生产数量表、第三步骤生产费用表以及第三步骤基本生产成本明细账。

（1）设置第三步骤生产数量表，具体数据根据企业实际数据（见表 3－3）直接录入，结果如图 3－34 所示。

	A	B
1	第三步骤生产数量表	
2	项目	数量
3	月初在产品/件	80
4	本月投入或上一步骤转入半成品/件	200
5	本月完工半成品或产成品/件	200
6	最终完工产成品/件	200
7	月末在产品 本步骤/件	80
8	月末在产品 后面步骤/件	0
9	在产品投料程度/%	100
10	在产品完工程度/%	60

图 3 – 34　第三步骤生产数量表

（2）设置第三步骤生产费用表，具体数据根据企业第三步骤实际数据（见表 3 – 4）直接录入，结果如图 3 – 35 所示。

	A	B	C	D	E
1	第三步骤生产费用表				金额单位：元
2	摘要	直接材料	直接人工	制造费用	合计
3	月初在产品成本		678	440	1 180
4	本月生产费用		1 680	1 420	3 100

图 3 – 35　第三步骤生产费用表

（3）设置第三步骤基本生产成本明细账。完成第三步骤生产数量表、第三步骤生产费用表录入后，第三步骤基本生产成本明细账各成本项目数据在 Excel 表格中自动生成，具体情况如图 3 – 36 所示。

	A	B	C	D	E	F	G
1			第三步骤基本生产成本明细账				
2	半成品：甲产品						金额单位：元
3	月	日	摘要	直接材料	直接人工	制造费用	合计
4	3	1	月初在产品成本		676	440	1 116
5		31	本月生产费用		1 680	1 420	3 100
6		31	生产费用合计		2 356	1 860	4 216
7		31	最终半成品数量/件		200	200	
8		31	在产品约当产量/件		48	48	
9		31	约当总产量/件		248	248	
10		31	费用分配率		9.50	7.50	
11		31	计入产成品的份额		1 900	1 500	3 400
12		31	月末结存		456	360	816

图 3 – 36　第三步骤基本生产成本明细账

（四）产成品成本汇总

设置产成品成本汇总表。将第一、第二、第三步骤基本生产成本明细账中计入完工产成品成本份额直接引入完工产成品成本汇总表，并计算完工产成品总成本和单位成本。

计算结果如图3-37所示。

	A	B	C	D	E
1	产成品成本汇总表				
2	完工产品：甲产品		产品：200		金额单位：元
3	摘要	直接材料	直接人工	制造费用	合计
4	第一步骤转入份额	1 372	1 040	940	3 352
5	第二步骤转入份额		1 680	1 220	2 900
6	第三步骤转入份额		1 900	1 500	3 400
7	总成本	1 372	4 620	3 660	9 652
8	单位成本	6.86	23.10	18.30	48.26

图3-37 甲产品产成品成本汇总表

小提示

· 以第一步骤转入份额为例，"直接材料"项目选中B4单元格，输入公式"='［第一步骤成本核算表.xlsx］第一步骤基本生产成本明细账'！＄D＄11"；"直接人工"项目选中C4单元格，输入公式"='［第一步骤成本核算表.xlsx］第一步骤基本生产成本明细账'！＄E＄11"；"制造费用"项目选中D4单元格，输入公式"='［第一步骤成本核算表.xlsx］第一步骤基本生产成本明细账'！＄F＄11"。

思政园地

贯彻"红船精神"

2005年6月21日，时任浙江省委书记习近平在《光明日报》上发表了题为《弘扬"红船精神"走在时代前列》的重要文章，首次系统概括了"红船精神"的深刻内涵和历史地位，明确指出："开天辟地、敢为人先的首创精神，坚定理想、百折不挠的奋斗精神，立党为公、忠诚为民的奉献精神，是中国革命精神之源，也是红船精神的本质内涵。"红船作为中国共产党的诞生地，象征着中国革命的源头。红船代表和昭示的是时代高度，是发展方向，是奋进明灯，更是铸就在中华儿女心中永不褪色的精神丰碑。

2023年是全面贯彻党的二十大精神的开局之年。党的二十大明确提出，大会的主题是高举中国特色社会主义伟大旗帜，全面贯彻习近平新时代中国特色社会主义思想，弘扬伟大建党精神，自信自强、守正创新、踔厉奋发、勇毅前行，为全面建设社会主义现代化国家、全面推进中华民族伟大复兴而团结奋斗。"红船精神"集中体现了中国共产党的建党精神，是我们党战胜风险、夺取胜利的精神丰碑和磅礴力量。

分步法是成本计算方法中最复杂、计算量最大的方法，适用对象多为规模庞大、产品工艺复杂的工业企业。无论是初步的成本单据收集和审核，还是整体的成本管理，都会面临各种问题和困难。然而，作为成本会计人员，应当发扬"红船精神"，坚定原则，克服困难，力求做到准确可靠，向信息使用者提交具有决策参考价值的成本数据。

项目练习

一、单项选择题

1. 分步法是指以（　　）为成本核算对象归集生产成本、计算产品生产成本的方法。
   A. 生产步骤　　　　　　　　　　B. 产品的品种及所经过的生产步骤
   C. 车间种类　　　　　　　　　　D. 订单、订单批次

2. 可采用分步法核算产品成本的典型企业是（　　）。
   A. 服装厂　　　　B. 纺织厂　　　　C. 精密仪器厂　　　　D. 造船厂

3. 在逐步结转分步法下，完工产品和月末在产品之间的费用分配是指在（　　）之间进行费用分配。
   A. 产成品与广义在产品
   B. 产成品与月末在产品
   C. 完工半成品与广义在产品
   D. 上一步骤完工半成品与加工中的在产品，以及最后步骤的产成品与加工中的在产品

4. 逐步结转分步法适用于（　　）生产企业。
   A. 大量大批单步骤
   B. 大量大批装配式多步骤
   C. 大量大批，管理上需要计算半成品成本的多步骤
   D. 大量大批，管理上不需要计算半成品成本的多步骤

5. 需要进行成本还原的成本核算方法是（　　）。
   A. 品种法　　　　　　　　　　　B. 平行结转分步法
   C. 逐步综合结转分步法　　　　　D. 逐步分项结转分步法

6. 各生产步骤之间需要结转半成品成本的方法是（　　）。
   A. 分批法　　　　　　　　　　　B. 平行结转分步法
   C. 品种法　　　　　　　　　　　D. 逐步结转分步法

7. 按照半成品成本在各步骤成本明细账中的反映方式，分步法分为（　　）。
   A. 平行结转分步法和分项结转分步法　　B. 平行结转分步法和逐步结转分步法
   C. 综合结转分步法和分项结转分步法　　D. 平行结转分步法和综合结转分步法

8. 采用逐步结转分步法时，下一步骤领用自制半成品借记的会计科目是（　　）。
   A. "产成品"　　　　　　　　　　B. "自制半成品"
   C. "生产成本"　　　　　　　　　D. "制造费用"

9. 逐步结转分步法实际上是（　　）的多次连续应用。
   A. 品种法　　　　B. 分批法　　　　C. 系数法　　　　D. 定额法

二、多项选择题

1. 下列成本计算方法中，成本计算期与会计报告期一致的是（　　）。
   A. 分批法　　　　B. 品种法　　　　C. 逐步结转分步法　　　　D. 平行结转分步法

2. 分步法的特点是（　　）。

A. 按照产品的种类计算产品成本　　　　B. 按照产品的批次计算产品成本

C. 按照产品的生产步骤计算产品成本　　D. 按照产品的订单计算产品成本

3. 下列企业中，一般可以采用分步法进行产品成本核算的是（　　）。

A. 化工企业　　　　　　　　　　　　　B. 纺织企业

C. 冶金企业　　　　　　　　　　　　　D. 造纸企业

4. 按照结转半成品成本在下一步骤产品成本中反映方法的不同，可将逐步结转分步法分为（　　）。

A. 逐步综合结转分步法　　　　　　　　B. 逐步分项结转分步法

C. 按实际成本结转　　　　　　　　　　D. 按计划成本结转

5. 综合结转方式下逐步结转分步法的成本还原方式有（　　）。

A. 按结构比重还原　　　　　　　　　　B. 按定额比例还原

C. 按总额比例还原　　　　　　　　　　D. 按计划比重还原

三、判断题

1. 分生产步骤计算产品成本就是按车间计算产品成本。（　　）

2. 分步法是分生产步骤、不分产品品种的一种成本计算方法。（　　）

3. 不论是综合结转还是分项结转，半成品成本都是随半成品实物转移而转移的。（　　）

4. 采用分项结转分步法结转半成品成本，在各步骤完工产品成本中可以看出所耗用上一步骤半成品的费用和本步骤加工费用的水平。（　　）

5. 采用逐步结转分步法，半成品成本的结转与半成品实物的转移是分离的，因而不利于半成品的实物管理和在产品的资金管理。（　　）

四、案例分析题

1. 某工业企业生产甲产品需要经过三个步骤，分别由三个车间进行，采用逐步综合结转分步法核算。第一车间生产 A 半成品，完工后全部直接交给第二车间继续加工；第二车间生产 B 半成品，完工后全部交给半成品仓库；第三车间从半成品仓库中领出 B 半成品继续加工，完工后即为甲产品产成品，全部交产成品仓库。半成品仓库发出的 B 半成品按全月一次加权平均法计算实际成本。

原材料在第一车间开工时一次投入，第二、第三车间领用的半成品也在各该生产步骤生产开始时投入。加工费用随加工程度逐步发生，月末在产品加工程度为 50%。半成品仓库月初结存半成品 40 件，单位成本 825 元。该企业 202×年 10 月有关成本计算资料如表 3-5 所示。

表 3-5　生产数量记录表　　　　　　　　　　　　　　　　　　单位：件

车间	月初在产品	本月投入或上一步投入	本月完工转入下一步或交库	月末在产品
第一车间	20	220	200	40
第二车间	40	200	200	40
第三车间	40	200	220	20

表 3-6　生产费用表　　　　　　　　　　　　　　　　　　　　　　　金额单位：元

项目		自制半成品	直接材料	直接人工	制造费用	合计
第一车间	月初在产品		5 000	1 250	1 000	7 250
	本月生产费用		55 000	26 250	21 000	102 250
第二车间	月初在产品	19 000		4 000	3 000	26 000
	本月生产费用			40 000	30 000	70 000
第三车间	月初在产品	33 000		4 000	3 000	40 000
	本月生产费用			42 000	31 500	73 500

要求：

（1）填制第一、第二、第三车间的成本计算单，如表 3-7、表 3-8、表 3-10 所示。

（2）完成成本还原计算表，如表 3-11、表 3-12 所示。

表 3-7　第一车间产品成本计算单

产品：A 半成品　　　　　　　　　　202×年 10 月　　　　　　　　　　　　金额单位：元

摘要	直接材料	直接人工	制造费用	合计
月初在产品成本				
本月发生生产费用				
生产费用合计				
本月完工产品数量/件				
月末在产品约当产量/件				
约当总产量/件				
费用分配率				
完工半成品成本				
月末在产品成本				

表 3-8　第二车间产品成本计算单

产品：B 半成品　　　　　　　　　　202×年 10 月　　　　　　　　　　　　金额单位：元

摘要	A 自制半成品	直接人工	制造费用	合计
月初在产品成本				
本月发生生产费用				
生产费用合计				
本月完工产品数量/件				
月末在产品约当产量/件				
约当总产量/件				
费用分配率				
完工半成品成本				
月末在产品成本				

表 3–9 自制半成品明细账

产品：B 半成品　　　　　　　　　　　202×年 10 月　　　　　　　　　　　金额单位：元

摘要	收入			发出			结存		
	数量/件	单价/(元/件)	金额	数量/件	单价/(元/件)	金额	数量/件	单价/(元/件)	金额
月初结存							40	825	33 000
本月入库									
本月发出									
月末结存									

表 3–10 第三车间产品成本计算单

产品：甲产品　　　　　　　　　　　202×年 10 月　　　　　　　　　　　金额单位：元

摘要	B 自制半成品	直接人工	制造费用	合计
月初在产品成本				
本月发生生产费用				
生产费用合计				
本月完工产品数量/件				
月末在产品约当产量/件				
约当总产量/件				
费用分配率				
完工产成品成本				
月末在产品成本				

表 3–11 产品成本还原计算表（按照计算半成品项目比重还原法）

产品：甲产品　　　　　　　　　　　202×年 10 月　　　　　　　　　　　金额单位：元

项目	产量/件	B 半成品	A 半成品	直接材料	直接人工	制造费用	合计
还原前甲产品成本							
B 半成品成本结构							
B 半成品成本还原							
A 半成品成本结构							
A 半成品成本还原							
还原后总成本							
单位成本							

表 3–12 产品成本还原计算表（按照计算半成品还原分配率还原法）

产品：甲产品　　　　　　　　　　　202×年 10 月　　　　　　　　　　　金额单位：元

项目	产量/件	还原分配率	B 半成品	A 半成品	直接材料	直接人工	制造费用	合计
还原前产成品成本								
B 半成品当月成本								
B 半成品成本还原								
A 半成品当月成本								
A 半成品成本还原								

续表

项目	产量/件	还原分配率	B半成品	A半成品	直接材料	直接人工	制造费用	合计
还原后产成品成本								

2. 以相关成本资料为例，按照分项结转分步法的要求完成以下核算工作。

要求：填制第一、第二、第三车间的成本计算单，如表3-13、表3-14、表3-16所示。

表3-13 第一车间产品成本计算单

产品：A半成品　　　　　　　　　　202×年10月　　　　　　　　　　金额单位：元

摘要	直接材料	直接人工	制造费用	合计
月初在产品成本				
本月发生生产费用				
生产费用合计				
本月完工产品数量/件				
月末在产品约当产量/件				
约当总产量/件				
费用分配率				
完工半成品成本				
月末在产品成本				

表3-14 第二车间产品成本计算单

产品：B半成品　　　　　　　　　　202×年10月　　　　　　　　　　金额单位：元

摘要	直接材料		直接人工		制造费用		合计
	上一步骤转来	本步骤发生	上一步骤转来	本步骤发生	上一步骤转来	本步骤发生	
月初在产品成本	10 000		5 000	4 000	4 000	3 000	26 000
本月发生费用							
生产费用合计							
本月完工产品数量/件							
月末在产品约当产量/件							
约当总产量/件							
费用分配率							
完工成品成本							
月末在产品成本							

表3-15 自制半成品明细账

产品：B半成品　　　　　　　　　　202×年10月　　　　　　　　　　金额单位：元

摘要	数量/件	成本项目			
		直接材料	直接人工	制造费用	合计
月初结存	40	10 000	13 000	10 000	33 000
本月收入					
本月发出					
月末结存					

表 3-16 第三车间产品成本计算单

产品：甲产品　　　　　　　　　　　　　202×年 10 月　　　　　　　　　　　　金额单位：元

摘要	直接材料		直接人工		制造费用		合计
	上一步骤转来	本步骤发生	上一步骤转来	本步骤发生	上一步骤转来	本步骤发生	
月初在产品成本	10 000		13 000	4 000	10 000	3 000	40 000
本月发生费用							
生产费用合计							
本月完工产品数量/件							
月末在产品约当产量/件							
约当总产量/件							
费用分配率							
完工成品成本							
月末在产品成本							

3. 某公司生产 A 产品，经过三个步骤：第一步骤生产 A-1 半成品，完成后交第二步骤生产 A-2 半成品，A-2 半成品通过仓库收发供第三车间领用并最后制成 A 产成品。原材料在第一、第三车间分别投入，各加工步骤狭义在产品的加工程度均为 50%。202×年 10 月，各车间有关产量记录和生产费用资料如表 3-17 和表 3-18 所示。

表 3-17 产量资料表

202×年 10 月　　　　　　　　　　　　　　　　　　　　　　　　　　　　　　　　　单位：件

项目	第一车间	第二车间	仓库	第三车间
月初结存	9	11	15	10
本月投入（转入）	100	89	80	85
本月转出	89	80	85	90
月末结存	20	20	10	5

表 3-18 各车间生产费用表

202×年 10 月　　　　　　　　　　　　　　　　　　　　　　　　　　　　　　　金额单位：元

车间	项目	直接材料	直接人工	制造费用	合计
第一车间	月初在产品成本	630	255	350	1 235
	本月生产费用	4 590	2 850	3 970	11 410
第二车间	月初在产品成本		175	175	350
	本月生产费用		2 700	3 850	6 550
第三车间	月初在产品成本	1 550	230	297.5	2 077.5
	本月生产费用	8 900	1 250	2 200	12 350

要求：

（1）填制约当产量计算汇总表，如表 3-19 所示。

（2）填制各车间成本计算单，如表 3-20～表 3-22 所示。

（3）填制产成品成本汇总表，如表 3-23 所示。

表 3-19　约当产量计算汇总表

车间	产成品	广义在产品		分配材料的约当总产量			分配工费的约当总产量		
		半成品	狭义在产品	投料程度/%	在产品/件	合计	完工程度/%	在产品/件	合计
第一车间									
第二车间									
第三车间									

表 3-20　第一车间成本计算单

产品名称：A-1 半成品　　202×年10月　　金额单位：元　　产品产量：89 件

摘要	直接材料	直接人工	制造费用	合计
月初结存				
本月发生生产费用				
本月生产费用合计				
约当总产量/件				
计入单件产成品的份额				
计入90件产成品的份额				
月末结存				

表 3-21　第二车间成本计算单

产品名称：A-2 半成品　　202×年10月　　金额单位：元　　产品产量：80 件

摘要	直接人工	制造费用	合计
月初结存			
本月发生生产费用			
本月生产费用合计			
约当总产量/件			
计入单件产成品的份额			
计入90件产成品的份额			
月末结存			

表 3-22　第三车间成本计算单

产品名称：A 产成品　　202×年10月　　金额单位：元　　产品产量：90 件

摘要	直接材料	直接人工	制造费用	合计
月初结存				
本月发生生产费用				
本月生产费用合计				
约当总产量/件				
计入单件产成品的份额				
计入90件产成品的份额				
月末结存				

表 3－23　产成品成本汇总表

产品名称：A 产品　　　　　　202×年 10 月　　　　　　金额单位：元　　　　　　产品产量：90 件

项目	产量/件	直接材料	直接人工	制造费用	合计
第一车间份额					
第二车间份额					
第三车间份额					
合计					
单位成本					

学习评价

表 3－24　专业能力评价表

任务名称	评价指标	掌握程度		
		优秀	良好	一般
认识分步法	分步法的概念及适用范围			
	分步法的特点			
	分步法的种类			
逐步结转分步法	逐步结转分步法的概念及适用范围			
	逐步结转分步法的特点			
	逐步结转分步法的分类			
	应用 Excel 建立逐步综合结转分步法成本计算模型			
	应用 Excel 建立逐步分项结转分步法成本计算模型			
平行结转分步法	平行结转分步法的概念及适用范围			
	平行结转分步法的特点			
	平行结转分步法的核算程序			
	应用 Excel 建立平行结转分步法成本计算模型			

项目四
分批法核算产品成本

学习目标

知识目标

1. 了解分批法的概念、适用范围、特点。
2. 掌握分批法的成本核算程序和方法。
3. 了解简化分批法的概念及适用范围。
4. 掌握简化分批法的成本核算程序和方法。

技能目标

1. 能运用 Excel 建立分批法成本计算模型，完成产品成本核算。
2. 能运用 Excel 建立简化分批法成本计算模型，完成产品成本核算。

素养目标

1. 通过学习分批法和简化分批法的成本核算，树立反对铺张浪费、倡导勤俭节约的意识。
2. 成本核算全过程严格遵循成本核算的原则和要求，符合会计职业道德等行为规范，以促进职业人格的塑造。

案例导入

新能电源设备厂生产规模较小，每月根据客户合同订单组织生产，产品种类频繁变动，且每次生产批量较小。例如，202×年5月9日，该厂与甲客户签订了一份合同，订购微型电机5台和型号为He的三相稳压器20台，交货日期为202×年6月8日。202×年5月15日，该厂与乙客户签订了一份合同，订购微型电机10台，交货日期为202×年6月5日。

根据上述合同及企业实际情况，生产计划科签发批号为1201号的生产15台微型电机的通知单，以及批号为1202号的生产20台型号为He的三相稳压器的通知单。

任务一 认识分批法

任务目标

1. 理解分批法是按照产品批别归集生产费用、计算产品成本的一种方法,适用于小批、单件生产,以及管理上不要求分步骤计算产品成本的多步骤生产。
2. 能准确识别并确定产品的批别作为成本核算对象,按照批次或订单归集和分配生产费用。

任务描述

扬帆电池有限公司为了更好地满足客户的个性化需求,特别推出了定制服务,根据每个客户的独特需求量身定制电池。在成本核算方面,该公司根据客户的定制需求,采用分批法进行成本核算。

思考

1. 分批法的适用范围包括哪些情况?
2. 分批法计算成本和品种法有何不同?
3. 分批法有哪些分类?

任务分析

有些制造企业在组织产品生产过程中,无法大量、大批地重复生产某一种或几种产品,而是需要依据用户的订单或企业预先确定的产品种类和规格,按单件或小批量方式组织产品生产。对于此类生产模式,必须采用分批法进行产品成本核算,依据订单或批别归集生产费用,以准确计算产品成本。

相关知识

一、分批法的概念及适用范围

分批法,是指以产品的批别(单件生产为件别)作为成本核算对象,用以归集生产耗费和支出,并计算产品生产成本的方法。

分批法主要适用于小批、单件生产,以及管理上不要求分步骤计算产品成本的多步骤生产。有时,分批法也适用于按单件、小批组织生产,但管理上要求分批计算成本的单步骤生产企业。分批法的适用范围包括以下情况。

(1)根据购买者订单生产的企业。某些企业专门根据订货者的要求生产特殊规格的产品,而订货者的订单可能是单件的大型产品(如船舶、大型锅炉),也可能是多件同样规格的产品(如根据订货者的设计图样生产几件实验室用的特殊仪器,或某些特殊、精密铸件的生产)。

(2)产品种类经常变动的小规模制造企业。如生产门窗把手、插销等小五金的工厂,由于规模小,工人数量少,且需要根据市场需求不断地变动产品种类和数量,无法按产品设置流水线进行大量生产,因此必须按产品的批别组织生产并计算成本。

（3）提供机器设备修理等劳务的企业。
（4）从事新产品试制，自制设备、模具等生产任务的生产单位。

二、分批法的特点

（一）以产品的批别（单件生产为件别）为成本核算对象

产品批别的确定需要依据企业组织生产的具体特点。在小批或单件生产模式下，产品的种类及每批产品的批量通常由购买单位的订单决定。因此，按批或按件计算产品成本，实质上等同于按订单计算产品成本，故分批法也称"订单法"。

在实际工作中，产品的订单与产品生产组织批号存在以下情况：①一张订单包含多种产品，或虽仅有一种产品但数量庞大且需要分批交货，企业生产计划部门可根据产品品种将订单划分为不同批别进行生产，或将同类产品分为数批组织生产，并以每批产品作为成本核算对象。对于订单仅规定一件产品，但该产品属于大型、复杂且价值高、生产周期长的情况，如大型船舶制造，也可按产品组成部分分批组织生产和计算成本。②企业在同一时期接到不同购货单位要求生产同一产品的多张订单，生产计划部门可将其合并为一批进行生产和成本计算。在此情形下，分批法的成本核算对象为生产计划部门签发下达的生产任务通知单。通知单应对该批生产任务进行编号，称为"产品批号"或"生产令号"。会计部门则需要根据产品批号设立相应的产品成本明细分类账。

【知识链接】

合同订立的注意事项

"订单"，是由买卖双方经过协商，按照《中华人民共和国民法典》（合同编）规定签署的约定购买货物的单据，是一种书面形式的买卖合同。订立合同时，当事人应当具有相应的民事权利能力和民事行为能力，应当遵循平等、合同自由、公平、诚实信用、依合同履行义务等原则。合同内容一般包括：当事人的名称或者姓名和住所、标的、数量、质量、价款或者报酬、履行期限、地点和方式、违约责任、解决争议的方法等。

（二）成本计算期与生产周期基本一致

在分批法下，需按月汇总各批产品的实际生产费用，只有在该批产品全部完工后，才能计算其实际成本。因此，分批法的成本计算期与会计报告期不一致，而与该批产品的生产周期一致。

（三）一般无须在完工产品与在产品之间分配生产成本

在小批、单件生产模式下，由于完工产品成本计算期与产品生产周期基本一致，且产品批量较小或是单件，批内产品通常能同时完工。产品完工前，产品成本明细分类账记录的生产成本即在产品成本；产品完工时，产品成本明细分类账记录的生产成本即完工产品的成本。月末计算产品成本时，已完工的产品批别在完工时已计算了该批产品的总成本和单位成本；对尚未完工的产品批别，产品成本明细分类账中记录的生产成本即在产品成本。因此，在月末计算产品成本时，通常无须在完工产品与在产品之间分配生产成本。

若批内产品存在跨月陆续完工的情况，在月末计算产品成本时，一部分产品已完工，而另一部分产品尚未完工，则需要在完工产品与在产品之间分配生产成本，以准确计算完工产品成本和月末在产品成本。若跨月陆续完工情况较少，且月末完工产品数量占批量比重较小，则可采用计划单位成本、定额单位成本或近期相同产品的实际单位成本计算完工产品成本，并从产品成本明细分类账中转出，剩余数额即在产品成本。当该批产品全部完工时，还应计算实际总成本和单位成本。对于已转账的完工产品成本，可不做账面调整，其主要目的是计算先交货的成本。当批内产品跨月陆续完工情况较多，且月末完工产品数量占批量比重较大时，为提高成本计算的准确性，可采用适当的方法，在完工产品与月末在产品之间分配生产成本，计算完工产品成本和月末在产品成本。

三、分批法的成本核算程序

（一）按产品批别设置基本生产成本明细账（产品成本计算单）

分批法以产品批别作为成本核算对象，因此，应按产品批别设置基本生产成本明细账，用以归集和分配生产费用，计算各批产品的实际总成本和单位成本。

（二）按产品批别归集和分配本月发生的各种费用

企业当月发生的生产费用，能够按批次划分的直接计入费用，包括直接材料、直接人工等，应在费用原始凭证上注明产品批号或工作令号，以便直接计入各批产品生产成本明细账（产品成本计算单）；对于多批产品共同发生的直接材料和直接人工等费用，应在费用原始凭证上注明费用的用途，以便按费用项目归集，并按企业确定的费用分配方法，在各批产品（各受益对象）之间进行分配后，再计入各批产品生产成本明细账（产品成本计算单）。

（三）分配辅助生产费用

在设有辅助生产单位的企业，月末应将汇集的辅助生产费用分配给各受益对象，包括直接分配给产品的生产成本和基本生产单位的制造费用等。

（四）分配制造费用

基本生产单位的制造费用应由该生产单位的各批产品成本负担，月末应将汇集的基本生产单位的制造费用分配给各受益对象。

（五）计算完工产品成本

采用分批法一般无须在本月完工产品和月末在产品之间分配生产费用。若某批产品全部完工，则其生产成本明细账（产品成本计算单）归集的生产费用合计数即实际总成本。若某批产品少量跨月陆续完工，则可用完工产品实际数量乘以近期实际单位成本或计划单位成本、定额单位成本，作为完工产品实际总成本。为正确分析和考核该批产品成本计划的执行情况，在该批产品全部完工时，还应计算其实际总成本和单位成本。

（六）结转完工产品成本

期末，根据成本计算结果，结转本期完工产品的实际总成本。

上述分批法成本核算程序，除产品生产成本明细账的设置和完工产品成本的计算与品种法有所区别外，其他与品种法完全一致。

分批法成本核算程序如图4-1所示。

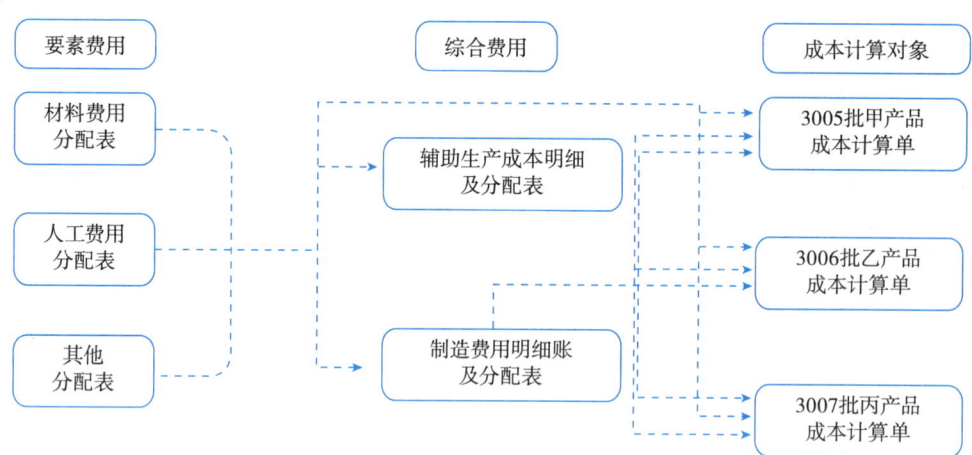

图 4-1 分批法成本核算程序

【知识链接】

生产费用在完工产品与月末在产品之间的分配问题

(1) 单件生产,月末不存在分配问题。

(2) 小批生产,批内产品同时完工,不存在分配问题。

(3) 小批生产,批内产品跨月陆续完工,若完工产量少,则完工产品成本可按计划单位成本、定额单位成本等计算。

(4) 小批生产,批内产品跨月陆续完工,若完工产量多,则应在完工产品与月末在产品之间分配。

四、应用 Excel 建立分批法成本计算模型

在分批法下,当月发生的间接费用将全部分配给各成本计算对象。这些间接费用会分批计入各批次产品的成本,并计入各种产品成本明细账和成本计算单,不论产品是否已经完工。

分批法下,成本核算岗位的主要任务有以下四项:

(1) 按批次设置生产成本明细账,并根据成本项目分设专栏;

(2) 在费用凭证上注明用途,明确区分各批次产品的费用;

(3) 编制要素费用分配表,分配并归集各批次产品的生产费用;

(4) 月末,结算各批次产品的生产费用,计算产品成本。

【例 4-1】扬帆电池有限公司根据客户的订单组织产品生产,并采用分批法计算产品成本。资料如下。

(1) 202×年 10 月,该公司共有四批产品同时生产,各产品投产完工情况如表 4-1 所示。

表 4-1 生产记录表

批号	产品名称	开工日期	投产批量/件	本月完工数量/件	在产品数量/件	实用工时/小时
501	A	8月10日	10	10		20 000
502	B	9月8日	17	12	5	30 000
503	C	9月12日	8	5	3	16 000
504	D	10月26日	20		20	10 000

（2）10月初在产品成本如表4-2所示。

表4-2 月初在产品成本表　　　　　　　　　　　　　　　　　　　　　金额单位：元

产品批号	产品名称	直接材料	直接人工	制造费用	合计
501	A	1 030 000	390 000	460 000	1 880 000
502	B	450 000	140 000	168 000	758 000
503	C	360 000	105 000	129 000	594 000

（3）10月发生的费用经汇总、整理如表4-3所示。

表4-3 生产费用汇总表　　　　　　　　　　　　　　　　　　　　　　金额单位：元

产品批号	产品名称	直接材料	直接人工	制造费用	合计
501	A	120 000			120 000
502	B	399 990			399 990
503	C	258 000			258 000
504	D	123 000			123 000
共同费用			380 000	304 000	684 000
合计		900 990	380 000	304 000	1 584 990

其中，直接材料系根据领料单标明的产品批号汇总得出；直接人工和制造费用为各批产品共同发生的费用，按生产工时比例在各批产品之间分配。

（4）生产费用在完工产品和在产品之间分配的方法。

502批号B产品，本月未完工数量较大，完工产品和月末在产品成本的分配采用约当产量法。月末在产品的平均完工程度为50%；原材料在生产过程中逐步投入，投料率为80%。

503批号C产品，本月完工数量为5件，为简化核算，完工产品按计划成本转出，其计划单位成本分别为：直接材料77 000元，直接人工22 925元，制造费用27 912元，合计127 837元。

要求：计算完工产品成本。

扬帆电池有限公司计算完工产品成本步骤如下。

第一步：将生产费用在各批产品之间进行分配。其中，直接材料由各批产品分别耗用，无须进行分配；直接人工和制造费用由各批产品共同耗用，需要按照工时进行分配。直接人工费用分配表如图4-2所示，制造费用分配表如图4-3所示。

	A	B	C	D	E
	直接人工费用分配表				金额单位：元
1	产品批号	产品名称	分配标准/工时	分配率	应分配金额
2	501	A	20 000	5	100 000
3	502	B	30 000	5	150 000
4	503	C	16 000	5	80 000
5	504	D	10 000	5	50 000
6	合计		76 000		380 000

图4-2 直接人工费用分配表

小提示

· 选中 D2 单元格，输入公式"＝＄E＄6/＄C＄6"，拖曳右下角填充柄至 D5 单元格；
· 选中 E2 单元格，输入公式"＝C2＊D2"，拖曳右下角填充柄至 E5 单元格。

	A	B	C	D	E	F
	制造费用分配表					金额单位：元
1	产品批号	产品名称	成本项目	分配标准/工时	分配率	分配金额
2	501	A	制造费用	20 000	4	80 000
3	502	B	制造费用	30 000	4	120 000
4	503	C	制造费用	16 000	4	64 000
5	504	D	制造费用	10 000	4	40 000
6	合计			76 000		304 000

图 4-3 制造费用分配表

小提示

· 选中 E2 单元格，输入公式"＝＄F＄6/＄D＄6"，拖曳右下角填充柄至 E5 单元格；
· 选中 F2 单元格，输入公式"＝D2＊E2"，拖曳右下角填充柄至 F5 单元格。

根据生产费用汇总表（见表 4-3），编制发出的直接材料会计分录：

借：基本生产成本——A 产品　　　　　　　　　　　　　　　　　　　120 000
　　　　　　　　——B 产品　　　　　　　　　　　　　　　　　　　399 990
　　　　　　　　——C 产品　　　　　　　　　　　　　　　　　　　258 000
　　　　　　　　——D 产品　　　　　　　　　　　　　　　　　　　123 000
　　贷：原材料　　　　　　　　　　　　　　　　　　　　　　　　　900 990

根据直接人工费用分配表（见图 4-2），编制会计分录：

借：基本生产成本——A 产品　　　　　　　　　　　　　　　　　　　100 000
　　　　　　　　——B 产品　　　　　　　　　　　　　　　　　　　150 000
　　　　　　　　——C 产品　　　　　　　　　　　　　　　　　　　　80 000
　　　　　　　　——D 产品　　　　　　　　　　　　　　　　　　　　50 000
　　贷：应付职工薪酬　　　　　　　　　　　　　　　　　　　　　　380 000

根据制造费用分配表（见图 4-3），编制会计分录：

借：基本生产成本——A 产品　　　　　　　　　　　　　　　　　　　　80 000
　　　　　　　　——B 产品　　　　　　　　　　　　　　　　　　　120 000
　　　　　　　　——C 产品　　　　　　　　　　　　　　　　　　　　64 000
　　　　　　　　——D 产品　　　　　　　　　　　　　　　　　　　　40 000
　　贷：制造费用　　　　　　　　　　　　　　　　　　　　　　　　304 000

第二步：根据表 4-1 至表 4-3 以及图 4-2、图 4-3 登记各批产品成本明细账，如表 4-4 至表 4-7 所示。

表4-4 A产品成本明细账

产品批号：501　　　　　批量：10件　　　　　开工日期：8月10日
产品名称：A产品　　　　完工日期：10月31日　　金额单位：元

202×年		凭证号	摘要	直接材料	直接人工	制造费用	合计
月	日						
10	1		期初余额	1 030 000	390 000	460 000	1 880 000
10	31		材料费用	120 000			120 000
			人工费用		100 000		100 000
			制造费用			80 000	80 000
			合计	1 150 000	490 000	540 000	2 180 000
			完工产品转出	-1 150 000	-490 000	-540 000	-2 180 000
			期末余额	0	0	0	0

表4-5 B产品成本明细账

产品批号：502　　　　　批量：17件　　　　　开工日期：9月8日
产品名称：B产品　　　　完工：12件　　完工日期：　月　日　　金额单位：元

202×年		凭证号	摘要	直接材料	直接人工	制造费用	合计
月	日						
10	1		期初余额	450 000	140 000	168 000	758 000
10	31		材料费用	399 990			399 990
			人工费用		150 000		150 000
			制造费用			120 000	120 000
			合计	849 990	290 000	288 000	1 427 990
			完工产品转出	637 492.5	240 000	238 344.8	1 115 837.3
			期末余额	212 497.5	50 000	49 655.2	312 152.7

表4-6 C产品成本明细账

产品批号：503　　　　　批量：8件　　　　　开工日期：9月12日
产品名称：C产品　　　　完工：5件　　完工日期：　月　日　　金额单位：元

202×年		凭证号	摘要	直接材料	直接人工	制造费用	合计
月	日						
10	1		期初余额	360 000	105 000	129 000	594 000
10	31		材料费用	258 000			258 000
			人工费用		80 000		80 000
			制造费用			64 000	64 000
			合计	618 000	185 000	193 000	996 000
			完工产品转出				
			期末余额				

表4-7 D产品成本明细账

产品批号：504　　　　　　　　　批量：20件　　　　　　　　开工日期：10月26日
产品名称：D产品　　　　　　　　完工日期：　月　日　　　　　金额单位：元

202×年		凭证号	摘要	直接材料	直接人工	制造费用	合计
月	日						
10	1		期初余额	0	0	0	0
10	31		材料费用	123 000			123 000
			人工费用		50 000		50 000
			制造费用			40 000	40 000
			合计	123 000	50 000	40 000	213 000
			完工产品转出	0	0	0	0
			期末余额				

第三步：将生产费用在完工产品和月末在产品之间进行分配。

501批号A产品全部完工，发生的费用全部转入完工产品成本；502批号B产品跨月陆续完工情况较多，采用约当产量法对完工产品和月末在产品成本进行分配；503批号C产品跨月陆续完工情况较少，完工产品可按计划成本转出，待整批产品全部完工后，再重新计算完工产品的实际总成本和单位成本（对已经转账的完工产品成本，不必再做账面调整）；504批号D产品全部未完工，发生的费用全部为未完工产品成本，无须结转完工产品成本。

502批号B产品月末在产品约当产量计算情况，如表4-8所示。

表4-8 在产品约当产量计算表

产品批号：502　　　　　　　　　　产品名称：B产品

成本项目	在产品数量/件	投料程度（加工程度）/%	在产品约当产量/件	约当总产量/件
直接材料	5	80	4	16
直接人工	5	50	2.5	14.5
制造费用	5	50	2.5	14.5

根据各批完工产品的成本明细账，编制成本计算单，如图4-4至图4-6所示。

	A	B	C	D	E
1	A产品成本计算单				
2	产品批号：501	批量：10/件		开工日期：	8月10日
3	产品名称：A		完工日期：	10月31日	金额单位：元
4	摘要	直接材料	直接人工	制造费用	合计
5	月初在产品成本	1 030 000	390 000	460 000	1 880 000
6	本月发生生产费用	120 000	100 000	80 000	300 000
7	生产费用合计	1 150 000	490 000	540 000	2 180 000
8	完工产品总成本	1 150 000	490 000	540 000	2 180 000
9	单位成本	115 000	49 000	54 000	218 000

图4-4 A产品成本计算单

小提示

- 选中 B7 单元格，输入公式"＝B5＋B6"，拖曳右下角填充柄至 E7 单元格；
- 选中 B8 单元格，输入公式"＝B7"，拖曳右下角填充柄至 E8 单元格；
- 选中 B9 单元格，输入公式"＝B8/10"，拖曳右下角填充柄至 E9 单元格。

	A	B	C	D	E
1	B产品成本计算单				
2	产品批号：502		批量：17/件	开工日期：	9月8日
3	产品名称：B	完工:12/件	完工日期：		金额单位：元
4	摘要	直接材料	直接人工	制造费用	合计
5	月初在产品成本	450 000	140 000	168 000	758 000
6	本月发生生产费用	399 990	150 000	120 000	699 990
7	生产费用合计	849 990	290 000	288 000	1 427 990
8	约当产量/件	16.0	14.5	14.5	
9	分配率	53 124.375	20 000.000	19 862.069	92 986.444
10	完工产品总成本	637 492.50	240 000.00	238 344.83	1 115 837.33
11	月末在产品成本	212 497.50	50 000.00	49 655.17	312 152.67

图 4－5 B 产品成本计算单

小提示

- 选中 B7 单元格，输入公式"＝B5＋B6"，拖曳右下角填充柄至 E7 单元格。
- 选中 B9 单元格，输入公式"＝B7/B8"，拖曳右下角填充柄至 D9 单元格。选中 E9 单元格，输入公式"＝SUM（B9：D9）"。
- 选中 B10 单元格，输入公式"＝B9＊12"，拖曳右下角填充柄至 D10 单元格。选中 E10 单元格，输入公式"＝SUM（B10：D10）"。
- 选中 B11 单元格，输入公式"＝B7－B10"，拖曳右下角填充柄至 D11 单元格。选中 E11 单元格，输入公式"＝SUM（B11：D11）"。

	A	B	C	D	E
1	C产品成本计算单				
2	产品批号：503	批量：8/件		开工日期：	9月12日
3	产品名称：C	完工:5/件	完工日期：		金额单位：元
4	摘要	直接材料	直接人工	制造费用	合计
5	月初在产品成本	360 000	105 000	129 000	594 000
6	本月发生生产费用	258 000	80 000	64 000	402 000
7	生产费用合计	618 000	185 000	193 000	996 000
8	单位成本	77 000	22 925	27 912	127 837
9	完工产品总成本	385 000	114 625	139 560	639 185
10	月末在产品成本	233 000	70 375	53 440	356 815

图 4－6 C 产品成本计算单

小提示

· 选中 B7 单元格，输入公式"＝B5＋B6"，拖曳右下角填充柄至 E7 单元格。

· 选中 B9 单元格，输入公式"＝B8＊5"，拖曳右下角填充柄至 D9 单元格。选中 E9 单元格，输入公式"＝SUM（B9：D9）"。

· 选中 B10 单元格，输入公式"＝B7－B9"，拖曳右下角填充柄至 D10 单元格。选中 E10 单元格，输入公式"＝SUM（B10：D10）"。

第四步：结转完工产品成本。

根据表 4－4 至表 4－6 的成本计算结果，编制完工产品成本汇总表，如表 4－9 所示。

表 4－9 完工产品成本汇总表

202×年 10 月　　　　　　　　　　　　　　　　　　　　　　　　　　　　　　　　金额单位：元

成本项目		直接材料	直接人工	制造费用	合计
501 批号 A 产品（产量 10 件）	总成本	1 150 000	490 000	540 000	2 180 000
	单位成本	115 000	49 000	54 000	218 000
502 批号 B 产品（产量 12 件）	总成本	637 492.56	240 000	238 344.84	1 115 837.4
	单位成本	53 124.38	20 000	19 862.07	92 986.45
503 批号 C 产品（产量 5 件）	总成本	385 000	114 625	139 560	639 185
	单位成本	77 000	22 925	27 912	127 837

根据表 4－9，编制本月结转完工产品入库的会计分录：

借：库存商品——A 产品　　　　　　　　　　　　　　　　　　　　2 180 000
　　　　　　——B 产品　　　　　　　　　　　　　　　　　　　　1 115 837.4
　　　　　　——C 产品　　　　　　　　　　　　　　　　　　　　　639 185
　　贷：基本生产成本——501 批号（A 产品）　　　　　　　　　　　 2 180 000
　　　　　　　　　　——502 批号（B 产品）　　　　　　　　　　　 1 115 837.4
　　　　　　　　　　——503 批号（C 产品）　　　　　　　　　　　　 639 185

任务二　简化分批法

任务目标

1. 能深入理解简化分批法的基本原理。

2. 会根据简化分批法的特点，运用适当的成本核算方法，将生产费用在完工产品和在产品之间进行合理分配。

任务描述

由于市场需求的多样性和变化性，扬帆电池有限公司需要频繁调整生产计划，以迅速响应客户订单。然而，传统的分批法成本核算在面对众多且频繁的生产批次时，显得既烦琐又耗时，增加了成本核算的复杂性和成本。为改善这一状况，扬帆电池有限公司决定引入简化分批法，以优化其成本核算流程。

思考

1. 简化分批法适用于哪些企业？
2. 如何运用简化分批法进行成本核算？

任务分析

在小批、单件生产的企业中，产品订单数量繁多，生产周期较长，而实际每月完成的订单却相对较少。在这种情况下，不论各批产品是否完工，均在当月将发生的间接费用分配并计入各批产品成本，必将因产品批次众多而使间接费用分配工作变得繁重。因此，当一个月内投产的产品批次较多，且月末未完工产品批次也较多时，为简化间接费用的分配工作，可采用简化分批法。

相关知识

一、简化分批法的概念及适用范围

简化分批法，也称"不分批计算在产品成本的分批法"，是指在计算各批次产品的成本时，只对完工的各批次产品分配结转燃料和动力、直接人工及制造费用等加工成本；对未完工的各批次产品，既不分配加工成本，也不计算在产品成本，而是对其进行累计，在基本生产成本二级账中以总额反映。

简化分批法的成本核算对象为产品批次。在进行成本核算时，可直接归属于产品成本的生产费用，无须在不同批次产品之间进行分配，成本核算的重点在于间接计入费用的归集和分配。

产品完工前，在只按月登记直接计入费用和生产工时时，发生的间接计入费用在基本生产成本二级账中按成本项目分别累计；产品完工时，在有完工产品的月份，对完工产品按照累计工时的比例分配间接计入费用，计算完工产品成本。

在小批、单件生产的企业或车间，同一月份投产的产品批次往往数量众多，有的甚至多达几十批、上百批，且月末未完工的批数较多。在这种情况下，若采用一般分批法计算各批产品成本，将当月发生的加工成本全部分配给各批产品，而不考虑各批产品是否完工，各种加工成本在各批产品的分配和登记工作就会极为繁重。因此，为了简化核算，这类企业或车间可以采用简化分批法。

简化分批法适用于产品订单多，生产周期较长，小批、单件生产，且实际每月完工订单不多的企业或车间。

二、简化分批法的成本核算程序

（一）按产品批次设置基本生产成本明细账

按产品批次设置基本生产成本明细账，并分别按成本项目设置专栏，平时账内只登记直接计入费用（单一批次耗用的生产费用）和生产工时。

（二）设置基本生产成本二级账

按照全部产品设置一个基本生产成本二级账，归集并反映企业投产的所有批次产品在生产过程中发生的各项费用和累计生产工时。设置基本生产成本二级账是简化分批法的一个显著特点。

（三）生产费用和生产工时的归集与分配

（1）根据本月原材料费用分配表及生产工时记录，将各批次产品耗用的直接材料费用和生产工时分别计入各批次产品基本生产成本明细账和基本生产成本二级账。

（2）根据职工薪酬及其他费用的分配表或汇总表，将本月发生的直接人工、燃料和动力、制造费用等间接计入费用，不分批次地计入基本生产成本二级账。

（3）通过基本生产成本二级账，采用适当的分配方法将各项累计间接计入费用在完工产品和全部在产品之间进行分配，计算完工产品应负担的间接计入费用和直接计入费用。

（4）将各批次完工产品承担的直接计入费用和间接计入费用从基本生产成本二级账转入各批次产品基本生产成本明细账。结转后，基本生产成本二级账余额为全部各批次在产品各成本项目费用及累计生产工时。

简化分批法成本核算程序如图 4-7 所示。

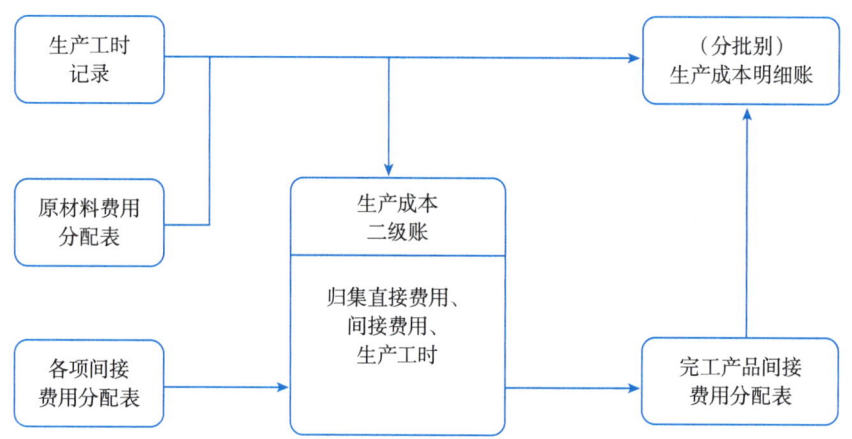

图 4-7　简化分批法成本核算程序

三、应用 Excel 建立简化分批法成本计算模型

【例 4-2】扬帆电池有限公司生产甲、乙、丙三种产品，属于小批生产，产品批次多、生产周期长，月末经常有大量未完工产品批次。为简化成本核算工作，该公司采用简化分批法计算产品成本。月末完工产品与在产品成本分配采用约当产量法，直接材料系开工时一次投入，在产品完工程度为 50%，5 月、6 月相关生产资料如表 4-10 至表 4-14 所示。

表 4-10　产品生产资料

时间：202×年6月　　　　　　　　　　　　　　　　　　　　　　　　　　　　　　单位：件

产品批号	产品名称	开工日期	批量	完工数量	
				5月	6月
102	甲产品	5月	600		600
103	乙产品	5月	600		500
104	丙产品	6月	500		

表4-11 基本生产成本二级账

金额单位：元

202×年		摘要	直接材料	生产工时/小时	直接人工	燃料和动力	制造费用	合计
月	日							
6	1	月初余额	50 000	1 000	7 500	9 000	3 500	70 000

表4-12 甲产品基本生产成本明细账

产品批号：102　　　　　　　　　产品批量：600 件　　　　　　　　投产日期：202×年5月
产品名称：甲产品　　　　　　　完工数量：　　　　　　　　　　　完工日期：202×年6月

金额单位：元

202×年		摘要	直接材料	生产工时/小时	直接人工	燃料和动力	制造费用	合计
月	日							
6	1	月初余额	20 000	600				20 000

表4-13 乙产品基本生产成本明细账

产品批号：103　　　　　　　　　产品批量：600 件　　　　　　　　投产日期：202×年5月
产品名称：乙产品　　　　　　　完工数量：　　　　　　　　　　　完工日期：

金额单位：元

202×年		摘要	直接材料	生产工时/小时	直接人工	燃料和动力	制造费用	合计
月	日							
6	1	月初余额	30 000	400				30 000

表4-14 6月发生生产费用资料

金额单位：元

产品	直接材料	生产工时/小时		直接人工	燃料和动力	制造费用
		本月发生	完工产品工时			
101 批号甲产品	120 000	8 000	8 600	60 000	20 000	18 000
102 批号乙产品	150 000	6 000	5 500			
103 批号丙产品	300 000	4 000				
合计	570 000	18 000	14 100	60 000	20 000	18 000

要求：采用简化分批法计算101、102、103三个批号产品的生产成本，费用分配率、单位成本保留小数点后2位，其余费用数据保留整数。

利用Excel建立简化分批法成本核算单，包括生产数量表、生产费用表、基本生产成本二级账、各批次产品基本生产成本明细账。

（一）设置生产数量表

生产数量表具体数据根据企业产品生产资料（见表4-10）直接录入，结果如图4-8所示。

	A	B	C	D
1	生产数量表			
2	202×年6月			
3	项目	数量		
4		102批号	103批号	104批号
5	月初在产品/件	600	600	
6	本月投产/件			500
7	本月完工产品/件	600	500	
8	月末在产品/件		100	500
9	月末在产品投料程度/%		100	100
10	月末在产品完工程度/%		50	50

图4-8　生产数量表

（二）设置生产费用表

生产费用表具体数据根据企业实际数据（见表4-12至表4-14）直接录入，结果如图4-9所示。

	A	B	C	D	E	F	G	H
1	生产费用表							
2	202×年6月							金额单位：元
3	摘要		直接材料	生产工时/小时		直接人工	燃料和动力	制造费用
4				本月发生	完工产品耗用			
5	月初在产品成本	102批号	20 000	600		7 500	9 000	3 500
6		103批号	30 000	400				
7	本月生产费用	102批号	120 000	8000	8 600	60 000	20 000	18 000
8		103批号	150 000	6 000	5 500			
9		104批号	300 000	4 000				
10		合计	570 000	18 000	14 100			

图4-9　生产费用表

（三）设置基本生产成本二级账

设置基本生产成本二级账（如图4-10所示），各项目填列具体操作如下。

	A	B	C	D	E	F	G	H	I	J
1	基本生产成本二级账									金额单位：元
2	月	日	摘要		直接材料	生产工时/小时	直接人工	燃料和动力	制造费用	合计
3	6	1	月初在产品成本	102批号	20 000	600	7 500	9 000	3 500	70 000
4		1	月初在产品成本	103批号	30 000	400				
5		1	月初在产品成本	合计	50 000	1 000				
6		30	本月生产费用	102批号	120 000	8 000	60 000	20 000	18 000	668 000
7		30	本月生产费用	103批号	150 000	6 000				
8		30	本月生产费用	104批号	300 000	4 000				
9		30	本月生产费用	合计	570 000	18 000				
10		30	生产费用合计		620 000	19 000	67 500	29 000	21 500	738 000
11		30	累计间接计入费用分配率				3.552 6	1.526 3	1.131 6	
12		30	本月完工产品转出	102批号	140 000	8 600	30 552	13 126	9 732	193 410
13		30	本月完工产品转出	103批号	150 000	5 500	19 539	8 395	6 224	184 158
14		30	本月完工产品转出	合计	290 000	14 100	50 091	21 521	15 956	377 568
15		30	月末在产品成本		330 000	4 900	17 409	7 479	5 544	360 432

图4-10　基本生产成本二级账

（1）月初在产品成本，各批次产品各成本项目数据由上月结转，本任务相关数据从生产费用表对应项目引入。

小提示

· 102 批号"直接材料"项目，选中 E3 单元格，输入公式"='生产费用表'! C5"；"生产工时"项目，选中 F3 单元格，输入公式"='生产费用表'! D5"。

· 103 批号"直接材料"项目，选中 E4 单元格，输入公式"='生产费用表'! C6"；"生产工时"项目，选中 F4 单元格，输入公式"='生产费用表'! D6"。

· 选中 E3～E5 单元格，求和；选中 F3～F5 单元格，求和。

· 月初在产品"直接人工"项目，选中 G3 单元格，输入公式"='生产费用表'! F5"；"燃料和动力"项目，选中 H3 单元格，输入公式"='生产费用表'! G5"；"制造费用"项目，选中 I3 单元格，输入公式"='生产费用表'! H5"。

· 选中 J3 单元格，输入公式"=E5+G3+H3+I3"。

（2）本月生产费用，各批次产品各成本项目数据根据企业实际发生额和相关凭证录入，本案例相关数据从生产费用表对应项目引入。

小提示

· 以 102 批号"直接材料"项目为例，选中 E6 单元格，输入公式"='生产费用表'! C7"。

（3）生产费用合计，计算公式如下：

$$\frac{各成本项目}{生产费用合计} = \frac{该成本项目}{月初在产品成本} + \frac{该成本项目}{本月生产费用}$$

（4）累计间接计入费用分配率，将基本生产成本二级账归集的全部产品累计间接计入费用按照累计生产工时进行分配，计算公式如下：

$$\frac{各成本项目累计}{间接计入费用分配率} = \frac{该成本项目归集的全部产品累计间接计入费用}{累计生产工时}$$

小提示

· 直接人工项目选中 G11 单元格，输入公式"=ROUND（G10/F10，4）"。

· 燃料动力项目选中 H11 单元格，输入公式"=ROUND（H10/F10，4）"。

· 制造费用项目选中 I11 单元格，输入公式"=ROUND（I10/F10，4）"。

（5）本月完工产品成本转出，本任务"直接材料"项目属于直接计入费用，直接在各批次完工产品和在产品之间进行分配；"直接人工""燃料和动力"及"制造费用"项目属于间接计入费用，用完工产品生产工时与各项目累计间接计入费用分配率相乘得到。

小提示

· 102 批号产品本月全部完工，该批号产品归集的直接材料费用全部由完工产品承担，选中 E12 单元格，输入公式"=E3+E6"。

· 102 批次产品累计生产工时为 8 600 小时，全部为完工产品工时，选中 F12 单元格，输入公式"='生产费用表'! E7"；直接人工项目选中 G12 单元格，输入公式"=ROUND（F12*G11，0）"；燃料动力项目选中 H12 单元格，输入公式"=ROUND（F12*H11，0）"；制造费用项目选中 I12 单元格，输入公式"=ROUND（F12*I11，0）"；选中 J12 单元格，输入公式"=E12+G12+H12+I12"。

·103 批号产品上月投产 600 件，本月完工 500 件，月末在产品 100 件，原材料系开工时一次投入，该批号产品归集的直接材料费用采用约当产量法在完工产品和在产品之间进行分配。计算完工产品负担的直接材料费用，选中 E13 单元格，输入公式"=（E4+E7）/600*500"。

·103 批次完工产品工时，选中 F13 单元格，输入公式"='生产费用表1 E8"；完工产品直接人工项目选中 G13 单元格，输入公式"=ROUND（F13*G11,0）"；燃料动力项目选中 H13 单元格，输入公式"=ROUND（F13*H11,0）"；制造费用项目选中 I13 单元格，输入公式"=F13*I11"；选中 J13 单元格，输入公式"=E13+G13+H13+I13"。

（6）月末在产品成本，基本生产成本二级账归集的生产费用合计数和生产工时合计数扣除本月完工产品转出的各成本项目和生产工时，即可得到月末在产品成本和生产工时，反映的是全部不分批号在产品成本和生产工时。

完成以上步骤后，生成基本生产成本二级账。

（四）设置各批次产品基本生产成本明细账

（1）102 批号基本生产成本明细账，相关数据从基本生产成本二级账对应项目引入，如图 4-11 所示。

	A	B	C	D	E	F	G	H	I
1				基本生产成本明细账					
2	产品批号:102			产品批量:600件			投产时间:202×年5月		
3	产品名称:甲产品			完工数量:600件			完工时间:202×年6月		金额单位:元
4	月	日	摘要	直接材料	生产工时/小时	直接人工	燃料和动力	制造费用	合计
5	6	1	月初在产品成本	20 000	600				
6		30	本月生产费用	120 000	8 000				
7		30	生产费用合计	140 000	8 600				
8		30	累计间接费用分配率			3.55	1.53	1.13	
9		30	单位成本	233		50.92	21.88	16.22	322.35
10		30	完工产品成本	140 000	8 600	30 553	13 126	9 732	193 411

图 4-11 102 批号基本生产成本明细账

（2）103 批号基本生产成本明细账，相关数据从基本生产成本二级账对应项目引入，如图 4-12 所示。

	A	B	C	D	E	F	G	H	I
1				基本生产成本明细账					
2	产品批号:103			产品批量:600件			投产时间:202×年5月		
3	产品名称:乙产品			完工数量:500件			完工时间:202×年6月		金额单位:元
4	月	日	摘要	直接材料	生产工时/小时	直接人工	燃料和动力	制造费用	合计
5	6	1	月初在产品成本	30 000	4000				
6		30	本月生产费用	150 000	6 000				
7		30	生产费用合计	180 000	6 400				
8		30	累计间接费用分配率			3.55	1.53	1.13	
9		30	单位成本	300.00		39.08	16.79	12.45	368.32
10		30	本月完工半产品成本	150 000	5 500	19 539	8 395	6 224	184 158
11		30	月末在产品成本	30 000	900				

图 4-12 103 批号基本生产成本明细账

（3）104批号基本生产成本明细账，相关数据从基本生产成本二级账对应项目引入，如图4-13所示。

	A	B	C	D	E	F	G	H	I
1				基本生产成本明细账					
2	产品批号：104			产品批量：500件			投产时间：202×年5月		
3	产品名称：丙产品			完工数量			金额单位：元		
4	月	日	摘要	直接材料	生产工时/小时	直接人工	燃料和动力	制造费用	合计
5	6	1	本月生产费用	30 000	4 000				
6		30	生产费用合计	30 000	4 000				
7		30	月末在产品生产	30 000	4 000				

图4-13　104批号基本生产成本明细账

思政园地

培育科学精神、探索创新精神

中国第一汽车集团（以下简称"中国一汽"）作为一家专注于汽车开发、生产、营销且有自主知识产品的汽车公司，坚决贯彻习近平总书记视察中国一汽重要讲话精神，深入落实国务院国资委关于中央企业提质增效行动的部署要求，坚持"一切成本费用皆可降"的理念，大力实施"降本减费工程"，成本费用管理水平在近几年大幅提升，为企业加快高质量发展提供了坚实支撑。

中国一汽主要从四个层面实现"降本减费"这一目标：第一，在组织机制建设上，建立横联纵通的降本减费管理组织，充分激发员工降本减费积极性；第二，在管理协同上，持续深化提质增效、预算管理、对标管理、降本减费等工作的深度协同，开展全成本对标工作；第三，在过程管控上，坚持价值导向、用户导向、问题导向，建立TOPC重点成本项目管理机制，同时，结合自身实际，创新总结"降本十二法"，充分赋能全员、全要素、全过程、全价值链的关键成本管控环节；第四，在知识管理上，围绕"降本减费"知识管理搭建了数字化共享平台，实现降本成果和经验资产化、标准化、共享化、数字化。

中国一汽通过不断挖掘"降本减费"的创新点，科学高效地推进"降本减费"项目落地实施，因此，在核算产品成本时，不仅要真实、准确，更要在全过程不断进行"降本减费"的探索和创新，培育科学精神、探索创新精神，提高企业的生产效率，增强企业的成本效益意识。

项目练习

一、单项选择题

1. 采用简化的分批法，在产品完工之前，产品成本明细账（　　）。

A. 不登记任何费用

B. 只登记直接计入费用（如原材料费用）和生产工时

C. 只登记原材料费用

D. 登记间接计入费用，不登记直接计入费用

2. 在各种产品成本计算方法中，必须设置基本生产成本二级账的方法是（　　）。

A. 分类法　　　　B. 定额法　　　　C. 简化分批法　　　　D. 平行结转分步法

3. 下列关于产品成本计算的分批法说法中，不正确的是（   ）。

A. 分批法主要适用于小批、单件类型的生产，也可用于一般企业新产品试制或试验的生产、在建工程以及设备修理作业等

B. 分批法又称为"订单法"

C. 分批法下，成本计算期与会计报告期一致

D. 分批法下，需要定期计算产品成本

4. 分批法的主要特点是（   ）。

A. 批内产品都同时完工，不存在完工产品与在产品之间分配费用的问题

B. 以产品批次作为成本计算对象

C. 费用归集和分配比较简便

D. 定期计算成本

5. 采用简化的分批法计算产品成本，基本生产成本二级账与产品成本计算单无法核对的是（   ）。

A. 月末在产品"生产工时"项目余额　　B. 月末在产品"直接材料"项目余额

C. 完工产品成本合计数　　　　　　　D. 月末在产品"间接计入费用"项目余额

6. 采用简化的分批法，在产品完工之前，产品成本计算单（   ）。

A. 只登记直接材料费用　　　　　　　B. 不登记任何费用

C. 只登记直接材料和生产工时　　　　D. 登记间接费用，不登记直接费用

7. 简化的分批法与一般分批法的主要区别是（   ）。

A. 不分配间接费用　　　　　　　　　B. 分批计算直接材料成本

C. 不分批计算在产品成本　　　　　　D. 不分批计算完工产品成本

8. 分批法的成本核算对象是（   ）。

A. 产品品种　　　　　　　　　　　　B. 产品类别

C. 产品批次　　　　　　　　　　　　D. 产品生产步骤

9. 在简化的分批法下，累计间接费用分配率（   ）。

A. 只是在各批产品之间分配间接费用的依据

B. 只是在各批在产品之间分配间接费用的依据

C. 既是在各批产品之间，也是完工产品与在产品之间分配间接费用的依据

D. 只是完工产品与在产品之间分配间接费用的依据

二、多项选择题

1. 采用简化的分批法，（   ）。

A. 不计算在产品成本　　　　　　　　B. 不分批计算在产品成本

C. 不计算全部在产品成本　　　　　　D. 计算全部在产品成本

2. 在简化的分批法下，（   ）。

A. 在产品完工之前，产品成本计算单只登记直接材料费用和生产工时

B. 在产品完工之前，产品成本计算单既要登记直接计入费用，又要登记间接计入费用

C. 在基本生产成本二级账中，既要登记直接计入费用，又要登记间接计入费用

D. 只在有完工产品的那个月份，才计算完工产品成本

3. 采用简化分批法，在各批次产品基本成本明细账中，对于没有完工产品的月份，只登记（　　）。

A. 生产工时　　　　　　　　　　B. 直接材料

C. 直接人工　　　　　　　　　　D. 制造费用

4. （　　）适用分批法。

A. 新产品的试制　　　　　　　　B. 小批、单件类型的生产

C. 重型机器制造　　　　　　　　D. 辅助生产的工具、模具制造

5. 在简化分批法下，累计间接计入费用分配率是（　　）。

A. 在各批次产品之间分配间接费用的依据

B. 在各批次完工产品之间分配间接费用的依据

C. 完工产品与在产品之间分配间接费用的依据

D. 在各批次在产品之间分配间接费用的依据

6. 分批法成本计算的特点有（　　）。

A. 以产品批次作为成本核算对象

B. 按月计算产品成本

C. 产品成本计算周期与生产周期基本一致

D. 生产费用一般不需要在完工产品和在产品之间分配

7. 关于成本计算的分批法，下列说法正确的是（　　）。

A. 产品成本计算周期往往与会计报告期不一致

B. 分批法适用于小批、单件，管理上不要求分步骤计算成本的企业

C. 月末需要在完工产品和在产品之间分配成本

D. 以上说法均正确

8. 采用分批法计算产品成本时，如果批内产品跨月陆续完工，则（　　）。

A. 月末需要计算完工产品成本和在产品成本

B. 月末不需要计算产品成本，等到全部产品完工时再计算

C. 月末要将生产费用在完工产品和在产品之间进行分配

D. 月末不需要将生产费用在完工产品和在产品之间进行分配

9. 采用分批法核算产品成本时，可以作为成本核算对象的某一批次的有（　　）。

A. 同一订单中的同种产品　　　　B. 同一订单中的不同产品

C. 不同订单中的同种产品　　　　D. 同一订单中某种产品的组成部分

三、判断题

1. 分批法是按批，不分品种计算产品成本的一种方法。（　　）

2. 分批法也称"订单法"，其成本计算对象与购货单位的订单完全一致。（　　）

3. 如果一张订单有几种产品，则应作为一批订单进行成本核算。（　　）

4. 采用简化的分批法，必须设立基本生产成本二级账。（　　）

5. 分批法如果产品批量较大，则在出现批内跨月陆续完工和分次交货情况时，应采取适当的方

法计算完工产品成本和月末在产品成本。（ ）

四、案例分析题

1. 扬帆电池有限公司按照购货单位的要求，小批生产甲产品。202×年10月，投产甲产品50件，批号101，11月全部完工；11月，投产乙产品40件，批号102，当月完工30件，并已交货，还有10件尚未完工，在产品完工程度为60%。材料于生产开始时一次投入。与101批号甲产品和102批号乙产品有关成本资料如表4-15、表4-16所示。

表4-15 月初在产品成本

金额单位：元

产品名称	产品批号	直接材料	直接人工	制造费用	合计
甲产品	101	80 000	8 000	12 000	100 000

表4-16 本月发生生产费用

金额单位：元

产品名称	产品批号	直接材料	直接人工	制造费用	合计
甲产品	101	30 000	9 000	15 000	54 000
乙产品	102	400 000	54 000	81 000	535 000

要求：完成产品成本计算单（表4-17、表4-18）和完工产品成本汇总表（表4-19）。

表4-17 产品成本计算单（一）

产品批号：101　　　　　　　　　　　　　　　　　　　　　　开工日期：10月
产品名称：甲产品　　　　　　　　　　　　　　　　　　　　　完工日期：11月
批量：50件

金额单位：元

202×年		摘要	直接材料	直接人工	制造费用	合计
月	日					
11	1	期初在产品成本				
	30	本月发生生产费用				
	30	本月生产费用合计				
	30	完工产品总成本				
	30	完工产品单位成本				
	30	月末在产品成本				

表4-18 产品成本计算单（二）

产品批号：102　　　　　　　　　　　　　　　　　　　　　　开工日期：11月
产品名称：乙产品　　　　　　　　　　　　　　　　　　　　　完工日期：
批量：40件

金额单位：元

202×年		摘要	直接材料	直接人工	制造费用	合计
月	日					
11	30	本月发生生产费用				
	30	本月生产费用合计				
	30	完工产品总成本				

续表

202×年		摘要	直接材料	直接人工	制造费用	合计
月	日					
	30	完工产品单位成本				
	30	月末在产品成本				

表4-19 完工产品成本汇总表

202×年11月　　　　　　　　　　　　　　　　　　　　　　　　　　　　　　　　　　　　金额单位：元

成本项目	101批号甲产品（50件）		102批号乙产品（30件）	
	总成本	单位成本	总成本	单位成本
直接材料				
直接人工				
制造费用				
合计				

2. 星辰公司小批生产多种产品，产品批数多，而且月末有许多批号未完工。为了简化成本计算工作，采用简化分批法计算产品成本。202×年11月，该企业的各批产品生产资料、月初在产品成本资料以及本月发生的工时和费用如表4-20至表4-22所示。

表4-20 生产资料

批号	产品名称	批量/件	投产日期	完工情况
101	甲产品	9	4月	全部完工
201	乙产品	8	5月	本月完工4件
301	丙产品	7	5月	尚未完工

表4-21 月初在产品成本

　　金额单位：元

批号	产品名称	直接材料	累计工时/小时	直接人工	制造费用	合计
101	甲产品	28 850	11 180			
201	乙产品	19 860	4 500			
301	丙产品	18 400	4 820			
合计		67 110	20 500	43 000	24 700	134 810

表4-22 本月发生生产费用和累计工时

　　金额单位：元

批号	产品名称	直接材料	累计工时/小时	直接人工	制造费用	合计
101	甲产品	4 000	1 420			
201	乙产品	5 100	3 700			
301	丙产品	2 100	2 000			

要求：完成基本生产成本二级账（表4-23）、相关产品生产成本明细账（表4-24至表4-26）。

表 4-23 基本生产成本二级账

金额单位：元

202×年		摘要	直接材料	生产工时/小时	直接人工	制造费用	成本合计
月	日						
5	31	本月生产费用	67 110	20 500	43 000	24 700	134 810
6	30	本月生产费用					
	30	生产费用合计					
	30	全部产品累计间接计入费用分配率					
	30	本月完工产品转出					
	30	月末在产品成本					

表 4-24 甲产品生产成本明细账

产品批号：101　　　　　　　　　　　　　　　　　　　　　　　　投产日期：4月
产品名称：甲产品　　　　　　　　　　　　　　　　　　　　　　　完工日期：6月
产品批量：9件　　　　　　　　　　　　　　　　　　　　　　　　金额单位：元

202×年		摘要	直接材料	生产工时/小时	直接人工	制造费用	成本合计
月	日						
5	31	本月生产费用	28 850	11 180			
6	30	本月生产费用					
	30	累计数及间接费用分配率					
	30	本月完工转出					
	30	完工产品单位成本					

表 4-25 乙产品生产成本明细账

产品批号：201　　　　　　　　　　　　　　　　　　　　　　　　投产日期：5月
产品名称：乙产品　　　　　　　　　　　　　　　　　　　　　　　完工日期：6月
产品批量：8件（本月完工4件）　　　　　　　　　　　　　　　　金额单位：元

202×年		摘要	直接材料	生产工时/小时	直接人工	制造费用	成本合计
月	日						
5	31	本月生产费用	19 860	4 500			
6	30	本月生产费用					
	30	累计数及间接费用分配率					
	30	本月完工转出					
	30	完工产品单位成本					

表 4-26 丙产品生产成本明细账

产品批号：301　　　　　　　　　　　　　　　　　　　　　　　　投产日期：5月
产品名称：丙产品　　　　　　　　　　　　　　　　　　　　　　　完工日期：
产品批量：7件　　　　　　　　　　　　　　　　　　　　　　　　金额单位：元

202×年		摘要	直接材料	生产工时/小时	直接人工	制造费用	成本合计
月	日						
5	31	本月生产费用	18 400	4 820			

续表

202×年		摘要	直接材料	生产工时/小时	直接人工	制造费用	成本合计
月	日						
6	30	本月生产费用					
	30	生产费用合计					

学习评价

表 4-27 专业能力评价表

任务名称	评价指标	掌握程度		
		优秀	良好	一般
认识分批法	分批法的概念及适用范围			
	分批法的特点			
	分批法的成本核算程序			
	应用 Excel 建立分批法成本计算模型			
简化分批法	简化分批法的概念及适用范围			
	简化分批法的成本核算程序			
	应用 Excel 建立简化分批法成本计算模型			

项目五

分类法核算产品成本

学习目标

知识目标

1. 熟悉分类法的概念和适用范围。
2. 掌握分类法的成本核算程序和方法。
3. 熟悉联产品和副产品的概念。
4. 掌握联产品联合成本的分配方法。

技能目标

1. 掌握采用系数分配法进行类内产品成本的计算。
2. 熟悉分离点联产品联合成本的计算。
3. 掌握副产品成本的计算。

素养目标

1. 通过学习分类法，能根据产品特点，按照标准进行分类，培养系统性的组织和管理意识。
2. 通过学习比较联产品和副产品不同的处理方式，提高成本核算效率，培养利用有限资源应对复杂经济环境的能力。

案例导入

绿源造纸厂主要生产版纸和复印纸。该厂设有制浆和造纸两个连续生产基本车间。制浆车间负责将原材料加工成纸浆，随后将纸浆送到造纸车间进行进一步加工。造纸车间以纸浆为原材料，经过抄纸、整选包装等工序处理，经检验合格后入库形成产成品。版纸共有4种型号，复印纸则有3种型号。新任成本核算员小王发现，原有的产品成本核算采用分步法，按七种产品种类分别核算，过程极为复杂。小王希望能找到一种更简便的核算方法，以简化成本核算流程。你有什么好的建议吗？

项目五 分类法核算产品成本 | 05

分步法、分批法和品种法都是成本核算的基本方法，但是在实际操作中，单独使用这些方法有时会导致成本核算过程异常烦琐。因此，在基本方法的基础上，采用一些简化成本核算的辅助方法显得尤为重要。在上述案例中，若能将分步法与分类法相结合，将大大简化成本核算过程。

任务一　认识分类法

任务目标
1. 能将产品生产过程中的各项费用按照预定的分类标准进行详细划分和归集。
2. 能根据成本数据评估不同产品的盈利状况。

任务描述
扬帆电池有限公司生产各种不同规格和型号的电池。尽管有些电池产品的具体规格和型号有所不同，但它们在生产过程中使用的原材料和工艺流程有着高度的相似性。例如，该公司生产的62.8kWh和78.54kWh两种电池，在生产过程中使用的原材料和工艺流程几乎是一样的。

扬帆电池有限公司是否可以采用分类法进行成本核算？

任务分析
一些企业生产的产品品种和规格繁多，如食品厂生产的各类面包、饼干、糖果。若依旧按照产品的品种规格归集和核算产品成本，成本的核算工作就会变得极为繁重。分类法正是在产品品种和规格繁多的情况下，为简化成本核算工作采用的一种辅助成本核算方法。

相关知识

一、分类法的概念及适用范围

分类法是首先将产品按照一定标准划分为若干类别；其次根据这些类别归集生产费用，计算出每类产品的成本；最后按照一定标准将每类产品的成本分配给类内各种产品，从而计算出每一种产品成本的辅助成本核算方法。分类法并非独立的成本核算方法，而是在基本成本核算方法的基础上，为简化核算过程采用的一种辅助方法。分类法必须与产品成本核算的基本方法结合使用，通常是与品种法结合使用。

分类法主要适用于生产产品种类和规格繁多，并且能够按照一定标准对产品进行分类的企业。对于产品种类和规格繁多的企业来说，按照产品的品种归集生产费用，成本核算的工作量过大。在这种情况下，企业可以首先按照一定标准将产品进行分类，其次按照产品类别归集生产费用，从而形成产品成本核算的分类法。

二、分类法的成本核算程序

（一）对种类、规格繁多的产品按一定标准进行分类

对产品进行分类，通常是将同类产品归为一类。同类产品，是指使用相同原材料和相似工艺过

程,生产的产品结构、性质和用途大体相同,但规格型号有所差别的产品,如服装、鞋帽、电子元件、灯泡等均可以根据不同类型进行归类。

【知识链接】

在进行成本分类时,注意类距的确定要适当,兼顾成本计算的简化与正确性。

(二)按产品类别设置产品成本明细账,归集生产费用

分类法作为一种辅助成本核算方法,应根据产品的生产类型和成本管理要求,选择适合结合使用的基本成本核算方法,如品种法、分批法或分步法,以计算出各类产品成本。

(三)期末,若某类产品既有完工产品又有在产品,则需要采用适当方法分配该类产品的完工产品成本与在产品成本

由于类内包含多种规格和型号的产品,采用约当产量法或定额比例法进行成本分配,计算过程会极为烦琐,通常采用在产品定额成本法进行核算。

(四)选择合理的分配标准,计算类内各种产品的总成本和单位成本

在选择同类产品内各种产品之间分配费用的标准时,应考虑分配标准是否与产品成本的高低密切相关。为使分配结果更加合理,各成本项目可以采用同一分配标准分配,也可以根据成本项目的性质,分别采用不同的分配标准。例如,原材料费用可以按定额原材料费用或定额原材料消耗量比例分配,工资及福利费等其他费用可以按定额工时比例分配等。

当产品结构、所用原材料或工艺过程发生较大变动时,应及时调整,考虑重新选择分配标准,以提高成本核算的准确性。为简化分配工作,通常采用系数分配法,将分配标准折算成相对固定的系数,并按照此系数分配同类产品内各种产品的成本。分类法产品成本核算程序如图 5 – 1 所示。

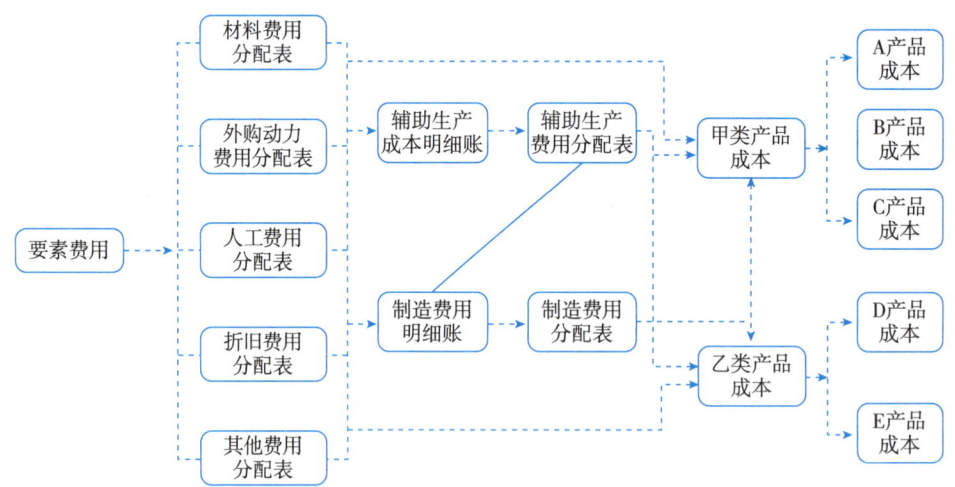

图 5 – 1 分类法产品成本核算程序

三、类内产品成本分配方法

(一)系数分配法的概念

系数分配法,又称"标准产量法",是指计算出各类产品总成本后,依据系数对类内各种产品成本进行分配的方法。这里的"系数"是指各种规格产品之间的比例关系。具体来说,是先将各种

产品按照一定标准折算成系数（标准产品产量），然后按照各种产品的总系数（标准产品产量）向各种产品分配费用。具体计算程序如下。

（1）确定标准产品。在类内产品中，选择一种产量较大、生产稳定且规格适中的产品作为标准产品，并按一定标准将单位产品系数定为"1"。

（2）计算其他产品系数。将类内其他产品的相关定额资料与标准产品的定额资料进行对比，确定各种产品的单位产品系数。系数确定后，应保持相对稳定不变。需要注意的是，材料费系数和加工费系数需要分别确定。

（3）计算某类产品的总系数。将每种产品的产量乘以各自单位产品的系数，分别求出各种产品的总系数（标准产品产量）。计算公式为：

$$\text{某类产品的总系数（标准产品产量）} = \sum \left(\text{类内产品的实际产量} \times \text{该产品折算系数} \right)$$

（4）确定各项费用的系数分配率。计算公式为：

$$\text{某项费用的系数分配率} = \text{待分配的某项费用总额} \div \text{某类产品该费用项目的总系数}$$

（5）将类内完工产品的生产费用按照系数分配率分配到各种产品中。计算公式为：

某产品应分配的某项费用 = 该产品该项总系数 × 该项费用的系数分配率

（二）系数分配法的应用

【例 5-1】扬帆电池有限公司生产产品主要分为两大类：ST 类产品和 YT 类产品。ST1 电池、ST2 电池、ST3 电池的结构、所用原材料和生产工艺均较为相似，因此被归为同一类（ST 类产品）进行成本核算。类内产品的月末在产品成本按定额成本计算，类内各种产品之间分配费用的标准为：原材料费用按照各产品的原材料费用系数进行分配，该系数根据定额消耗量标准确定；直接人工和制造费用按加工费系数进行分配，加工费系数根据定额工时标准确定。相关资料和成本计算过程如表 5-1 至表 5-4 所示。

表 5-1 产品成本明细账

产品类别：ST 类产品　　　　　　　　　　　　　　　　　　　　　　　　　　　　　　　　　　　金额单位：元

摘要	直接材料	直接人工	制造费用	合计
月初在产品成本	132 890	87 600	58 800	279 290
本月发生费用	458 736	268 320	132 688	859 744
生产费用合计	591 626	355 920	191 488	1 139 034
完工产品成本	489 326	283 920	137 228	910 474
月末在产品成本	102 300	72 000	54 260	228 560

表 5-2 产品系数计算表

产品类别：ST 类产品

产品名称	产量/件	单位产品材料消耗定额/千克	系数	材料总系数	单位产品工时消耗定额/小时	系数	工时总系数
ST1	30	130	1.3	39	140	1.4	42
ST2	40	100	1.0	40	100	1.0	40

续表

产品名称	产量/件	单位产品材料消耗定额/千克	系数	材料总系数	单位产品工时消耗定额/小时	系数	工时总系数
ST3	50	50	0.5	25	76	0.76	38
系数合计				104			120

表 5–3　产品成本计算表

产品类别：ST 类产品　　　　　　　　　　　　　　　　　　　　　　　　　　　　　金额单位：元

产品	材料总系数	直接材料	工时总系数	直接人工	制造费用	费用合计
完工产品费用总额	104	489 326	120	283 920	137 228	910 474
系数分配率	—	4 705.06		2 366	1 143.57	
ST1	39	183 497.25	42	99 372	48 029.80	330 899.05
ST2	40	188 202.31	40	94 640	45 742.67	328 584.98
ST3	25	117 626.44	38	89 908	43 455.53	250 989.97
合计		489 326		283 920	137 228	910 474

表 5–4　ST 类产品成本汇总表

金额单位：元

成本项目	ST1（30 件）		ST2（40 件）		ST3（50 件）	
	总成本	单位成本/（元/件）	总成本	单位成本/（元/件）	总成本	单位成本/（元/件）
直接材料	183 497.25	6 116.58	188 202.31	4 705.06	117 626.44	2 352.53
直接人工	99 372.00	3 312.40	94 640.00	2 366.00	89 908.00	1 798.16
制造费用	48 029.80	1 600.99	45 742.67	1 143.57	43 455.53	869.11
合计	330 899.05	11 029.97	328 584.98	8 214.63	250 989.97	5 019.8

任务二　联产品和副产品的成本核算

任务目标

1. 能准确理解联产品和副产品的概念及其在生产过程中的特殊性。
2. 熟悉联产品和副产品的成本核算流程。

任务描述

扬帆电池有限公司在生产主要产品甲的过程中，还会生产两种副产品——乙产品和丙产品。甲产品为该企业的主打产品，具有较高的市场价值；而乙产品和丙产品则是生产过程中的附带产物，虽然价值不及甲产品，但仍具有一定的经济价值。为了更准确地反映每种产品的成本，扬帆电池有限公司决定采用恰当的成本计算方法，对联产品和副产品的成本进行核算。

如何有效分配联产品的联合成本？

任务分析

在复杂多变的工业生产环境中，企业常常面临多样化产品生产的挑战，其中，联产品和副产品的存在尤为普遍。这两种产品的出现，虽然丰富了企业的产品线，但也对企业的成本管理和会计核算提出了新的挑战。本任务将对联产品与副产品的概念及成本核算方法进行详细讲解。

相关知识

一、联产品的成本核算

（一）联产品的概念

联产品，是指企业利用同样的原材料，经过一道或一系列工序的加工，同时生产出几种地位相同但用途不同的主要产品。例如，炼油厂以原油为原料，经过一定生产工艺的加工，生产出汽油、柴油、煤油等联产品。

联产品的特点是，各种联产品均为企业主要产品，是企业生产活动的主要目标，且销售价格较高，对企业收入有较大的贡献。联产品是在企业投入同种原材料并经过同一生产过程获得的，在生产出一种产品的同时，必然伴随着其他产品产出。因此，只有在整个生产过程结束并经过分离后，这些产品才能被称为"联产品"，各种联产品被分离出来的时刻被称为"分离点"。分离后的联产品，有的可以直接作为完工产品出售，有的需要作为半成品进行进一步加工成为完工产品后方可出售。为此，我们将分离点前在联合生产过程中发生的生产成本称为"联合成本"，这部分成本需要经过分配计入各联产品成本。而分离点后对联产品继续进行加工所发生的成本，称为"可归属成本"，直接由接受加工的联产品负担，并计入其成本。

（二）联产品的成本核算程序

（1）以联产品作为成本核算对象，设置联产品生产成本明细账。在产品生产过程中，在联合产品未分离前设置联产品生产成本明细账，归集所发生的各项直接费用，间接费用计入制造费用明细账等。在分离点之前，联产品中某一产品生产时，必然伴随其他产品的生产。因此，无法直接归集每种产品的生产费用以核算其成本，只能把分离点前联合生产过程中发生的费用归集在一起，计算联产品分离前的联合成本。

（2）对各种要素费用在各联产品之间进行合理分配，计算各联产品成本。在分离点，采用一定的分配方法，将联合成本在各联产品之间进行分配，从而确定各联产品的成本。

（3）计算联产品分离后的加工成本。对于分离后继续加工的联产品，产生的费用可按分离后各联产品品种分别归集，计算出分离后的成本。将分离后的成本与联合成本分配来的成本相加，即可得出该种产品整个生产过程的成本。

（4）编制成本计算单、相应会计分录，并登记生产成本明细账。从联产品的成本核算程序可知，在各种联产品分离前，必须将其视为一类产品，采用分类法归集生产中发生的各项费用。在各联产品进行分离时，需要采用一定的分配方法将归集的联合成本在各联产品之间进行分配，以确定每种联产品的成本。对于需要继续加工的联产品，应将其负担的联合成本加上再加工所发生的可归属成本，计算出该产品的最终成本。联产品成本核算程序如图5-2所示。

（三）联产品联合成本的分配方法

联合成本，是指在联合生产过程中，生产联产品所发生的总成本。联产品成本核算同一般产品的成本核算有所不同，主要分为三个部分：联产品分离点前联合成本计算、分离点的联合成本分配以及分离点后加工成本的计算。无论是分离点前联产品联合成本的计算，还是分离点后加工成本的计算，都应根据生产类型和管理要求，选择合适的产品成本核算基本方法。而分离点联产品之间联合成本的分配，则要采用专门的方法，常用的有系数分配法、实物量比例分配法、相对售价比例分配法等。

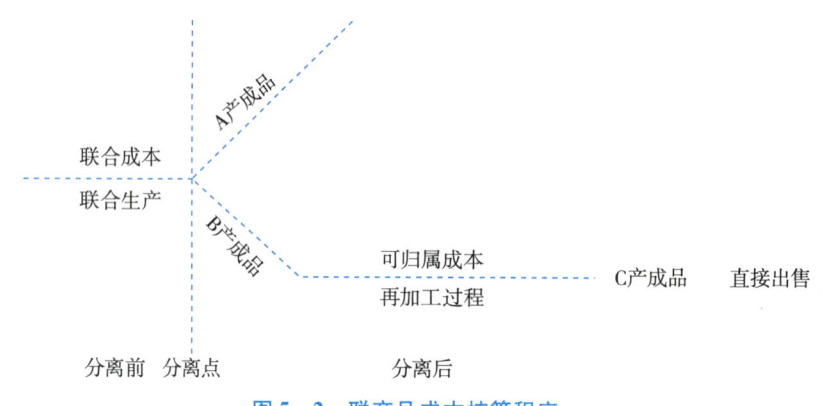

图 5-2　联产品成本核算程序

1. 系数分配法

系数分配法是将各种联产品的实际产量按照事先规定的系数折合成标准产量，然后依据各联产品的标准产量比例分配联合成本的一种方法。确定系数的标准可以是联产品的技术特征，如重量、体积、质量、性能和加工难易程度；也可以是经济指标，如定额成本、售价等。

【例 5-2】扬帆电池有限公司在同一生产过程中，利用同一种原材料加工出甲、乙、丙三种主要产品。202×年 5 月，该公司发生的联合成本分别为：直接材料 90 000 元，直接人工 48 000 元，制造费用 24 000 元。该月生产量分别为：甲产品 1 000 吨，乙产品 2 000 吨，丙产品 3 000 吨。在联产品生产过程中，既无期初在产品，也无期末在产品。该公司采用系数分配法进行联合成本的分配，预先设定的甲、乙、丙三种产品的系数分别为 1.50、0.75、1.00。联产品成本计算表如表 5-5 所示。

表 5-5　联产品成本计算表（系数分配法）

202×年 5 月 31 日　　　　　　　　　　　　　　　　　　　　　　　　　　　金额单位：元

产品名称	实际产量/吨	系数	标准产量/吨	分配比例	应负担的联合成本			
					直接材料	直接人工	制造费用	合计
甲产品	1 000	1.50	1 500	0.25	22 500	12 000	6 000	40 500
乙产品	2 000	0.75	1 500	0.25	22 500	12 000	6 000	40 500
丙产品	3 000	1.00	3 000	0.50	45 000	24 000	12 000	81 000
合计	6 000		6 000	1.00	90 000	48 000	24 000	162 000

各产品分配比例计算如下：

甲产品分配比例 = 1 500 ÷ 6 000 = 0.25

乙产品分配比例 = 1 500 ÷ 6 000 = 0.25

丙产品分配比例 = 3 000 ÷ 6 000 = 0.50

采用系数分配法分配联合成本的正确性，取决于系数确定的准确性。因此，企业要根据各种技术参数，尽可能精确地计算各种联产品的消耗水平及分配系数。

2. 实物量比例分配法

实物量比例分配法是根据分离点上各联产品的重量、体积或其他实物量度的比例分配联合成本的一种方法。采用这种方法计算出的各产品单位成本是一致的，且是平均单位成本，因此，操作简便。但并非所有成本发生都与实物量直接相关，可能导致成本核算与实际情况脱节。因此，实物量比例分配法通常适用于成本发生与产量关系密切，且各联产品销售价格较为均衡的联合成本的分配。

【例5-3】沿用【例5-2】资料，假定各种联产品的单位重量相近，因此将产品实际产量作为实物量，采用实物量比例分配法分配联合成本，计算结果如表5-6所示。

表5-6 联产品成本计算表（实物量比例分配法）

202×年5月31日　　　　　　　　　　　　　　　　　　　　　　　　　　　　　金额单位：元

项目		实际产量/吨	应负担的联合成本			
			直接材料	直接人工	制造费用	合计
产品名称	甲产品	1 000	15 000	8 000	4 000	27 000
	乙产品	2 000	30 000	16 000	8 000	54 000
	丙产品	3 000	45 000	24 000	12 000	81 000
	合计	6 000	90 000	48 000	24 000	162 000
费用分配率			15	8	4	27

3. 相对售价比例分配法

相对售价比例分配法是按照联产品售价比例分配联合成本的一种方法。该方法基于售价较高的联产品应承担较高比例的联合成本，而售价较低的联产品则承担较低比例的联合成本的原理。因此，通过这种分配方法，各种联产品的毛利率趋于一致。然而，实际上，售价高的联产品成本未必高，售价低的联产品成本未必低，也就是说，并非所有联产品都具有相同的盈利能力（例如，某些电子产品虽然成本低廉，但因科技含量高而售价较高）。相对售价比例分配法通常适用于那些分离后即为成品、无须进一步加工，且价格波动较小的联产品。

【例5-4】沿用【例5-2】资料，采用相对售价比例分配法分配联合成本，计算结果如表5-7所示。

表5-7 联产品成本计算表（相对售价比例分配法）

202×年5月31日　　　　　　　　　　　　　　　　　　　　　　　　　　　　　金额单位：元

产品名称	实际产量/吨	单价/（元/吨）	金额	分配比例	应负担的联合成本			
					直接材料	直接人工	制造费用	合计
甲产品	1 000	400	400 000	0.125 0	11 250	6 000	3 000	20 250
乙产品	2 000	500	1 000 000	0.312 5	28 125	15 000	7 500	50 625
丙产品	3 000	600	1 800 000	0.562 5	50 625	27 000	13 500	91 125
合计	6 000		3 200 000	1.000 0	90 000	48 000	24 000	162 000

二、副产品的成本核算

(一) 副产品的概念

副产品，是指企业在使用同种原材料并经过相同生产工艺加工的过程中，生产主要产品的同时，附带生产出来的一些非主要产品。例如，制皂生产中产生的甘油，炼油生产中产生的渣油、石油焦等。

副产品是企业生产的次要产品，并非企业生产活动的主要目标。与主要产品相比，副产品的经济价值及销售价格通常较低。

(二) 副产品与联产品的关系

副产品和联产品之间既有联系也有区别。二者都是联合生产过程中的产物，且都使用相同的原材料并经过同一生产过程产生。但是，二者在价值和地位上存在差异。一般情况下，联产品的价值较高且地位同等，而副产品相对于主要产品价值较低，处于次要地位。然而，二者之间的划分并非固定不变，而是可以相互转化的。随着生产技术的进步和综合利用的发展，在一定条件下，副产品也能转化为主要产品，从而成为联产品。反之，原本的联产品可能因为生产目标发生改变而降为副产品。在实际工作中，并没有绝对的标准判断某产品是联产品还是副产品。而主要产品与副产品的划分主要取决于不同企业的生产目标。例如，对于生产焦炭和煤气的企业，若以煤气为生产目的，则煤气是主要产品，焦炭为副产品；若以生产焦炭为生产目的，则焦炭为主要产品，煤气为副产品；若焦炭和煤气都是主要产品，则焦炭与煤气为该企业的联产品。

(三) 副产品的成本计算

主要产品和副产品是利用同种原材料，经过同一生产流程产出的。尽管副产品并非企业生产的主要目的，价值相对于主要产品较低，但是其仍具有一定的经济价值，能满足社会某些方面的需求，且在实际生产中也产生相应耗费。因此，需要采用一定的成本核算方法分配联合成本，但由于主要产品与副产品的重要性不同，计算方法与联产品有所区别。

(1) 对于价值较低的副产品，若分离后无须进一步加工，则可不负担分离前的联合成本，或以定额单位成本计算其应负担的联合成本；若分离后仍需要进一步加工才能出售，则只计算归属于该产品的再加工成本。

(2) 对于价值较高的副产品，若分离后无须进一步加工，则将销售价格作为计算依据。按销售价格扣除销售税金、销售费用以及按正常利润率计算销售利润后的余额，即副产品应负担的联合成本。若分离后仍需进一步加工才能出售，则应同时负担可归属于该产品的再加工成本和分离前应负担的联合成本。在此计算基础上，再减去可归属成本，作为其最终应负担的联合成本。

主要产品应负担的联合成本，为分离前联合成本扣除由副产品负担的联合成本后的余额。

【例5-5】扬帆电池有限公司在生产甲产品过程中，附带生产乙和丙两种副产品。202×年10月，该公司发生的联合成本为：直接材料60 000元，直接人工36 000元，制造费用24 000元。当月生产甲产品200吨、乙产品80吨、丙产品40吨，且无期初和期末在产品。此外，该公司核定乙产品的定额单位成本为15元/吨；丙产品的单位售价为45元/吨，销售税金及费用为3元/吨，正常利润率为5%。该公司甲、乙、丙三种产品成本计算如表5-8所示。

表5-8 甲、乙、丙产品成本计算表

202×年10月31日　　　　　　　　　　　　　　　　　　　　　　　　　　　　　金额单位：元

项目		应负担的联合成本			
		直接材料	直接人工	制造费用	合计
联合成本		60 000	36 000	24 000	120 000
费用项目比重/%		50	30	20	100
产品名称	甲产品	58 600	35 160	23 440	117 200
	乙产品	600	360	240	1 200
	丙产品	800	480	320	1 600

甲产品总成本 = 120 000 - 1 200 - 1 600 = 117 200（元）

甲产品直接材料 = 117 200 × 50% = 58 600（元）

甲产品直接人工 = 117 200 × 30% = 35 160（元）

甲产品制造费用 = 117 200 × 20% = 23 440（元）

乙产品总成本 = 80 × 15 = 1 200（元）

乙产品直接材料 = 1 200 × 50% = 600（元）

乙产品直接人工 = 1 200 × 30% = 360（元）

乙产品制造费用 = 1 200 × 20% = 240（元）

丙产品总成本 =（45 - 3）÷（1 + 5%）× 40 = 1 600（元）

丙产品直接材料 = 1 600 × 50% = 800（元）

丙产品直接人工 = 1 600 × 30% = 480（元）

丙产品制造费用 = 1 600 × 20% = 320（元）

思政园地

新疆制糖业改革启示

新疆作为全国最大的甜菜糖产区，制糖业总产量居全国第四，是新疆农产品加工业的重要组成部分，对新疆经济发展和解决"三农"问题具有重要作用。

新疆制糖企业的甜菜原料成本占食糖总成本的80%。对新疆制糖企业而言，为提高经济效益，如何有效控制原料成本尤为关键。然而，企业在原料成本控制方面面临诸多困境：一是提高原料质量，二是实现企业与农户双赢，三是加强企业内部原料成本管理。降低成本并不是降低原料收购价格，而是通过提升原料质量和利用率，实现企业与农户的共赢。

从原材料成本控制入手，目前，新疆制糖企业成本控制观念较为陈旧，内部在原料成本控制方法上仍存在问题。基于新疆制糖材料甜菜的特性，企业通过甜菜生产的主要产品是白砂糖，企业对应的生产线和销售渠道也以白砂糖为主，对于生产过程中同时生产出来的冰糖、红糖等副产品，往往简单处理销售，一些小型制糖企业甚至会忽视这部分产品的价值，因此在当前激烈的市场竞争中逐渐失去优势。针对这些问题，政府牵头进一步完善农户与制糖企业的"风险共担、利益共享"机制，促进企业与农户友好合作，制糖企业逐渐建立红糖、冰糖等副产品的匹配产销服务，甚至对于从甜菜中可提取出用于制作冷饮、酸奶、糖果的生产食用色素也要发挥价值。

企业通过对制糖原料甜菜物尽其用，提高了原料利用率，降低了产品成本，使小小甜菜发挥了

巨大作用，促进了新疆制糖业健康稳定发展，为经济建设贡献力量。

项目练习

一、单项选择题

1. 用同样的原材料，经过一道或一系列工序的加工同时生产出几种地位相同但用途不同的主要产品的是（　　）。

   A. 产成品　　　　B. 联产品　　　　C. 副产品　　　　D. 等级品

2. 在实际生产中，宜采用分类法计算产品成本的是（　　）。

   A. 企业生产的产品可按一定标准分类

   B. 企业产品的品种、规格繁多

   C. 产品品种、规格繁多，但可以按照一定标准分类

   D. 大量大批单步骤生产企业生产的多种产品

3. 在大量、大批生产产品的企业，如果企业的产品种类很多，则在实际工作中应采用的成本核算方法为（　　）。

   A. 品种法　　　　B. 分类法　　　　C. 分批法　　　　D. 分步法

4. 计算联产品成本，应该采用（　　）。

   A. 品种法　　　　B. 分类法　　　　C. 分步法　　　　D. 分批法

5. 能简化产品成本的计算，减少财务核算工作是（　　）的优点。

   A. 分步法　　　　B. 分类法　　　　C. 定额法　　　　D. 分批法

6. 某制鞋厂将男、女两大类产品各作为一类，采用分类法计算产品成本。男、女两类产品共同耗用 A 种材料，消耗定额分别为 0.16 克和 0.20 克，A 种材料的单位成本为 0.50 元/克。若将该厂男鞋作为标准产品，则女鞋的原材料费用系数为（　　）。

   A. 1.25　　　　　B. 8.00　　　　　C. 6.25　　　　　D. 4.00

7. 分类法与品种法最大的区别是（　　）。

   A. 成本计算周期　　　　　　　　　B. 费用分配方法

   C. 人工费用分配方法　　　　　　　D. 成本核算对象

8. 采用分类法核算产品成本，方法是（　　）。

   A. 按产品类别确定成本计算对象

   B. 按产品类别设置明细账

   C. 采用系数分配法、实物量分配法等分配费用

   D. 分类计算产品成本

9. 企业利用原油为原材料，经过同一生产过程同时生产出汽油和柴油。该汽油和柴油称为（　　）。

   A. 半成品　　　　B. 联产品　　　　C. 副产品　　　　D. 等级产品

10. 某啤酒生产企业运用大麦生产麦芽糖，在生产麦芽糖过程中，附带生产出来的叶芽称为（　　）。

A. "联产品" B. "等级产品" C. "副产品" D. "次品"

11. 在同一生产过程中生产出的不同产品成本，需要在分离点进行分配，以下方法适用的是（　　）。

A. 生产工人工时比例法　　　　B. 系数分配法

C. 定额成本法　　　　　　　　D. 定额比例法

二、多项选择题

1. 采用分类法计算成本的优点有（　　）。

A. 可以简化成本计算工作　　　B. 可以分类掌握产品成本情况

C. 便于成本日常控制　　　　　D. 能准确反映各种产品的生产耗费水平

2. 关于分类法的描述，正确的是（　　）。

A. 可以简化成本核算工作

B. 主要特点是按照产品的类别归集生产费用

C. 是一种辅助的成本核算方法

D. 系数法是一种简化的分类法

3. 在分类法下，同类产品内各种产品之间分配费用的标准有（　　）。

A. 定额消耗量　　B. 定额费用　　C. 工时　　D. 产品体积

4. 采用分类法时，类内各种规格产品的分配采用系数分配法计算，各产品系数的确定依据有（　　）。

A. 定额消耗量　　B. 定额成本　　C. 产品生产地点　　D. 产品售价

5. 类内不同品种（规格）之间费用分配的标准有（　　）。

A. 定额耗用量　　B. 定额成本　　C. 售价　　D. 产品重要程度

6. 运用分类法计算产品成本时，一般可以将（　　）相同或相似的产品归为一类。

A. 产品耗用的原料　　　　　　B. 产品的生产工艺

C. 产品的结构、性质　　　　　D. 产品的销售客户

7. 联合成本（　　）。

A. 是分离点前的成本　　　　　B. 是分离点后的成本

C. 需要进行分配　　　　　　　D. 不需要进行分配

8. 不适用联合成本的分配方法有（　　）。

A. 系数分配法　　　　　　　　B. 相对销售价值分配法

C. 约当产量法　　　　　　　　D. 人工成本分配法

9. 对于价值较高，分离后需要进一步加工的副产品，成本计价方法有（　　）。

A. 副产品需要承担分离点前的共同成本

B. 副产品不需要承担分离点前的可归属成本

C. 副产品既负担可归属其的加工成本，也负担分离前的共同成本

D. 副产品不负担任何成本

10. 联产品与副产品的区别有（　　）。

A. 价值较高　　　　　　　　　B. 生产过程不同

C. 使用同一种原材料加工　　　　D. 是企业的主要产品

三、判断题

1. 分类法是产品成本核算的基本方法。（　　）
2. 分类法是以产品品种为成本核算对象核算成本的一种方法。（　　）
3. 采用分类法核算成本，类内各产品成本的分配，可按照选定的分配标准将类内各种产品折合为系数。（　　）
4. 分类法与生产类型相关，所以并不适用于所有企业的产品成本核算。（　　）
5. 采用分类法核算成本，不仅能减少成本核算工作量，而且能在产品品种规格较多时，分类掌握产品成本信息。（　　）
6. 必须计算副产品成本，从总成本账中分离出来。（　　）
7. 企业在生产产品的过程中，使用同一原料，经过同一生产过程生产出来的几种主要产品，称为"联产品"。（　　）

四、案例分析题

1. 新鑫公司生产 S_1、S_2、S_3 三种纯棉袜，所用原材料和经过的生产工艺过程基本相同，以 S_2 纯棉袜为标准产品。202×年8月有关成本、产量的资料如表5-9、表5-10所示。

表5-9　月初在产品成本和本月发生的生产费用表　　　　　　　　金额单位：元

项目	直接材料（实际成本）	直接人工	制造费用
月初在产品成本	11 280	5 400	4 084
本月发生费用	30 000	10 800	8 300

表5-10　产量和系数表

产品名称	折合标准产量系数	完工产量/只	在产品 数量/只	在产品 完工程度/%
S_1 纯棉袜	0.80	2 000	2 500	60
S_2 纯棉袜	1.00	2 400	3 500	40
S_3 纯棉袜	1.20	1 500	2 000	80

要求：

（1）编制标准产品产量换算表。

（2）编制产品成本计算单，计算月末在产品成本、本月库存商品的总成本和单位成本。

2. 星光股份有限公司生产A、B、C三种联产品，本月实际产量为A产品40 000千克、B产品20 000千克、C产品15 000千克。各产品单位售价为A产品15元/千克、B产品24元/千克、C产品12元/千克，分离前联合成本为1 008 000元。

要求：

（1）按系数分配法计算各种产品的成本（以A产品的单位售价为系数计算标准），填写表5-11。

（2）按实物量分配法计算各种产品成本，填写表5-12。

（3）按相对销售收入分配法计算各种产品成本，填写表5-13。

表 5-11 联产品成本计算表（系数分配法）

金额单位：元

产品名称	实际产量/千克	系数	标准产量/千克	平均单位成本/（元/千克）	应分摊成本	单位成本/（元/千克）
A 产品						
B 产品						
C 产品						
合计		—				—

表 5-12 联产品成本计算表（实物量分配法）

金额单位：元

产品名称	实际产量/千克	各产品占总产量比重/%	应分摊成本	单位成本/（元/千克）
A 产品				
B 产品				
C 产品				
合计				—

表 5-13 联产品成本计算表（相对销售收入分配法）

金额单位：元

产品名称	实际产量/千克	单价/（元/千克）	销售总价	比例/%	应分摊成本	单位成本/（元/千克）
A 产品						
B 产品						
C 产品						
合计		—				—

3. 绿源科技有限公司在生产主产品（甲产品）的同时，生产出可以加工成副产品（乙产品）的原料。甲产品的生产和乙产品的加工都在同一车间进行。甲、乙两种产品 202×年 3 月发生的生产费用、生产工时和产量分别为：甲产品耗用原材料 143 600 元，发生的生产工时 1 200 小时，产量 600 件；乙产品发生的生产工时 480 小时，产量 120 件。该车间 3 月发生生产工人工资及福利费分别为 4 032 元、制造费用 5 376 元。

3 月，甲产品在生产过程中产生能生产乙产品的原料 3 200 千克，按固定 15 元/千克计价，全部为乙产品耗用。

甲产品的在产品按所耗原材料的定额成本计价，其月初在产品定额成本 24 000 元，月末在产品定额成本 32 000 元；乙产品月末在产品很少，不计算在产品成本。

要求：

（1）编制职工薪酬、制造费用分配表（见表 5-14），分配计算主产品、副产品应负担的加工费用。

（2）登记产品成本计算单（见表 5-15、表 5-16），计算主产品、副产品的实际成本。

表 5－14　职工薪酬、制造费用分配表

202×年 3 月　　　　　　　　　　　　　　　　　　　　　　　　　　　　　　　金额单位：元

项目	生产工时/小时	职工薪酬	制造费用
本月发生额			
分配率			
主产品（甲产品）			
副产品（乙产品）			

表 5－15　甲产品成本计算单

产品名称：主产品（甲产品）　　　　　　202×年 3 月　　　　　　　　金额单位：元　　产量：600 件

项目	原材料	职工薪酬	制造费用	合计
月初在产品定额成本				
本月生产费用				
减：副产品（乙产品原料）				
生产费用累计				
本月产成品成本				
单位成本/（元/千克）				
月末在产品定额成本				

表 5－16　乙产品成本计算单

产品名称：副产品（乙产品）　　　　　　202×年 3 月　　　　　　　　金额单位：元　　产量：120 件

项目	原材料	职工薪酬	制造费用	合计
本月生产费用				
本月产成品成本				
单位成本/（元/千克）				

学习评价

表 5－17　专业能力评价表

任务名称	评价指标	掌握程度		
		优秀	良好	一般
认识分类法	分类法的概念及适用范围			
	分类法的成本核算程序			
	类内产品成本分配方法			
联产品和副产品的成本核算	联产品的成本核算			
	副产品的成本核算			

项目六
作业成本法

知识目标

1. 熟悉作业成本法的含义及作业成本的核心概念。
2. 熟悉作业成本法的适用条件。
3. 掌握作业成本法的基本原理与核算程序。
4. 理解作业成本法与传统成本法的区别。

技能目标

1. 正确区分资源动因与作业动因。
2. 能熟练运用作业成本法计算产品成本。
3. 能运用作业成本法进行成本管理与控制。

素养目标

1. 通过学习作业成本法，有效提升成本控制与精细分析能力。
2. 通过比较作业成本法与传统成本法，理解成本管理创新工作的重要性，培养创新发展思维。

案例导入

PM 公司是一家专注于汽车零配件制造的企业，在 20 世纪 80 年代的大部分时间里持续亏损，直至 1987 年管理层才意识到濒临破产的风险。PM 公司旗下拥有三条产品线，分别生产重型印模配件、其他印模产品以及车体外装产品。一直以来，PM 公司采用直接人工分配的方式计算制造费用。然而，在 1987 年中期，PM 公司预计亏损高达 50 万美元。为扭转局势，PM 公司与专业机构合作，引入作业成本计算制度对产品线进行全面评估。评估结果显示，仅重型印模配件一条产品线亏损严重，其余两条产品线保持盈利状态。基于此，PM 公司果断决定停止生产重型印模配件，并于 1988 年实现了盈利，最终成功被一家上市公司收购。若 PM 公司早年便采用作业成本法，或许早已步入盈利轨道。此案例充分揭示，传统的成本核算方法易导致产品成本失真，进而误导企业决策。作业成本法准确揭示了各产品线的实际盈利状况，凸显了准确成本信息在企业管理中的多重关键作用。

任务一　认识作业成本法

任务目标
1. 能深入理解成本动因的概念，即成本驱动因素。
2. 能认识到成本动因对成本行为的影响，为后续的成本划分和分配打下基础。

任务描述
随着市场竞争的日益激烈和客户对成本透明度要求的不断提高，扬帆电池有限公司管理层意识到传统的成本核算方法已经无法满足精细化管理和决策的需求。为了更准确地反映产品成本，提高成本控制的精度，该公司决定引入作业成本法进行成本核算。

思考
作业成本法在生产型企业中的重要作用是什么？

任务分析
作业成本法是以生产作业为成本核算对象归集作业成本，再分配给作业受益对象（如产品、服务等）的成本辅助计算方法。其在生产自动化水平提高、间接费用在产品成本中占比上升、采用传统方法分配制造费用出现严重成本扭曲的情况下，基于作业消耗资源、产品消耗作业的逻辑进行作业划分——首先按作业归集费用，其次按成本动因分配费用给各产品。作业成本法是企业全面成本管理和成本精细化管理的一种手段。

相关知识

一、作业成本法的产生

作业成本法由美国会计学家罗伯特·卡普兰教授和汤·约翰逊教授共同创立，是一种基于传统成本计算方法下间接费用分配不真实而提出的成本计算与控制方法。在传统成本计算方法下，产品间接费用的分配标准一般采用直接人工工时、直接人工成本、直接材料成本和机器工时等，适用于产品种类少或间接费用数额不大的情况。但是，随着现代科学技术发展，生产过程变得高度机械化和自动化，产品成本中直接人工比重大幅减少，制造费用比重越来越大，制造费用的发生与直接人工成本相关性变得较弱，再以直接人工成本作为这些间接制造费用的分配方法将会使产品成本严重失真。这种经济环境派生了作业成本法。

二、作业成本法的含义

作业成本法的理论基础是成本动因理论，即费用的分配应着眼于费用的发生原因，把费用的分配与导致这些费用产生的原因联系起来，按照费用发生的原因进行分配。作业成本法认为，企业的全部经营活动是由一系列相互关联的作业组成的，企业每进行一项作业都要耗用一定的资源，与此同时，产品是由一系列作业生产的，产品是消耗全部作业的成果，产品成本是全部作业消耗资源的总和。

作业成本法，是指以"作业消耗资源、产出消耗作业"为原则，按照资源动因将资源费用追溯或分配至各项作业，计算出各项作业成本，再根据作业动因，将作业成本追溯或分配至各成本对象，最终完成成本计算的一种成本管理方法。但是，作业成本法存在计算过程较为复杂，计算工作量较大的缺点。

三、作业成本法的核心概念

（一）资源

资源，是指在作业执行过程中，由各作业耗费的成本或费用的来源，包括投入作业的人力、物力、财力等。企业在产品生产过程中，最典型的资源有原材料、燃料和动力、职工薪酬、折旧费、办公费、运输费等。按耗用方式，资源可分为直接计入作业的资源和间接计入作业的资源。对于间接计入作业的资源，需要按照一定的成本动因分配计入各项作业。

（二）作业

作业，是指企业为了特定目的而消耗资源的经济活动或经济事项。企业生产经营过程中的每个环节，甚至生产工艺的每道工序都可以作为一项作业，例如，处理订单、产品设计、设备安装、材料搬运、物料供应、产品生产、产品销售等。作业是作业成本法最基本的概念，是进行作业成本计算的核心与基础。作业的特性主要体现在以下三个方面。

1. 作业是投入与产出因果联动的实体

作业是连接资源与成本的桥梁。在作业过程中，既要投入并耗费资源，又要实现活动的产出目的。如搬运原料作业，投入的是仪器、人力等，产出的是物体位置发生变化。

2. 作业活动贯穿生产经营的整个过程

产品从设计到最终销售出去都是经过各种作业的加工完成的，作业的实施使企业经营活动得以周而复始地持续进行。

3. 作业是可以量化的

作业能够用一定的计量标准计量，可量化性是作业最重要的特性，否则不可以进行作业成本核算。

（三）成本动因

成本动因，是指成本产生的诱因，即引起成本发生或变动的原因，又称"成本驱动因素"。成本动因是成本形成的起因，也是确定成本的决定性因素。成本动因是成本与其直接关联的作业和最终关联的资源之间的中介因素。例如，订货单构成了销售作业的成本动因等，即为了拿到订货单，销售部门经过一系列作业，在拿到订货单的过程中发生了各种成本费用。根据作业成本法原理可以将成本动因分为资源动因和作业动因两个类型。

1. 资源动因

资源动因，是指作业消耗资源的原因。资源动因体现了资源消耗量与作业之间的关系，反映了消耗资源的起因，是资源费用归集到作业的依据，也是将资源费用分配给各作业的标准。

2. 作业动因

作业动因，是指引起作业发生的原因。作业动因反映了作业消耗量与最终产品之间的关系，是将作业成本库中的成本分配到成本对象中的依据，也是资源消耗与最终产出沟通的中介，还是作业成本分配到最终成本对象的标准。

（四）作业中心

作业中心，是指一系列相互联系、能够实现某种特定功能或目的的多种作业集合，也可以是某一项具体的作业。一个企业往往有数以百计的作业，企业应将相关的作业归集到一起，构成一个作业中心。例如，材料的采购、检验、入库、保管等可归属于"材料处理作业中心"。作业中心主要用来提供每项作业的成本信息、资源消耗信息以及作业执行情况的相关信息等。

（五）作业成本库

作业成本库，是指用一个成本动因进行成本费用归集与分配的单位。作业成本库是作业中心的货币表现形式，即将每个作业中心产生的成本或资源归集起来作为一个成本库。建立作业成本库必须符合"同质性"要求，即归集在相同作业成本库中的不同成本是由相同的成本动因引起的。

作业成本法各个概念之间的内在联系如图6-1所示。

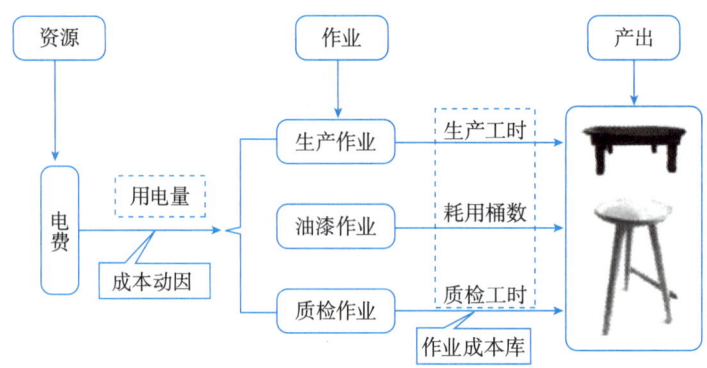

图6-1 作业成本法各个概念之间的内在联系

任务二　作业成本法的核算流程

任务目标

1. 能够理解成本发生的根本原因。
2. 会运用成本数据来评价各作业的效率水平，识别低效或无效的作业环节。

任务描述

随着企业规模的扩大和产品种类的增多，扬帆电池有限公司管理层发现传统的成本核算方法已无法准确反映不同产品的真实成本，导致决策失误和成本浪费。

如何指导实施团队高效、有序地完成核算工作？

任务分析

作业成本法作为一种先进的成本管理系统，其核算流程旨在通过精细化的成本追踪与分配，为企业提供更加准确、全面的成本信息。以下是作业成本法核算流程的主要任务及其导语，旨在指导实施团队高效、有序地完成核算工作。

相关知识

一、作业成本法的基本原理

作业成本法的基本原理是"作业消耗资源，产出消耗作业"。在作业成本法框架下，对于直接材料与直接人工等直接成本的核算，与传统成本核算方法相比并无显著差异。作业成本法与传统成本核算方法的主要区别在于，作业成本法对间接费用采用多个标准进行分配，能够真实地反映各种间接费用与各种产品之间的内在关系，使产品成本信息更加科学准确。作业成本法把间接费用计算过程分为两个阶段：第一阶段，将作业执行中耗费的资源分配到作业，计算作业的成本；第二阶段，将第一阶段计算的作业成本分配到各有关成本对象（产品或劳务）（如图6-2所示）。因此，在作业成本法下，间接费用的分配路径是"资源→作业→产品"。传统成本核算方法虽然也分两步进行，但其成本中心是基于部门构建的，其间接费用的分配路径是"资源→部门→产品"。

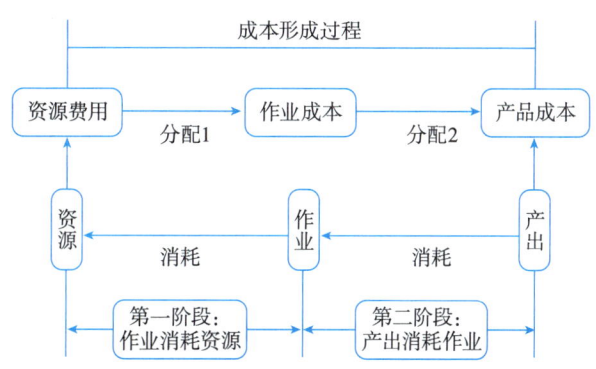

图6-2 作业成本法的成本核算过程

作业成本法与传统成本法在间接费用分配上的区别如图6-3所示。

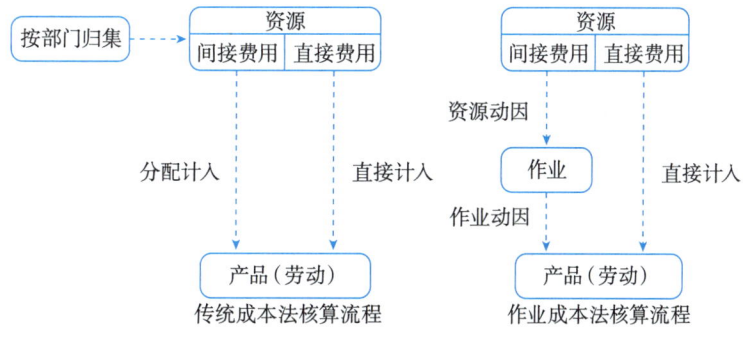

图6-3 作业成本法与传统成本法下间接费用的分配

在作业成本法下，间接费用的核算可以概括为：首先，依据不同的成本动因分别设置作业中心；其次，以不同的作业中心为成本库归集间接费用；再次，将各作业成本库归集的间接费用分别按照不同成本动因的分配标准在各种产品或劳务之间分配，分摊该成本库中的作业成本；最后，分别汇总各种产品或劳务的作业总成本，以计算其总成本及单位成本。

作业成本法下间接费用的核算流程如图 6-4 所示。

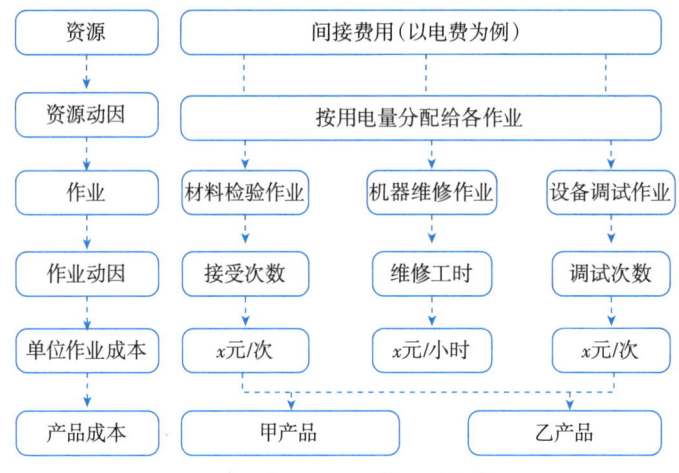

图 6-4 作业成本法下间接费用的核算流程

二、作业成本法的核算程序

（一）确定作业，划分作业中心

作业是作业成本法的核心，确定作业就是将与间接费用发生有关的作业活动进行分类。由于不同企业类型及产品生产过程中的作业内容存在差异，成本核算基础不同。例如，某些企业可能将作业活动细分为材料搬运、生产调度、准备人工、自动化操作、精加工、包装及运输等环节，而其他企业则可能将作业活动划分为采购、设计、规划、组织订货、制造、仓储、发运及售后服务等环节。

（二）以作业中心为成本库归集间接费用

成本库按作业中心设置，每个成本库代表的是一个作业中心的作业引发的成本。为了减少费用归集和分配次数，简化作业成本核算过程，可以将成本动因相同或同质（即便成本动因不同，但在产品间分配的比例一致）的若干作业成本进行汇集，形成同质成本库。在企业的生产经营活动中，直接材料、直接人工等直接费用可以直接归集至各产品，而间接费用则需要根据各项作业活动分别归集至对应作业中心的成本库中。

（三）选择合理的作业分配标准，将成本库的间接费用分配到各项产品或劳务

间接费用的分配应该选择不同的分配标准进行。其计算公式为：

某成本库分配率 = 该成本库归集的成本总额 ÷ 该成本库成本动因耗用总数

常见的作业与成本动因对照关系如表 6-1 所示。

表6-1 常见的作业与成本动因对照关系

作业	成本动因
购入材料	采购单数量
入库检验	检验次数
领用材料	领料单数量
材料移送	移送次数
存货管理	材料（产品）数量
应付账款	发票数量
设备维修	维修次数
质量检验	检验次数
应收账款	顾客数量

（四）计算完工产品或劳务的成本

将各产品或劳务归集的直接费用，加上从各作业成本库分配而来的作业成本（间接费用），即可得出各产品或劳务的总成本；再将产品或劳务的总成本除以相应的产量，即可计算出产品或劳务的单位成本。

作业成本法的成本核算程序如图6-5所示。

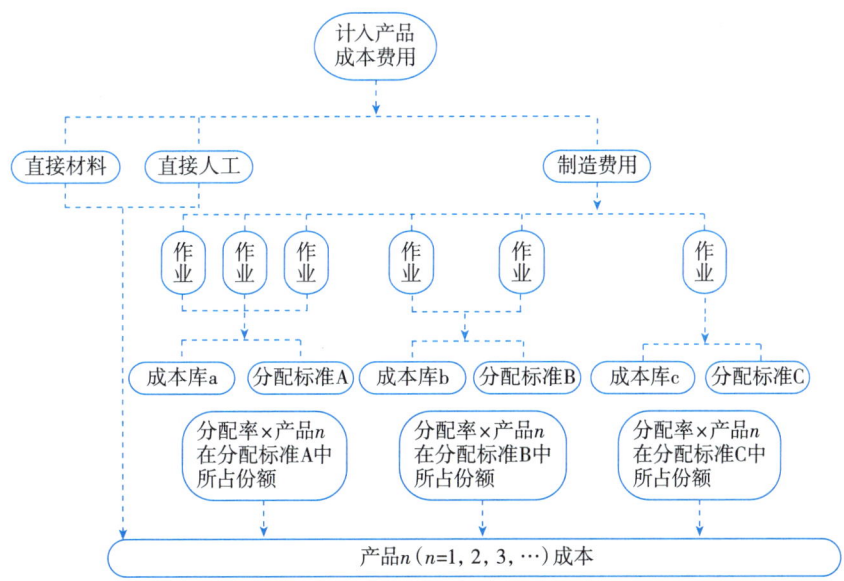

图6-5 作业成本法的成本核算程序

【例6-1】扬帆电池有限公司生产甲、乙两种产品，其202×年1月有关成本资料如表6-2所示。

表6-2 甲、乙产品有关成本资料

产品名称	甲产品	乙产品
产量/件	100	200
直接材料单位产品成本/（元/件）	50	80
直接人工单位产品成本/（元/件）	40	30

假设月初甲在产品制造费用（作业成本）为 3 600 元，乙在产品制造费用（作业成本）为 4 600 元。月末在产品数量为：甲产品 40 件，乙产品 60 件，总体完工率均为 50%。按照约当产量法在完工产品和在产品之间分配制造费用（作业成本），本月发生制造费用（作业成本）总额为 50 000 元，相关作业有 4 个，有关资料如表 6-3 所示。

表 6-3　甲、乙产品相关作业成本情况　　　　　　　　　　金额单位：元

作业名称	质量检验	订单处理	机器运行	设备调整准备
作业成本	4 000	4 000	40 000	2 000
成本动因	检验次数	生产订单份数	机器小时数	调整准备次数
甲产品耗用作业量	5 次	30 份	200 小时	6 次
乙产品耗用作业量	15 次	10 份	800 小时	4 次

要求：

（1）用作业成本法计算甲、乙两种产品的单位成本。

（2）将机器小时数作为制造费用的分配标准，采用传统成本法计算甲、乙两种产品的单位成本。

（3）假设决策者计划让单位售价高于单位成本 10 元，根据第（2）问的结果确定甲产品和乙产品的销售单价，试分析可能造成的损失。

解析：

①质量检验作业成本分配率 = 4 000 ÷ (5 + 15) = 200（元/次）

订单处理作业成本分配率 = 4 000 ÷ (30 + 10) = 100（元/份）

机器运行作业成本分配率 = 40 000 ÷ (200 + 800) = 40（元/小时）

设备调整准备作业成本分配率 = 2 000 ÷ (6 + 4) = 200（元/次）

甲产品分得本月发生的作业成本 = 200 × 5 + 100 × 30 + 40 × 200 + 200 × 6 = 13 200（元）

甲产品单位作业成本 = (13 200 + 3 600) ÷ (100 + 40 × 50%) = 140（元/件）

甲产品单位成本 = 50 + 40 + 140 = 230（元/件）

乙产品分得本月发生的作业成本 = 200 × 15 + 100 × 10 + 40 × 800 + 200 × 4 = 36 800（元）

乙产品单位作业成本 = (36 800 + 4 600) ÷ (200 + 60 × 50%) = 180（元/件）

乙产品单位成本 = 80 + 30 + 180 = 290（元/件）

②本月发生制造费用分配率 = 50 000 ÷ (200 + 800) = 50（元/小时）

甲产品分得本月发生的制造费用 = 50 × 200 = 10 000（元）

甲产品单位制造费用 = (10 000 + 3 600) ÷ (100 + 40 × 50%) ≈ 113.33（元/件）

甲产品单位成本 = 50 + 40 + 113.33 = 203.33（元/件）

乙产品分得本月发生的制造费用 = 50 × 800 = 40 000（元）

乙产品单位制造费用 = (40 000 + 4 600) ÷ (200 + 60 × 50%) ≈ 193.91（元/件）

乙产品单位成本 = 80 + 30 + 193.91 = 303.91（元/件）

③与传统成本核算方法相比，作业成本法能够提供更加真实、准确的成本信息。在本案例中，甲产品的实际单位成本应该是 230 元/件，而决策者制定的单位售价为 203.33 + 10 = 213.33（元/件），与传统的单位成本（203.33 元/件）相比，看似有利可图，实际上在产品畅销的同时，每销

售一件产品就要亏损 16.67（230 – 213.33）元，若采用作业成本法计算，则可避免这一决策失误。对于乙产品，实际单位成本应该是 290 元/件，显然（303.91 + 10）313.91 元/件的定价偏高，将对销量产生负面影响，给企业带来损失。若按作业成本法计算，适当降低单位售价，则可避免此类损失的发生。

三、作业成本法的优缺点

（一）作业成本法的优点

1. 可以获得更准确的产品和产品线成本信息

一方面，作业成本法扩大了追溯到个别产品的成本比例，减少了成本分配对产品成本的扭曲；另一方面，通过采用多种成本动因作为间接费用的分配基础，提升分配基础与被分配成本的相关性。

2. 有助于改进成本控制

作业成本法为管理人员提供了深入了解产品作业过程的途径，使其明确成本发生的根源。通过从成本动因入手改进成本控制，包括优化产品设计和生产流程等，能够消除非增值作业并提高增值作业的效率，有助于持续降低成本和减少浪费。

3. 为战略管理提供信息支持

战略管理需要相应的信息支持。例如，价值链分析是企业评估客户价值感知重要性的战略分析工具，包括确定当前成本和绩效标准，评估整个供应链中哪些环节能增加客户价值、减少成本费用的一整套工具和程序。由于产品价值由一系列作业创造，企业的价值链即作业链。价值链分析需要识别供应作业、生产作业和分销作业，并且识别每项作业的成本驱动因素及各项作业之间的关系。作业成本法与价值链分析理念一致，可为企业战略管理提供信息支持。

（二）作业成本法的缺点

作业成本法的缺点主要表现在：一部分作业的识别、划分、合并与认定，成本动因的选择以及成本动因计量方法的选择等方面存在较大的主观性，操作复杂，且开发和维护费用较高。

四、作业成本法的适用条件

采用作业成本法的公司一般应具备以下条件。

（一）间接费用在产品成本中所占比重较大

间接费用在产品成本中所占比重越大，采用传统成本核算方法下单一的分配标准进行间接费用分配，就越会使成本信息受到严重扭曲，进而影响企业的成本决策。采用作业成本法能够提高成本信息的准确性及成本决策的相关性。

（二）企业规模较大，产品品种较多

从产品品种来看，产品多样性程度高，包括规模多样性、产品制造或服务复杂程度多样性、原材料多样性和产品组装多样性。当企业产品品种较多时，存在间接费用在各种产品之间进行分配的问题。传统成本核算方法以产量为基础，对不同性质的费用进行分配，会使成本信息失真。而作业

成本法以作业为中心，区分不同性质的资源费用，采用不同的动因进行费用分配，能够获得更准确的成本分配信息。

（三）产品工艺复杂，作业环节多且容易辨认

作业环节越多，间接费用的发生与产量不相关的可能性越大，采用传统成本核算方法下单一的分配率进行间接费用分配就越容易导致成本信息严重扭曲。此外，作业环节越多，非增值作业可能也越多，采用作业成本法有助于消除非增值作业、降低产品成本。

总之，在企业生产自动化程度较高、直接人工较少，作业流程清晰、相关业务数据完备且易获取、信息化基础工作较好、易产生成本扭曲且准确成本信息具有重要价值时，适宜采用作业成本法。企业可以根据自身经营管理的特点和条件，利用现代信息技术，通过作业成本法对产品的盈利能力、客户的获利能力、企业经营中的增值作业和非增值作业等进行分析，发挥更强大的成本管理作用。

五、作业成本法与传统成本核算方法的区别

作业成本法与传统成本核算方法有以下几个方面的区别。

（一）成本计算对象不同

作业成本法以"作业"为中心，追踪成本发生的前因后果，将作业、作业中心、顾客和市场纳入成本核算范围，构建了以作业为核心的成本核算对象体系；通过作业成本的确认与计量，尽可能消除非增值作业，优化增值作业，并及时提供有价值的成本信息。传统成本核算方法以"产品"为中心，在成本核算过程中，将产品作为成本核算对象，归集生产费用，计算产品成本。

（二）成本核算程序不同

在成本核算程序方面，作业成本法依据作业归集间接费用，并采用多种成本动因确定费用分配率，从而分配间接费用，这一过程提高了成本核算的精确度；传统成本核算方法则通过部门归集间接费用，并确定费用分配率，将间接费用分配至产品成本，分配标准相对单一。

（三）成本核算范围不同

作业成本法的成本核算范围广泛，不仅包括产品成本，还涵盖作业成本和动因成本；而传统成本核算方法的成本核算范围主要限于产品成本。通过提供产品作业动因成本信息，作业成本法有效弥补了传统成本核算方法在成本信息扭曲方面的缺陷。

（四）费用分配标准不同

在费用分配标准方面，作业成本法以成本动因为分配标准，可以是财务变量，也可以是非财务变量。传统成本核算方法通常采用生产工时、机器工时等财务变量作为间接费用分配的标准。

（五）提供的成本信息不同

作业成本法采用多种成本动因标准进行间接费用分配，拓宽了成本核算的范围，不仅提供了产品成本，还提供了作业成本和动因成本信息，为成本控制和相关决策提供了更有价值的资料；传统成本核算方法提供的主要是企业最终产品的成本相关信息，由于间接费用的分配采用单一标准，当产品成本中间接费用所占比重较大时，成本信息的可利用价值相对较差。

任务三　作业成本管理

任务目标

1. 能深入理解成本动因的概念及其对企业成本结构的影响。
2. 能了解改善作业成本管理的具体措施。

任务描述

陆明在 12 月对公司磷酸铁锂电池和三元锂电池进行成本核算时，发现直接人工成本比重较上月有所下降，而间接管理费用在其成本中所占比重增加。传统成本核算方法把辅助部门归集的制造费用平均分配给各产品，未充分考虑实际生产中产品消耗与成本配比问题，导致无法有效帮助企业实现科学且精准的成本控制。

思考

如何更加科学地分配制造费用，提高产品成本计算的准确性和成本控制的有效性？

任务分析

作业成本管理，是指运用作业成本计算提供的信息，从成本的角度，在管理中努力提高增值作业的效率，消除或遏制非增值作业，实现企业生产流程和生产经营效率效果的持续改善，增加企业价值。将产品或服务的成本准确计算出来是作业成本管理的先决条件，但不是目的。作业成本管理的根本目的是管控住成本，努力降低成本，增强企业的竞争优势，创造价值。

相关知识

一、成本动因的概念及其对企业成本结构的影响

（一）成本动因的概念

成本动因是指导致企业成本发生或变化的关键因素，是驱动成本产生的根本原因。它反映了成本与作业之间的因果关系，是作业成本法和战略成本管理的核心概念。

成本动因可以分为两类：

1. **资源动因**

衡量资源消耗量与作业之间的关系，例如设备工时、电力消耗等。

2. **作业动因**

衡量作业消耗量与成本对象（如产品、服务）之间的关系，例如生产批次、质检次数、订单数量等。

（二）成本动因对企业成本结构的影响

成本动因的识别和分析对企业成本结构的优化至关重要，具体影响体现在以下几个方面：

1. **成本分配的准确性**

传统成本法通常以单一标准（如直接人工工时）分配间接费用，可能导致成本扭曲。通过识别

多维度成本动因（如机器调试次数、设计复杂度），企业能更精准地将成本分摊到产品或服务中，避免低估或高估成本。

2. 成本控制的针对性

明确成本动因后，企业可以针对高成本驱动因素采取改进措施。例如，若"物流运输频次"是主要动因，可通过优化供应链布局或合并运输来降低成本。

3. 作业流程的优化

通过分析非增值作业（如重复检验、冗余审批）的成本动因，企业可以简化流程、提高效率。例如，减少生产换线次数（动因）可降低设备调试成本。

4. 产品定价与盈利分析

基于成本动因的成本核算能更真实反映产品盈利能力，避免"看似高销量但实际亏损"的情况。例如，低产量但高定制化要求的产品可能因"设计变更次数"动因消耗更多资源，需重新定价。

5. 战略决策的支持

长期成本动因（如产能规模、技术复杂度）影响企业战略选择。例如，选择自动化（将"机器工时"替代"人工工时"作为动因）可能改变固定成本与变动成本的比例。

二、改善作业成本管理的具体措施

（一）优化作业

1. 消除非增值作业

作业成本管理的核心是分析哪些作业是增值作业，哪些作业是非增值作业，对于识别出的非增值作业，如不能增加顾客价值的闲置作业、重复作业等应尽力消除。

2. 改变产品工艺设计

通过作业分析，如果发现某产品的作业成本较高，而单项作业的资源费用发生又是合理的，就要考虑进行产品工艺改进，尽量简化产品的工艺流程，缩短作业周期，从而降低成本。

3. 坚持技术创新

企业应坚持技术创新，通过技术研发，利用新兴技术降低作业成本，从而提高企业的经营效率。

4. 产品设计与经济相结合

要优化企业的作业链，必须注意技术与经济相结合。产品及作业成本的高低往往取决于产品的设计，如果产品设计导致产品先天高成本，那么无论生产中如何控制实施，成本都难以降低。要弥补这一缺陷，技术人员必须既懂技术，又懂财务。

5. 分析供应商和客户

企业应考虑长期发展，缩减供应商的数量，保持与供应商的稳定关系。同时，企业还应力求降低产品生命周期尤其是产品售后阶段的成本，从而提高产品质量，增强品牌效应。

（二）优化企业资源配置

若企业的作业分析报告显示企业资源的利用率较低，则说明企业的资源存在浪费现象，企业内部可能存在闲置人员、闲置机器设备等。应通过分析，努力优化企业资源配置，发现并改善资源浪费现象。

（三）推行适时生产系统

推行适时生产系统是消除非增值作业、提高增值作业效率最有效的办法。适时生产系统是对传统生产系统的变革，核心思想是消除非生产时间，进而达到消除非增值作业的目的。

（四）调动全员降低成本的积极性

努力降低产品成本是企业全体员工的责任和义务。企业可以通过制定成本目标，建立责任预算，实施成本激励机制等措施，使责、权、利更好地结合在一起，从而提高全员降低成本的参与感，调动全员降低成本的积极性。

课程思政

作业成本法在华为企业中的应用

作业成本法是现代成本管理方法对传统制造成本法下品种法、分步法和分批法等各种产品成本计算方法的挑战与创新，按照作业成本法计算得出的产品成本数据更加科学合理，因而企业生产经营更要树立创新意识。

华为作为一家科技企业，用实际行动践行科技自立自强、创新驱动发展。在日趋复杂严峻的国内外形势下，华为保持了高昂的创新势头，其拥有众多研发团队和实验室，一直致力于技术创新。华为持续加大研发投入，每年将公司销售收入的10%~15%用于研发，致力于开发全球领先的技术解决方案和产品，取得了一系列自主创新成果。

（1）5G技术。华为是全球5G技术的领导者之一，拥有全球最大的专利组合和最先进的5G技术。5G技术使华为成为全球唯一在商业领域实现超过100个5G商业合同的供应商之一。

（2）人工智能技术。华为在人工智能领域一直保持领先地位，在推动人工智能技术的研究、开发和商业化方面表现出色。华为提出"万物智联"理念，致力于在智慧城市、智慧交通等领域推广人工智能技术。

（3）华为云技术。华为云是华为面向全球推出的一项云计算服务平台，提供基础设施即服务（IaaS）、平台即服务（PaaS）和软件即服务（SaaS）。目前，华为云服务已经在超过170个国家和地区提供服务，成为全球领先的云计算服务供应商之一。

（4）智能手机。华为的智能手机系列备受关注，展现出强大的技术实力和创新能力，每一代产品都带来了更好的用户体验和更强的功能，成为全球消费者追捧的对象。

总的来说，华为公司在信息通信技术领域的实力和成就令人称赞，其不断的技术创新和产品更新换代，为世界带来了更先进、更便捷的通信解决方案和产品。

作业成本法不仅仅是一种核算成本的方法，还涉及诸多管理理念和价值观念。在经济全球化和市场化的今天，作业成本法已经成为企业管理中不可或缺的一部分，而这也为我们思考企业社会责任、管理者职业道德以及人才培养等问题提供了更广阔的空间。

项目练习

一、单项选择题

1. 作业成本法的成本计算是以（　　）为中心。
   A. 费用　　　　　B. 产品　　　　　C. 资源　　　　　D. 作业

2. 在作业成本法下，计算间接费用分配率时，应考虑（　　）。
   A. 生产工时　　　B. 产品总量　　　C. 资源动因　　　D. 作业动因

3. 作业成本法与传统成本核算方法的区别主要在于（　　）分配方法不同。
   A. 全部费用　　　B. 制造费用　　　C. 直接材料　　　D. 直接人工

4. 按照资源动因与作业动因的一般定义，下列说法正确的有（　　）。
   A. 资源动因是引起作业成本变动的因素
   B. 资源动因是引起产品成本变动的因素
   C. 作业动因是引起作业成本变动的因素
   D. 作业动因是引起产品成本变动的因素

5. 作业成本的核心内容是（　　）。
   A. 作业　　　　　B. 产品　　　　　C. 资源　　　　　D. 成本动因

6. 作业成本法适用于（　　）的企业。
   A. 间接生产费用比重较小　　　　　B. 作业环节较少
   C. 生产准备成本较高　　　　　　　D. 产品品种较少

7. 作业成本法采用的成本动因（　　）。
   A. 不考虑辅助作业　　　　　　　　B. 只考虑某些生产作业
   C. 将作业与产品直接联系在一起　　D. 将作业与产品间接联系在一起

8. 与数量相关的动因不包括（　　）。
   A. 产量　　　　　B. 直接人工工时　　C. 机器工时　　　D. 生产工人人数

9. 在作业成本法下，通常难以找到合适的成本动因将（　　）作业消耗的资源分配至产品。
   A. 车间管理　　　B. 直接人工　　　C. 质量检验　　　D. 机器调试

10. 作业成本法的成本核算程序可概括为（　　）。
    A. 资源→产出　　　　　　　　　　B. 资源→作业
    C. 资源→产出→作业　　　　　　　D. 资源→作业→产出

二、多项选择题

1. 与作业成本法有关的概念有（　　）等。
   A. 资源　　　　　B. 作业　　　　　C. 成本动因　　　D. 作业中心

2. 下列各项，可归属于"生产准备"作业中心的作业有（　　）。
   A. 制订生产计划作业　　　　　　　B. 领料与搬运作业
   C. 材料分配作业　　　　　　　　　D. 产品质检作业

3. 通过作业成本法可以分析产品的（　　）。

A. 盈利能力

B. 客户获利能力

C. 企业经营中的增值作业和非增值作业

D. 偿债能力

4. 作业成本法与传统成本核算方法的区别有（　　）。

A. 成本核算对象不同　　　　　　　　　B. 费用分配标准不同

C. 成本计算对象不同　　　　　　　　　D. 提供的成本信息不同

5. 下列各项关于作业成本法的表述，正确的有（　　）。

A. 它是一种财务预算方法　　　　　　　B. 它以作业为基础核算成本

C. 它是一种成本控制方法　　　　　　　D. 它是一种准确无误的成本核算方法

6. 与传统成本法相比，作业成本法（　　）。

A. 有较多的间接成本库

B. 按成本动因分配生产费用

C. 间接生产费用的分配基础常为非财务变量

D. 可以提供较精确的成本信息，成本决策相关性较强

7. 作业成本法适用于（　　）的企业。

A. 间接生产费用比重较大

B. 企业规模大、产品品种多、生产准备成本较高

C. 作业环节多且易辨认

D. 计算机技术先进

8. 作业成本法的兴起和运用与（　　）密切相关。

A. 专业化生产　　　　　　　　　　　　B. 计算机辅助设计和自动化生产

C. 弹性制造系统　　　　　　　　　　　D. 适时制生产方式

9. 成本动因的选择应遵循（　　）原则。

A. 因果关系　　　　B. 受益性　　　　C. 合理性　　　　D. 全面性

三、判断题

1. 成本动因是驱动或产生成本、费用的各种因素，通常可以分为两种：资源动因和作业动因。（　　）

2. 作业动因是将作业中心的成本分配到产品或劳务的标准，反映了作业中心对资源的耗用情况。（　　）

3. 作业成本法是传统成本核算方法的一种，主要特点是首先按资源动因分配费用计算各作业中心成本；其次按作业动因分配作业成本，核算产品成本。（　　）

4. 在作业成本法下，制造费用的分配主要以与产出量相关的因素为分配基础。（　　）

5. 在作业成本法下，辅助生产部门的成本在分派到具体的产品或劳务之前也是先分配至生产部门的。（　　）

四、案例分析题

扬帆电池有限公司采用作业成本法核算产品成本。该公司202×年10月发生直接材料成本32 000元,其中,甲产品耗用18 000元,乙产品耗用14 000元;直接人工成本19 000元,其中,甲产品应负担11 000元,乙产品应负担8 000元;制造费用56 000元。经分析,该公司的作业情况如表6-4所示。

表6-4 作业情况   金额单位:元

作业中心	资源分配	成本动因	动因量	
			甲产品	乙产品
材料整理	14 000	处理材料批数/批		
质量检验	10 000	检验次数/次		
机器调试	20 000	调试次数/次		
使用机器	12 000	机器小时数/小时		

要求:

(1)计算各作业中心的动因率(动因率=资源分配÷动因量之和)。

(2)假定该公司的当月产量为甲产品500件、乙产品400件,期初、期末在产品为零,计算这个月的完工产品总成本和完工产品单位成本。

(3)编制有关费用归集、分配和完工产品入库的分录。

学习评价

表6-5 专业能力评价表

任务名称	评价指标	掌握程度		
		优秀	良好	一般
认识作业成本法	作业成本法的产生			
	作业成本法的含义			
	作业成本法的核心概念			
作业成本法的核算流程	作业成本法的基本原理			
	作业成本法的核算程序			
	作业成本法的优缺点			
	作业成本法的适用条件			
	作业成本法与传统成本核算方法的区别			
作业成本管理	成本动因的概念及其对企业成本结构的影响			
	改善作业成本管理的具体措施			

项目七

成本报表的编制与分析

学习目标

知识目标

1. 熟悉成本报表的概念与特点。
2. 熟悉成本报表的分类与编制要求。
3. 掌握成本报表的分析方法。
4. 熟悉商品产品成本表和主要产品单位成本表的概念与意义。
5. 了解制造费用明细表、销售费用明细表、管理费用明细表、财务费用明细表的基本格式和要素。

技能目标

1. 能编制商品产品成本表和主要产品单位成本表。
2. 能编制制造费用明细表、销售费用明细表、管理费用明细表、财务费用明细表。
3. 能运用成本分析方法。

素养目标

1. 通过成本报表分析，增强成本观念，提升管理能力。
2. 培养爱岗敬业、诚实守信、坚持原则、依法纳税、强化服务等职业道德。
3. 增强职业责任感，树立对成本数据的保密意识，自觉维护企业商业秘密。

案例导入

投资者小王有意购买一公司股票作为投资。他在上市公司 A 和 B 之间犹豫不决，最终决定通过阅读 A、B 公司的会计报表了解两家公司的经营状况。小王通过公开渠道找到了两家公司的资产负债表、利润表和现金流量表等相关资料，了解了两家公司的财务状况、经营成果和现金流量。为进一步评估两家公司的管理水平及成本控制情况，小王希望了解两家公司的成本费用构成。然而，小王发现，这两家公司的成本报表在任何公开渠道上都无法找到。小王致电两家公司索取成本报表，却被以商业秘密不能外泄为由拒绝。

小王感到非常困惑，既然其他财务报表能轻易获取，为何成本报表难以获得？同学们，你们认为公司的拒绝合理吗？

成本报表与我们曾经学习过的资产负债表、利润表、现金流量表是有区别的。成本报表是一种对内报表，旨在为内部提供成本管理与控制服务，无须对外公开。

任务一　认识成本报表

任务目标
1. 能掌握成本报表的概念及特点。
2. 能迅速识别不同情境下所需编制的成本报表类型。

任务描述
近年来，动力电池受技术进步、生产规模扩大、原材料价格波动及政策环境等多重因素影响，市场价格波动剧烈。为更好地适应市场竞争，扬帆电池有限公司从多个方面发力进行改革创新，财务部负责为企业降本增效提供数据支持，并成立了以财务主管张昊为组长的成本管控小组。

思考
1. 编制成本报表对企业成本管控有何意义？
2. 企业经营过程中应提供哪些成本报表？

任务分析
成本报表作为企业财务管理体系的重要组成部分，承载着反映企业成本构成、监控成本控制效果及辅助管理决策等多重功能。本任务将对成本报表的概念、特点、种类及编制要求进行讲解。

相关知识

一、成本报表的概念

成本报表是企业根据日常成本核算资料及其他有关资料定期或不定期编制的，用以反映和监督企业一定时期内的产品成本水平以及经营管理费用状况，考核和分析企业成本计划执行情况及其结果的报告文件。

正确编制和分析成本报表是企业成本会计工作的重要内容。成本是综合反映企业生产技术和经营管理工作水平的一项重要质量指标，而成本报表可以有针对性地综合反映企业生产水平、技术水平和经营管理状况。这对考核评价各项费用计划的执行情况、分析成本变动趋势和规律，以及提升经济效益，具有至关重要的意义。成本报表主要服务于企业内部经营管理的需求，其使用者主要为企业管理者，因此属于对内会计报表。

二、成本报表的特点

1. 内向性

成本报表提供的信息主要为企业内部管理服务。成本报表无须对外报送，企业管理者通过成本报表了解、分析企业的经营过程，并据此展望企业未来的发展趋势。成本报表提供的信息能否满足企业管理者经营管理的需要，是衡量成本会计工作质量的重要标准之一，为企业提供完整的生产业务信息是成本报表的主要功能。

2. 灵活性

既然成本报表是为企业内部管理服务的，那么成本报表的种类、格式、内容及编制时间，应以满足企业经营管理需要为目标。成本报表的种类、格式、时期及编制方法随着企业经营管理的变化而变化，整齐划一、统一一致的成本报表是不必要的。因此，企业可以根据自身的特点及管理要求灵活设计成本报表体系，但是在一般情况未发生重大变化时，企业的成本报表应该保持稳定，便于进行历史比较。

3. 综合性

成本报表提供的信息要同时满足财会部门、管理部门和各级生产技术部门等对成本管理与分析的需要，并且对于这些部门不仅要提供事后分析资料，还要提供事前计划、事中控制需要的大量信息。因此，成本报表需要设置多种核算指标，不仅包括会计核算提供的指标，还包括业务核算、统计核算提供的指标。这些指标可以将会计核算资料与技术经济资料有机结合起来，综合反映企业经营管理水平。因此，成本报表具有综合性的特点。

4. 多样性

成本报表是企业在特定的生产环境下，根据自身的特点及管理要求编制的。不同企业的生产特点和管理要求不同，决定了成本报表的种类、格式、编制方法及指标项目有所不同，因此呈现多样性。

三、成本报表的种类

目前，工业企业编制的成本报表按反映的内容分为以下两种。

1. 反映成本情况的报表

反映成本情况的报表侧重于揭示企业为生产一定产品花费的成本是否达到预定的目标，通过分析比较实际成本水平与计划成本水平、历史成本水平以及同行业成本水平，反映成本管理的效果，并且找出差距，为进一步采取措施降低成本提供有用的资料。反映成本情况的报表主要有产品成本报表、主要产品单位成本报表。

2. 反映费用情况的报表

反映费用情况的报表侧重于反映企业在一定期间内某些费用支出的总额及其构成情况。通过此类报表，企业可以将实际水平与计划水平、历史水平进行对比，以反映和分析费用支出的合理程度及变化趋势，从而有利于企业正确制定费用预算，考核费用预算的实际完成情况，以明确有关部门和人员的经济责任。反映费用情况的报表主要有制造费用明细表、销售费用明细表、管理费用明细表、财务费用明细表等。

此外，成本报表按照编制的范围可以分为全厂成本报表、车间成本报表、班组成本报表及个人成本报表等；按照编制的时间可以分为定期成本报表和不定期成本报表。并且，各企业可以根据自身的生产特点和管理要求编制必要的、其他种类的成本报表。

四、成本报表的编制要求

1. 根据管理需要编制成本报表

成本报表是不对外报送或公布的会计报表，成本报表的种类、项目、格式和编制方法，由企业自行确定。

企业经营过程中需要编制的成本报表一般包括商品产品成本表、主要产品单位成本表、制造费用明细表、销售费用明细表、管理费用明细表和财务费用明细表。

2. 成本报表的编制要符合财务报表的编制要求

（1）数据真实。成本报表提供的数据应当完整记录当期实际发生的业务，核对账证、账账、账实相符后据实填报，不得弄虚作假，掩盖成本真实情况。

（2）内容完整。成本报表的表头、表身、补充资料各部分项目应按要求填写完整，以满足管理需要，不得随意取舍。尤其成本报表属于动态报表，数据为"时期数"，应有清晰、明确的数据采集时间范围。

（3）编报及时。定期成本报表应根据企业内部规定的时间按时报送；临时向管理层提供的满足特定要求的成本报表，在接受任务时应确定具体时间与内容要求，以确保及时提供。

（4）简明实用。会计人员应根据具体业务内容及管理要求合理设计报表格式，以便报表使用者清晰、准确地理解项目、指标内容和数据关系。对具有钩稽关系的报表项目，一般应注明显示数据之间关系的运算公式。

任务二　成本报表的分析方法

任务目标

1. 能准确理解成本报表的基本结构、内容及其反映的财务信息。
2. 能运用趋势分析方法，评估成本变动的长期趋势和周期性规律。

任务描述

通过编制各类成本报表，陆明知道了扬帆电池有限公司生产成本以及其他成本的增减变动情况。为进一步进行成本管控，企业需要分析各项指标的变动及指标之间的关系，以揭示影响成本升降的关键因素及其变动原因，进而找到降低成本的方法，优化成本管理策略。

思考

1. 企业如何查找引起成本变动的主要影响因素？

2. 企业总生产成本的大幅升降能否作为评价企业成本控制优劣的唯一标准？

任务分析

成本报表分析是企业财务管理的一个重要环节，不仅有助于企业深入洞察成本结构，还能精准识别成本控制的关键机会，从而为制定更明智的经营决策提供有力支持。本任务学习一些常见的成本报表分析方法。

相关知识

一、成本报表分析的意义与内容

成本报表分析是利用成本数据及相关资料，对成本水平、成本构成及其变动原因进行分析，旨在帮助管理者加强成本控制，挖掘降低成本的潜力，从而提高经济效益。

成本报表分析具有丰富的内容，从成本报表分析与业务活动的时间关系来看，有事前、事中和事后分析；从分析的目的来看，有成本预测分析、成本决策分析和成本考核分析。成本报表分析的目的不同，分析的对象和采用的方法就不同。

（1）成本预测分析的目的是，把握成本变动规律和未来成本水平，为企业经济决策提供可靠依据。成本预测分析主要依据成本核算资料，分析成本性态，建立模型，对未来成本变化及可能达到的水平进行合理预测。

（2）成本决策分析的目的是，选择成本最优的决策方案。例如，企业在获取某设备时面临购置和租赁两种选择，选择何种方式即属于典型的成本决策问题。成本决策分析需要对各方案的相关成本进行比较，择取成本较低的方案。

（3）成本考核分析的目的是，落实经济责任制，对过去经济活动发生的成本进行剖析。成本考核分析主要依据成本报表及成本账簿资料，通过计算实际成本与计划成本、历史成本、定额成本等目标成本或其他数据进行对比，考核成本指标完成情况，明确优劣，进一步揭示影响成本变化的主客观因素，以作为对相关责任主体奖惩的依据。

企业成本考核指标因生产特点、发展阶段、管理水平及目标管理要求的不同而有所差异。所以，在会计实务中，成本考核分析需要根据企业制定的具体考核指标，结合成本会计工作中的单据、凭证、账簿、报表记录，以及其他相关经济技术指标进行详细计算分析。例如，技术经济指标变动对成本的影响分析，包括劳动生产率、设备利用率、原材料利用率、能源利用率、废品率等指标变动对产品成本的影响。

二、成本报表整体分析法

（一）水平分析法

水平分析法是将反映企业报告期成本的信息（特别指成本报表信息资料）与反映企业前期或历史某一种成本状况的信息进行全面、综合对比，研究企业经营业绩或成本发展变动情况的一种成本分析方法。水平分析法进行的不是单一的指标对比，而是对反映某方面情况的报表进行全面、综合对比分析。

（二）垂直分析法

垂直分析法是通过计算成本报表中各项目占总体的比重或结构，反映报表中的项目与总体的关系及其变动情况的一种成本分析方法。经过垂直分析法处理的报表，通常被称为"同度量报表""总体结构报表"或"共同比报表"等。

（三）趋势分析法

趋势分析法是根据企业连续几年或几个时期的分析资料，运用指数或完成率的计算，确定分析期各有关项目变动情况和趋势的一种成本分析方法。趋势分析法既可用于对报表的整体分析，也可用于对某些主要指标发展趋势的分析。

三、成本报表指标分析法

（一）比较分析法

比较分析法是通过将实际数与基数进行对比，揭示二者之间客观存在的差异，借以了解经济活动的成绩和问题，并为进一步分析指出方向的一种分析方法。

比较分析法适用于同质指标的数量对比。在使用此方法时，需要注意对比指标的可比性。可比的共同基础包括经济内容、计算方法、计算期和影响指标形成的客观条件等方面。若指标不可比，则应首先按可比的口径进行调整，其次进行对比。在实际工作中，常用的对比形式有以下几种：将成本的实际指标与计划或定额指标进行对比，分析成本计划或定额的完成情况；将本期实际成本指标与前期（上期、上年同期或历史最高水平）的实际成本指标进行对比，观察企业成本指标的变动情况和发展趋势，了解企业生产经营工作的改进情况；将本企业实际成本指标（或某项技术经济指标）与国内外同行业先进指标进行对比，以便在更广泛范围找出差距，推动企业改进经营管理。

（二）比率分析法

比率分析法是通过计算和对比指标之间的比率进行数量分析，以考察企业经济活动相对效益的一种分析方法。常用的比率分析法主要有相关比率分析法、构成比率分析法和动态比率分析法等。

1. 相关比率分析法

相关比率分析法首先将两个性质不同但相互关联的指标进行对比求出比率；其次将实际数与计划数进行对比分析，考察企业的相关业务安排是否合理，以便从经济活动的客观联系中，更深入地认识企业的生产经营状况，这有利于企业经营决策者进行成本效益分析和经营决策。如产值成本率、成本利润率等，成本利润率是产品销售利润与产品成本的比率，反映了企业一定时期所得（销售利润）与所费（成本）之间的比例关系，即企业每百元成本的投入能获得多少销售利润。

$$产值成本率 = 产品成本 \div 商品产值 \times 100\%$$

$$成本利润率 = 产品销售利润 \div 产品成本 \times 100\%$$

2. 构成比率分析法

构成比率分析法是通过分析某项经济指标的各个组成部分在总体中所占比重，评估企业经济活动相对效益的一种方法。如各成本项目比率，计算公式如下。

$$某成本项目比率 = 该成本项目金额 \div 该产品总成本 \times 100\%$$

通过将构成产品成本的各成本项目与产品总成本进行比较,计算其占总成本的比重,确定成本的构成比率;再将不同时期的成本构成比率进行对比,观察产品成本构成的变化,从而掌握企业生产经营情况及其对产品成本的影响。

3. 动态比率分析法

动态比率分析法是将不同时期同类指标的数值对比求出比率,然后进行比较,从动态上分析该项指标的增减速度和变动趋势,从中了解企业在生产经营方面的成绩和不足的一种方法。常见的动态比率包括定基比率和环比比率。

$$定基比率 = 分析期指标 \div 固定期指标 \times 100\%$$

$$环比比率 = 分析期指标 \div 前一期指标 \times 100\%$$

【例7-1】扬帆电池有限公司运用比率分析法对乙产品单位成本进行分析。乙产品单位成本表见表7-1。

表7-1 扬帆电池有限公司乙产品单位成本表

产品名称:乙产品　　　　　　　　　　　　　　　　　　产品单位售价:1 300 元/件
产品规格:　　　　　　　　　　　　　　　　　　　　　本月实际产量:100 件
计量单位:元　　　　　　　　　　　　　　　　　　　　本年累计实际产量:900 件

成本项目	历史先进水平/(元/件)	上年实际平均/(元/件)	本年计划/(元/件)	本月实际/(元/件)	本年累计实际平均/(元/件)
直接材料	610	710	700	685	697
直接人工	80	90	92	89	90
制造费用	40	80	78	81	79
生产成本小计	730	880	870	855	866

在分析乙产品的单位成本时,将产品单位成本 855 元/件与单位售价 1 300 元/件相比得出的比率称为"相关比率";将直接材料 685 元/件与产品单位成本 855 元/件相比,得出的比率称为"构成比率";将本年累计实际平均单位成本 866 元/件与历史先进水平 730 元/件、上年实际平均单位成本 880 元/件相比,得出的比率称为"动态比率"。

(三) 因素分析法

因素分析法是依据分析指标与其影响因素的关系,按照特定的程序和方法,从数量上确定各因素对分析指标影响方向和影响程度的一种方法。运用因素分析法,必须确定某项分析指标的构成因素及其排列顺序。明确各因素与分析指标的关系,如加减、乘除、乘方、函数等关系。根据分析的目的,将各因素进行分解,以测定某一因素对指标变动的影响方向和影响程度,为进一步深入分析提供方向。因素分析法主要包括连环替代法、差额分析法等。

1. 连环替代法

连环替代法是指把某一综合指标分解为若干个相互联系的因素,并分别计算、分析各因素影响程度的方法。

连环替代法的具体运用程序如下。

(1) 根据指标的计算公式确定影响指标变动的各项因素。

（2）基于指标与各因素内在联系确定各项因素的排列顺序，通常数量因素优先于质量因素，实物与劳动量因素优先于货币因素，主要因素与原始因素优先于次要因素与派生因素。

（3）按照既定顺序计算各因素的基数，确立综合指标的基期数值。

（4）依次将前一项因素的基数替换为实际数，并对比每次替换前后的计算结果，依序计算出各因素的影响程度，有几项因素即进行几次替换。

（5）将各因素影响数值（包括正向与反向影响）的代数和与指标变动的差异总额进行核对，确认是否相符。

比较指标：$P_1 = A_1 \times B_1 \times C_1$；

基准指标：$P_0 = A_0 \times B_0 \times C_0$；

总差异 $= P_1 - P_0$。

基本步骤如下：

①$P_0 = A_0 \times B_0 \times C_0$；

②$P_A = A_1 \times B_0 \times C_0$（②－①为 A 因素变动的影响）（第一次替代）；

③$P_B = A_1 \times B_1 \times C_0$（③－②为 B 因素变动的影响）（第二次替代）；

④$P_C = A_1 \times B_1 \times C_1$（④－③为 C 因素变动的影响）（第三次替代）。

连环替代法的特点是，计算程序的连环性，即严格按照各因素的排列顺序，逐次以一个因素的比较值替换其基准值；因素替换的顺序性，先数量指标后质量指标，先实物量指标后价值量指标；计算条件的假定性，即在测定某一因素变动影响时，假定其他因素保持不变。

2. 差额分析法

差额分析法是首先确定各个因素实际数与计划数之间的差异；其次按照各因素的排列顺序，依次求出各因素变动的影响程度的方法。差额分析法是因素分析法的简化形式，应用原理与因素分析法相同，只是计算程序不同。基本步骤如下：

A 因素变动的影响 $= (A_1 - A_0) \times B_0 \times C_0$；

B 因素变动的影响 $= A_1 \times (B_1 - B_0) \times C_0$；

C 因素变动的影响 $= A_1 \times B_1 \times (C_1 - C_0)$。

任务三　商品产品成本表的编制与分析

任务目标

1. 能独立编制产品成本表。
2. 能从不同角度进行产品成本表的编制。

任务描述

陆明从账务系统导出成本相关数据后，开始着手编制成本报表。他想从扬帆电池有限公司整体角度出发，分析和评价企业成本管理工作。然而，面对众多成本数据及指标，陆明感到有些迷茫：究竟哪些数据才是企业最需要的呢？

项目七 成本报表的编制与分析 07

思考

1. 如何对全部产品进行分类，才能达到更好的分析效果？
2. 应该将哪些指标作为核心指标进行分析？

任务分析

在企业的日常运营中，产品成本表的编制与分析是一项核心财务管理任务，不仅直接关系到企业的盈利能力和市场竞争力，还为管理层提供了重要的决策依据。

相关知识

一、商品产品成本表概述

商品产品成本表是反映企业在报告期内生产的全部产品总成本和各种主要产品总成本及单位成本的报表。利用商品产品成本表，既可以揭示企业为生产一定数量产品付出的成本是否达到了预期的要求，也可以考核和分析企业产品成本计划的执行情况及可比产品成本降低计划的执行情况，对企业的成本管理工作做出评价。商品产品成本表是成本报表中最主要的报表，一般按月编制。

二、商品产品成本表的编制

商品产品成本表可以从以下角度进行编制。

（一）按产品种类反映编制

按产品种类编制的商品产品成本表，是反映企业在报告期所生产的全部产品的总成本和各种主要产品（含可比产品和不可比产品）单位成本及总成本的成本报表。通过该表，企业可以定期、全面地考核和分析企业全部产品成本计划的完成情况，以及可比产品成本降低计划的实施效果，从而对产品成本管理工作进行总体评价，为进一步分析指明方向。

商品产品成本表由基本报表和补充资料两部分组成，结构如表 7-2 所示。

表 7-2 商品产品成本表（按产品种类反映）

202×年×月　　　　　　　　　　　　　　　　　　　　　　　　全额单位：元

产品名称		可比产品			不可比产品		产品生产成本
		A 产品	B 产品	合计	C 产品	合计	
规格		略	略		略		
计量单位		件	件		件		
实际产量	本月	100	200		50		
	本年累计	1 500	2 700		315		
单位成本	上年实际平均	47	33				
	本年计划	46	32		85		
	本月实际	48	35		88		
	本年累计实际平均	45	36		89.84		

续表

产品名称		可比产品			不可比产品		产品生产成本
		A 产品	B 产品	合计	C 产品	合计	
本月总成本	按上年实际平均单位成本计算	4 700	6 600	11 300			
	按本年计划单位成本计算	4 600	6 400	11 000	4 250	4 250	15 350
	本月实际	4 800	7 000	11 800	4 400	4 400	16 200
本年累计总成本	按上年实际平均单位成本计算	70 500	89 100	159 600			
	按本年计划单位成本计算	69 000	86 400	155 400	26 775	26 775	182 175
	本年实际	67 500	97 200	164 700	28 300	28 300	193 000

补充资料：

(1) 可比产品成本降低额为 -5 100 元；

(2) 可比产品成本降低率（本年计划数）为 -3.2%。

商品产品成本表（按产品种类反映）的填列方法如下。

(1) "产品名称"项目应填列主要可比产品与不可比产品的名称。对于主要产品的品种，需按规定注明名称、规格和计量单位。

(2) "实际产量"项目反映本月和自年初起至本月末止各种主要产品的实际产量，应根据成本计算单的记录计算填列。

(3) "单位成本"项目：

① "上年实际平均"栏反映各种主要可比产品的上年实际平均单位成本，应根据上年度本表所列各种可比产品的全年实际平均单位成本填列；

② "本年计划"栏反映各种主要产品的本年计划单位成本，应根据年度成本计划的有关数字填列；

③ "本月实际"栏反映本月企业生产的各种产品的实际单位成本，应根据成本计算单的有关数据，按公式计算填列：

某产品本月实际单位成本 = 该产品本月实际总成本 ÷ 该产品本月实际产量

④ "本年累计实际平均"栏反映自年初起至本月末止企业生产产品的实际平均单位成本，应根据成本计算单的有关数据，按公式计算填列：

某产品本年累计实际平均单位成本 = 该产品本年累计实际总成本 ÷ 该产品本年累计实际产量

(4) "本月总成本"项目：

① "按上年实际平均单位成本计算"栏以本月实际产量乘以上年实际平均单位成本计算填列；

② "按本年计划单位成本计算"栏以本月实际产量乘以本年计划单位成本计算填列；

③ "本月实际"栏根据本月产品成本计算单的相关资料填列。

(5) "本年累计总成本"项目：

① "按上年实际平均单位成本计算"栏以本年累计实际产量乘以上年实际平均单位成本计算填列；

② "按本年计划单位成本计算"栏以本年累计实际产量乘以本年计划单位成本计算填列；

③ "本年实际"栏根据本年成本计算的相关资料填列。

（6）"补充资料"一般包括"可比产品成本降低额"与"可比产品成本降低率"两个指标。计算公式分别如下：

可比产品成本降低额 =（上年平均单位成本 – 本年平均单位成本）×本年实际产量

$$可比产品成本降低率 = \frac{可比产品成本降低额}{可比产品按上年实际平均单位成本计算} \times 100\%$$

（二）按成本项目反映编制

按成本项目反映编制的商品产品成本表，汇总反映企业在报告期发生的全部生产费用和全部产品总成本。通过此表，企业可以定期、综合地考核和分析企业全部生产费用与产品总成本的计划完成情况，掌握产品成本升降情况；还可以揭示成本差异，分析成本差异成因，挖掘降低成本的潜力。该表为企业成本管理工作提供了总体评价，并为进一步分析指明了方向。

按成本项目编制的商品产品成本表是按成本项目列示产品总成本，并分别按上年实际数、本年计划数、本月实际数和本年累计实际数分项分栏反映，如表7–3所示。

表7–3　商品产品成本表（按成本项目反映）

202×年12月　　　　　　　　　　　　　　　　　　　　　　　　　　　　　　金额单位：元

成本项目	上年实际数	本年计划数	本月实际数	本年累计实际数
直接材料	88 800	85 300	7 600	90 500
直接人工	65 400	65 400	5 050	64 300
制造费用	43 800	35 300	3 550	38 200
产品生产成本	198 000	186 000	16 200	193 000

按成本项目编制的商品成本表填列方法如下。

（1）"上年实际数"项目反映全部产品的上年实际总成本，应根据上年度本表所列全部产品总成本及对应成本项目的本年累计实际数填列。

（2）"本年计划数"项目反映全部产品的本年计划总成本，应根据年度成本计划的有关数据填列。

（3）"本月实际数"项目反映全部产品的本月实际总成本，应根据当月成本计算单的有关数据填列。

（4）"本年累计实际数"项目反映全部产品自年初起至本月末止的实际总成本，应根据自年初起至本月末止的成本计算单的有关数据加总填列。

三、商品产品成本表分析

商品产品成本表是企业经营管理者每月必须阅读和分析的重要报表，应按月定期编制。设置商品产品成本表的目的是，反映企业在一定时期内生产的全部产品（可比产品和不可比产品）的成本情况。对可比产品与不可比产品的成本分析方法是不同的。在分析可比产品时，不仅要将其实际成本与计划成本进行比较，以考核可比产品成本计划的完成情况，还要与上年的实际平均成本进行比较，以分析报告期实际成本与上年成本相比的降低幅度和降低数额，从而对企业在报告期内生产组织和经营管理工作改进的情况进行评价。在分析不可比产品成本时，如果成本差异额较大，则需进一步查明原因，可能是计划制订不准确、材料消耗定额和劳动定额定得过高或过低，初次生产该产品工艺掌握欠佳、技术不熟练，引起消耗过多、废品过多等问题。

全部商品产品成本分析，可以借助企业内部会计报表中的商品产品成本表和成本计划等相关资料进行。

（一）按产品种类分析全部商品产品成本计划的完成情况

此项分析是将全部商品产品按产品种类汇总，对比实际成本与计划成本，确定每种产品的成本降低情况。

（二）按成本项目分析全部商品产品成本计划的完成情况

按产品种类分析全部商品产品成本计划的完成情况，虽能了解每种产品成本的升降情况，但无法明确哪些成本项目发生了变化。因此，需按成本项目分析全部商品产品成本计划，找出影响企业成本升降的关键因素。

（三）可比产品成本降低计划完成情况分析

商品产品成本表分析的重点是可比产品。在企业年初制订的成本计划中，对可比产品均规定成本降低任务。因此，应先分析可比产品成本降低计划的完成情况。具体方法是，首先计算出可比产品成本的本期实际降低额和降低率，其次与计划降低额和计划降低率进行比较。

1. 计算可比产品成本降低额、降低率

$$可比产品成本降低额 = 可比产品按上年实际平均单位成本计算的本年累计总成本 - 本年累计实际总成本$$

$$可比产品成本降低率 = \frac{可比产品成本降低额}{可比产品按上年实际平均单位成本计算的本年累计总成本} \times 100\%$$

【例 7-2】请计算某公司可比产品成本降低额、降低率。商品产品成本表如表 7-4 所示。

可比产品成本降低额 = 793 000 - 773 340 = 19 660（元）

可比产品成本降低率 = $\frac{19\ 660}{793\ 000} \times 100\% \approx 2.5\%$

2. 计算实际与计划的差异

$$计划成本降低额 = \sum [计划产量 \times (上年实际单位成本 - 本年计划单位成本)]$$

$$计划成本降低率 = \frac{计划成本降低额}{\sum (计划产量 \times 上年实际单位成本)} \times 100\%$$

$$成本降低额的差异 = 实际成本降低额 - 计划成本降低额$$

$$成本降低率的差异 = 实际成本降低率 - 计划成本降低率$$

沿用【例 7-2】资料，假设本年计划成本降低额为 40 000 元，本年计划成本降低率为 4%，成本降低额的差异为：19 660 - 40 000 = -20 340（元）。

成本降低率的差异为：2.5% - 4% = -1.5%。

表7-4　商品产品成本表

编制单位：　　　　　　　　　　　　　　202×年12月　　　　　　　　　　　　　金额单位：元

产品名称	计量单位	实际产量		单位成本				本月总成本			本年累计总成本		
		本月	本年累计	上年实际平均	本年计划	本月实际	本年累计实际平均	按上年实际平均单位成本计算	按本年计划单位成本计算	本月实际	按上年实际平均单位成本计算	按本年计划单位成本计算	本年实际
		(1)	(2)	(3)	(4)	(5)	(6)	(7)=(1)×(3)	(8)=(1)×(4)	(9)=(1)×(5)	(10)=(2)×(3)	(11)=(2)×(4)	(12)=(2)×(6)
可比产品合计								64 000	61 660	62 360	793 000	764 050	773 340
甲	件	120	1 500	300	290.5	297	298	36 000	34 860	35 640	450 000	435 750	447 000
乙	件	80	980	350	335	334	333	28 000	26 800	26 720	343 000	328 300	326 340
不可比产品合计	—	—	—	—	—	—	—	—	30 700	31 340	—	354 250	357 900
丙	件	220	2 600	—	110	112	111	—	24 200	24 640	—	286 000	288 600
丁	件	100	1 050	—	65	67	66	—	6 500	6 700	—	68 250	69 300
全部商品产品	—	—	—	—	—	—	—	64 000	92 360	93 700	793 000	1 118 300	1 131 240

（四）可比产品成本降低计划完成情况的因素分析

分析产生差异的原因，影响可比产品成本降低任务完成情况的主要因素有三个，即产品单位成本变动、产品品种结构变动和产品产量变动。这三个因素对可比产品成本降低额和降低率的影响各不相同。通常，采用连环替代法可以分析这三个因素对可比产品成本降低额和降低率的具体影响。其中，产品单位成本变动和产品品种结构变动不仅影响成本降低额，还影响成本降低率；而产品产量变动只影响成本降低额，不影响成本降低率（因为可比产品成本的实际降低额和降低率都是根据实际产量计算的，计算成本降低率时，分子和分母都使用相同的产量）。因此，影响可比产品成本降低额变动的因素包括产品单位成本变动、产品品种结构变动和产品产量变动，影响可比产品成本降低率变动的因素包括产品单位成本变动和产品品种结构变动。在分析产生差异的原因时，应分别从这三个因素入手。

1. 产品单位成本变动的影响

可比产品成本降低计划和实际完成情况，都是以上年单位成本为基础计算的。这样，各种产品单位成本实际比计划降低或升高，必将引起成本降低额和降低率实际比计划相应地升高或降低。产品单位成本的变动与成本降低额或成本降低率的变动方向相反。

（1）对成本降低额的影响。

沿用【例7-2】资料，分析产品单位成本变动对成本降低额的影响：

764 050 - 773 340 = -9 290（元）

计算结果表明，由于产品单位成本上升，可比产品实际成本比计划成本增加了9 290元。也就是说，在未完成的20 340元成本降低额计划中，因产品单位成本变动的占9 290元。

（2）对成本降低率的影响。

沿用【例7-2】资料，分析产品单位成本变动对成本降低额的影响：

$-9\,290 \div 773\,340 \times 100\% \approx -1.2\%$

计算结果表明，由于产品单位成本上升，可比产品成本降低率较预期低了1.2个百分点，未能完成既定的降低任务。

2. 产品品种结构变动的影响

产品品种结构是指各种产品数量在全部产品数量总和中所占的比重。由于各种产品的实物量不能简单相加，而可比产品降低任务是基于上一年度单位成本进行计算的，在分析时，通常以上一年度单位成本为基础计算可比产品的品种结构。由于各种可比产品成本降低率存在差异，有的较高、有的较低，若成本降低率较高的产品在全部产品产量中的比重上升，则全部可比产品成本降低率会提高，相应的成本降低额也会增加；反之，成本降低率和成本降低额会下降。

（1）对成本降低率的影响。

沿用【例7-2】资料，分析产品品种结构变动对成本降低率的影响：

$-1.5\% - (-1.2\%) = -0.3\%$

计算结果表明，产品产量的变动只影响成本降低额，不影响成本降低率。因此，影响成本降低率的因素只有两个：产品单位成本变动和产品品种结构变动。成本降低率未完成计划的总差异是1.5%，其中，产品单位成本变动占1.2%，产品品种结构变动占0.3%。

（2）对成本降低额的影响。

沿用【例7-2】资料，分析产品品种结构变动对成本降低额的影响：

$793\,000 \times (-0.3\%) = -2\,379$（元）

计算结果表明，由于产品品种结构发生变动可比产品的实际成本比计划成本增加了2 379元。换言之，在未完成降低额计划总额20 340元中，产品品种结构的变动占了2 379元。

3. 产品产量变动的影响

可比产品成本降低任务是根据各种产品计划产量制定的，而实际成本降低额和降低率则是根据各种产品的实际产量计算的。因此，在产品品种结构和产品单位成本保持不变时，产品产量的增减只会导致成本降低额发生同比例的增减，而不会对成本降低率产生影响。这是因为，当产品品种结构稳定时，各种产品的产量计划完成率相同。在计算成本降低率时，因分子、分母都具有相同的产量增减比例，成本降低率保持不变。

沿用【例7-2】资料，分析产品产量变动对成本降低额的影响：

$-20\,340 - (-9\,290) - (-2\,379) = -8\,671$（元）

计算结果表明，产品产量变动只影响可比产品成本降低额，不影响可比产品成本降低率。由于产品产量变动，可比产品实际成本比计划成本增加了8 671元。换言之，在未完成的20 340元成本降低额计划中，产品产量变动占了8 671元。

通过上述分析可以看出，该企业本年度可比产品成本未能完成降低任务，产品单位成本变动、产品品种结构变动以及产品产量变动均对其产生了影响，但影响最显著的是产品单位成本变动。应进一步分析变动的原因，是市场变化的需求、产业结构调整的需要，还是在生产计划制订、均衡生产方面存在问题，以便进一步加强管理。

此外，在对商品产品成本表进行分析时，还需要注意分析企业对可比产品、不可比产品的分类是否准确，是否存在通过故意抬高或降低不可比产品成本，人为调整可比产品成本的虚假操作现象。

【例 7-3】根据表 7-5，计算填制表 7-6、表 7-7，并进行产品成本分析。在表 7-6 中，实际成本降低额比计划成本降低额 = 实际成本降低额 - 计划成本降低额；实际成本降低率比计划成本降低率 = 实际成本降低率 - 计划成本降低率。填列后见表 7-8。

根据表 7-8，可以得出以下结论。

（1）甲产品实际成本降低额超过计划成本降低额，即超额完成计划降低任务 60 元，多降低 2%，因此，甲产品完成成本降低任务。

表 7-5　商品产品成本表

编制单位：　　　　202×年 12 月　　　　　　　　　　　　　　　　　　　　　金额单位：元

产品名称	计量单位	产量		单位成本			计划成本		本年总成本		
		计划	实际	上年实际	本年计划	本年实际	按上年实际单位成本计算	按本年计划单位成本计算	按上年实际单位成本计算	按本年计划单位成本计算	本年实际成本
		(1)	(2)	(3)	(4)	(5)	(6)	(7)	(8)	(9)	(10)
可比产品合计							28 000	24 500	29 000	25 100	25 640
甲产品	件	100	80	100	95	93	10 000	9 500	8 000	7 600	7 440
乙产品	件	300	350	60	50	52	18 000	15 000	21 000	17 500	18 200
不可比产品合计											
丙产品	件	20	18		80	85		1 600		1 440	1 530
全部商品产品							28 000	26 100	29 000	26 540	27 170

表 7-6　可比产品成本降低情况综合分析表（空表）

金额单位：元

产品名称	计划成本		实际成本		实际成本比计划成本	
	降低额	降低率/%	降低额	降低率/%	降低额	降低率/%
甲产品						
乙产品						
合计						

表7-7 三因素影响成本计划降低情况表（空表）

金额单位：元

项目	影响计划成本降低额	影响计划成本降低率/%
产品产量变动		
产品品种结构变动		
产品单位成本变动		
合计		

表7-8 可比产品成本降低情况综合分析表

金额单位：元

产品名称	计划成本		实际成本		实际成本比计划成本	
	降低额	降低率/%	降低额	降低率/%	降低额	降低率/%
甲产品	500	5	560	7	60	2
乙产品	3 000	16.67	2 800	13.33	-200	-3.34
合计	3 500	12.5	3 360	11.59	-140	-0.91

（2）乙产品实际成本降低额未能达到计划成本降低额的标准，较计划成本降低额少完成了200元，导致实际成本降低率比计划成本降低率低3.34个百分点，因此，乙产品未能完成既定的成本降低任务。

（3）企业可比产品成本实际降低额比计划成本降低额少140元，实际成本降低率比计划成本降低率低0.91个百分点。由于乙产品未能完成降低任务，企业整体未能实现计划中的成本降低目标。

三因素影响成本计划降低情况如表7-9所示。

表7-9 三因素影响成本计划降低情况表

金额单位：元

项目	影响计划成本降低额	影响计划成本降低率/%
产品产量变动	+125（有利）	—
产品品种结构变动	+275（有利）	+0.95
产品单位成本变动	-540（不利）	-1.86
合计	-140（不利）	-0.91

总的来看，企业未达成本降低目标，实际成本降低额和降低率均低于计划成本。分析显示，产品产量变动、品种结构变动、单位成本变动影响了成本降低情况。产量增加使企业超出计划成本降低额125元，但甲产品产量未达标，需加强市场营销。品种结构变动导致成本超出计划成本降低额275元，因此多生产了成本降低任务较高的乙产品。单位成本增加是未完成任务的主要原因，实际成本超出计划成本540元，特别是乙产品实际单位成本高于计划单位成本。因此，需要全面分析企业经营活动，不能仅依赖单一的分析结果。

任务四　主要产品单位成本表的编制与分析

任务目标

1. 深刻理解成本对于企业经营的重要性。
2. 能从复杂的数据中提炼出关键的成本信息。

任务描述

陆明发现，随着产业升级，公司主要产品在企业整体产品成本中所占的比重逐渐增加，使主要产品单位成本表的编制与分析工作越发重要。

思考

1. 主要单位成本表在财务报表中的作用是什么？
2. 企业发现直接人工成本占比过高，如何通过主要产品单位成本表分析原因？

任务分析

在竞争日益激烈的市场环境中，高效控制产品成本是企业提升竞争力、实现可持续发展的关键。主要产品单位成本表的编制与分析作为成本管理工作的重要环节，对于深入理解产品成本结构、优化成本控制策略具有重要意义。

相关知识

一、主要产品单位成本表的概念与意义

主要产品单位成本表是反映企业在特定时期内生产的各种主要产品单位成本构成情况及各项主要技术经济指标执行情况的报表。由于商品产品成本表仅列示各主要产品的总成本，无法通过该表分析成本的具体构成，需要编制主要产品单位成本表作为商品产品成本表的补充。所以，主要产品单位成本表中按成本项目列示的"上年实际平均""本年计划""本月实际""本年累计实际平均"的单位成本，应与商品产品成本表中相应单位成本数据保持一致。通过主要产品单位成本表，既可以分析各主要产品单位成本计划的执行情况，查明其成本升降的原因；又可以将各主要产品单位成本水平与上年实际及历史先进水平进行对比，找出差距，挖掘降低成本的潜力；还可以分析和考核各主要产品的主要经济技术指标执行情况。

二、主要产品单位成本表的编制

主要产品单位成本表的结构分为上、下两部分：上半部分反映单位产品的成本项目，并分别列出"历史先进水平""上年实际平均""本年计划""本月实际""本年累计实际平均"的单位成本；下半部分反映单位产品的主要技术经济指标。主要产品单位成本表如表7-10所示。

主要产品单位成本表的填列方法如下。

（1）"本月计划产量"和"本年累计计划产量"依据本年度生产计划填列，"本月实际产量"

和"本年累计实际产量"根据相关生产记录填列,"产品销售单价"根据产品销售收入明细账填列。

（2）"历史先进水平"根据历史上该产品最低成本年度的实际平均单位成本填列。

（3）"上年实际平均"根据上年度主要产品单位成本表中实际平均单位成本填列。

（4）"本年计划"根据本年度生产计划填列。

（5）"本月实际"根据产品成本计算单上的实际成本资料填列。

（6）"本年累计实际平均"根据自年初至本月末止的已完工产品成本计算单等相关资料,采用加权平均方法计算后填列。其计算公式如下：

某产品的实际平均单位成本 = 该产品累计总成本 ÷ 该产品累计总产量

（7）"主要技术经济指标"根据企业成本管理的具体需求设计和填列。

对于不可比产品,不填列"历史先进水平"和"上年实际平均"的单位成本资料。

表7-10 主要产品单位成本表（202×年12月）

产品名称：A产品 本月计划产量：108件
产品规格： 年累计计划产量：1 550件
计量单位：件 本月实际产量：100件

金额单位：元

成本项目	历史先进水平	上年实际平均	本年计划	本月实际	本年累计实际平均
直接材料	22.0	22.0	22.5	23.0	21.8
直接人工	15.0	16.0	16.0	17.0	15.5
制造费用	7.0	9.0	7.5	8.0	7.7
产品生产成本	42.0	47.0	46.0	48.0	45.0
主要技术经济指标	用量	用量	用量	用量	用量
1. 主要材料/千克					
2. 燃料和动力/千克	8.0	10.0	10.5	11.0	9.8
3. 生产工人工时/小时	1.0	1.2	1.2	1.5	1.1
……	3.0	3.2	3.2	3.4	3.1
产品销售单价：60元/件			本年累计实际产量：1 500件		

在填列过程中需要注意：表中"上年实际平均""本年计划""本月实际""本年累计实际平均"等栏的"产品生产成本"项目,应与按产品品种反映的商品产品成本表中该种产品相应的单位生产成本核对相符。

编制主要产品单位成本表旨在考核各种主要产品单位成本计划的执行情况,了解单位成本的构成,分析各成本项目的变化及其原因,以便发现差距、挖掘潜力、降低成本。

三、主要产品单位成本表分析

主要产品单位成本表的编制旨在揭示企业在特定时期内生产各种产品的单位成本及其构成要素,以及各项消耗定额的超支或节约状况。该报表强调与产品设计、生产工艺及消耗定额变化的紧密联系,以明确产品成本变动的具体原因。

产品单位成本分析主要包括以下两个方面。

（一）产品单位成本计划完成情况分析

产品单位成本计划完成情况分析采用比较分析法，计算单位成本的实际值与计划值、前期值及历史先进水平的差异，并针对特定产品进一步按成本项目对比研究成本变动情况，以确定单位成本升降的原因。

（二）主要产品单位成本的成本项目分析

为深入探究单位成本变动的原因，需要对成本项目进行细致的分析。

1. 直接材料费用分析

影响直接材料费用的因素包括产量、单位产品的材料消耗量及材料单价。通过因素分析法，可以计算出产量、单位产品的材料消耗量及材料单价变化对直接材料费用的具体影响。分析时，需要考虑产品设计改进、材料质量变化、下料及生产工艺方法的改变等因素，以及采购价格、运输费用、相关税费及运输途中的损耗等对材料成本的影响。深入生产实践，结合生产技术、生产组织及经济技术指标的变动进行调查研究，以采取相应措施。

2. 直接人工费用分析

直接人工费用分析需要结合工资制度进行。在计件工资制度下，单位成本中工资费用受计件单价影响；在计时工资制度下，产品单位成本中的工资费用受工时数和小时工资率变动的影响。影响工时变动的因素包括生产组织、材料质量与规格、生产工艺与操作方法、工人技术熟练程度及劳动态度等。影响工人工资总额变动的因素则涉及企业工资制度、产品特点、物质技术条件、工人素质及管理水平等。

3. 制造费用分析

制造费用分析通常与计时工资制度下的直接人工费用分析方法相似。首先分析单位产品所耗工时变动和每小时制造费用变动对制造费用的影响，其次探究这两个因素变动的具体原因。

主要产品单位成本表列示了企业产品成本的历史先进水平、上年实际平均、本年计划和本年实际等数据。在分析各项成本项目时，可根据分析目的选择某项数据作为基数，将本期实际与基数进行对比，重点分析各项目本期实际与对比基数的差异（分为量差和价差两个方面）。分析的目的是找出影响成本的主要因素。

【例7-4】以表7-11本年实际与本年计划的对比为例，说明分析内容与方法。

表7-11 主要产品单位成本表

产品名称：×××　　　　　　　　　　　　　　　　　　　　　产品销售单价：××元/件
产品规格：×××　　　　　　　　　　　　　　　　　　　　　本年实际产量：××件
计量单位：件　　　　　　　　　　　　　　　　　　　　　　　本年累计实际产量：××件
　　　　　　　　　　　　　　　　　　　　　　　　　　　　　金额单位：元

成本项目	历史先进水平	上年实际平均	本年计划	本年实际	本年累计实际平均
直接材料	60	81	80	82.0	82
直接人工	28	38	36	35.5	35
制造费用	25	45	46	46.8	47
生产成本	113	164	162	164.3	164

续表

成本项目	历史先进水平	上年实际平均	本年计划	本年实际	本年累计实际平均
主要技术经济指标					
1. 主要材料（用料）/千克	—	—	4.8	4.5	4.1
……	—	—	—	—	—

补充资料如下：直接材料本年计划单价16.67元/千克，本年累计实际平均单价20元/千克；单位产品生产工时本年计划16小时，本年累计实际平均14小时；小时工资率本年计划2.25元，本年累计实际平均2.5元；制造费用小时费用率本年计划2.88元，本年累计实际平均3.36元。

1. 计算差异

（1）直接材料差异。

本期实际与本期计划的差异额：

82 − 80 = 2（元）（超支2元）

量差分析——消耗量变化的影响：

（4.1 − 4.8）×16.67 ≈ −11.67（元）

价差分析——单价变化的影响：

4.1 ×（20 − 16.67）≈ 13.65（元）

（2）直接人工差异。

本年实际与本年计划的差异额：

35 − 36 = −1（元）（节约1元）

量差分析——工时变化的影响：

（14 − 16）× 2.25 = −4.5（元）

价差分析——小时工资率变化的影响：

14 ×（2.5 − 2.25）= 3.5（元）

（3）制造费用差异。

本年累计实际平均与本年计划的差异额：

47 − 46 = 1（元）（超支1元）

量差分析——工时变化的影响：

（14 − 16）× 2.88 = −5.76（元）

价差分析——小时费用率变化的影响：

14 ×（3.36 − 2.88）= 6.72（元）

2. 差异分析

在完成计算后，从两个维度对差异进行分析：影响成本的主要因素、各因素的责任归属。

（1）影响成本的主要因素。

①直接材料。根据计算结果，单位产品的直接材料费用超支2元。原因在于，尽管实际消耗量的降低导致单位成本中的直接材料费用比计划节约了11.67元，但直接材料单价的上涨使单位成本中的

直接材料费用比计划超支了13.65元。综合这两个方面的影响，单位产品直接材料成本的超支为2元。显然，直接材料成本的超支主要由单价上涨引起，因此，直接材料单价是影响成本的主要因素。

②直接人工。根据计算结果，单位产品的直接人工费用节约1元。原因在于，单位产品生产工时的减少使单位成本中的直接人工费用比计划节约了4.5元；然而，小时工资率的提升导致单位成本中的直接人工费用比计划超支了3.5元。综合这两个方面的影响，单位产品直接人工成本最终节约了1元。尽管直接人工成本有所节约，但生产工时减少带来的节约几乎被小时工资率的提升所抵销。因此，控制小时工资率应成为管理的重点。

③制造费用。单位产品的制造费用超支了1元。原因在于，单位产品生产工时的减少使单位成本中的制造费用比计划节约了5.76元；但小时费用率的上升导致单位成本中的制造费用比计划超支了6.72元。综合分析后，单位产品制造费用的超支为1元。显然，制造费用的超支主要由小时费用率的上升引起，因此，小时费用率是影响成本的又一主要因素。

（2）各因素的责任归属。

各成本项目差异分析的责任归属如表7-12所示。

表7-12 各成本项目差异分析的责任归属

项目	用量差异			价格差异		
	材料用量差异	人工效率差异	变动制造费用效率差异	材料价格差异	人工工资率差异	变动制造费用耗费差异
主要责任部门	主要是生产部门的责任，但并不是绝对的（如采购材料质量差导致材料数量差异，属于采购部门责任）			采购部门	由人事劳动部门管理	生产部门经理负责

①直接材料。前述分析说明，直接材料成本控制的核心在于单价，即材料的采购成本。采购成本控制的责任人和责任主体不是生产车间，而是采购部门。因此，管理重点应置于采购部门，并对材料采购成本进行分析。首先，需要对采购成本的核算准确性进行审查，依据《企业会计准则》规定，可计入材料采购成本的费用包括材料购买价格、运杂费（涵盖运输费、装卸费、保险费、包装费、仓储费等，但不包括根据运输费比例计算的可抵扣增值税税额）、运输途中的合理损耗、入库前的整理挑选费（包括相关工时费用支出及必要损耗，扣除回收的废料价值）、购入物资的税金（如关税）及其他相关费用。其次，需要评估采购计划是否遵循最佳经济效益原则，包括采购地点、品种、规格、数量及运输方式的选择，是否存在资源浪费或不合理现象。同时，分析材料采购管理中内部控制制度的建立情况，识别管理薄弱环节，确立目标责任制度。材料费用分析是成本分析的核心，其管理也是企业资金管理的关键。工业企业的物资采购成本通常占销售成本的70%左右，但因管理制度不健全，许多企业未能采购到质优价廉的物资，导致生产运营成本大幅增加。这成为当前众多企业成本激增、效益流失、持续亏损的主要原因之一，也是企业降低成本、提升效益的重要潜力所在。

②直接人工。前述分析表明，直接人工成本控制的重点在于小时工资率。影响小时工资率的因素较为复杂，包括客观因素与主观因素。客观因素往往为企业不可控因素，如国家工资制度改革导致职工工资增加，进而引起产品成本中工资费用上升。因此，需要针对具体情况展开分析。

③制造费用。前述分析表明，制造费用控制的重点在于小时费用率。影响小时费用率的因素较为复杂，一般应结合制造费用明细表，分析费用开支项目的合理性、各项目支出的审查制度及失控

情况，以及影响制造费用的重点项目。制造费用控制的责任主体为基本生产车间的管理人员。

以上分析主要基于本期实际与本期计划的比较，也可以采用此方法将本期实际与历史最高水平、上年实际或国内外同行业同类企业进行对比分析。

任务五 费用明细表的编制与分析

任务目标

1. 能准确识别并分类企业发生的各项费用。
2. 能为费用明细表的编制提供基础，确保数据的准确性和可比性。

任务描述

随着新设备与新技术大量投入使用，企业生产过程中的制造费用所占比例显著增加，随着工人对新设备与新技术的熟练掌握，制造费用存在显著的优化潜力。因此，陆明计划对制造费用进行深入分析。

思考

1. 哪些企业适合进行制造费用分析？
2. 为进行成本优化，企业还可以编制哪些报表？

任务分析

费用明细表是企业编制的反映期间费用耗费情况的报表，包括制造费用明细表、销售费用明细表、管理费用明细表、财务费用明细表。通常，制造费用明细表也包括在费用明细表中。编制费用明细表的目的在于，揭示各项费用计划的执行情况，探究各种费用变动的原因，并分析其对产品成本及当期损益的影响。

相关知识

一、制造费用明细表的编制

制造费用明细表是反映企业在报告期内发生的各项制造费用及其构成情况的报表。根据制造费用明细表，可以了解企业报告期内制造费用的实际支出水平，考核制造费用计划的执行情况，评价制造费用的变化趋势，以便加强对制造费用的控制与管理。制造费用明细表一般按照制造费用项目分别反映企业制造费用的本年计划数、上年同期实际数、本月实际数和本年累计实际数。制造费用明细表的基本结构如表7-13所示。

表7-13 制造费用明细表

202×年×月　　　　　　　　　　　　　　　　　　　　　　　　　　　　　　金额单位：元

费用项目	本年计划数	上年同期实际数	本月实际数	本年累计实际数
职工薪酬费用	20 900	22 900	1 742	21 900
办公费	1 500	2 000	125	1 800
折旧费	6 000	6 000	500	6 000

续表

费用项目	本年计划数	上年同期实际数	本月实际数	本年累计实际数
水电费	1 300	2 100	150	1 670
修理费	850	2 500	120	590
租赁费	3 600	3 600	300	3 600
机物料消耗	270	2 200	350	1 310
劳动保护费	380	380	32	380
差旅费	130	1 040	150	540
保险费	310	310	26	310
低值易耗品摊销	60	770	55	100
合计	35 300	43 800	3 550	38 200

制造费用明细表的填列方法如下。

（1）"本年计划数"栏中各项数据根据制造费用年度计划数填列。

（2）"上年同期实际数"栏中各项数据参照上年度制造费用明细表的"本年累计实际数"填列。若表内所列费用项目与上年度的费用在名称或内容上存在差异，则对上年度的各项数据按表内规定的项目进行相应调整。

（3）"本月实际数"栏中各项数据根据本月制造费用明细账合计数汇总填列。

（4）"本年累计实际数"栏中各项数据根据自年初起至本月末止的制造费用明细账累计实际发生额计算填列。

由于各行业、各企业的制造费用明细项目可能存在差异，制造费用明细表费用项目栏的内容可由企业根据生产经营特点和管理要求自行确定。对于同一行业的企业来说，为了便于对企业的制造费用进行可比性分析，制造明细表费用项目栏的内容可由行业主管部门统一规定。

二、销售费用明细表的编制

销售费用明细表是反映企业在一定时期内发生的销售费用及其构成情况的报表。销售费用明细表一般按照费用项目反映各项费用的本年计划数、上年同期实际数、本月实际数和本年累计实际数。销售费用明细基本结构如表7-14所示。

表 7-14 销售费用明细表

202×年×月　　　　　　　　　　　　　　　　　　　　　　　　　　　　　　金额单位：元

费用项目	本年计划数	上年同期实际数	本月实际数	本年累计实际数
包装费	4 030	3 340	384	4 725
运输费	4 257	3 215	354	4 018
装卸费	2 290	2 000	191	1 957
保险费	980	823	93	1 010
广告费	5 000	3 800	400	6 800
展览费	0	0	180	540
职工薪酬	16 160	20 800	973	25 000
合计	32 717	33 978	2 575	44 050

销售费用明细表的填列方法如下。

(1)"本年计划数"栏中各项数据根据销售费用的年度计划数填列。

(2)"上年同期实际数"栏中各项数据根据上年度销售费用明细表的"本年累计实际数"填列。若表内所列费用项目与上年度的费用在名称或内容上存在差异,则对上年度的各项数据按表内规定的项目进行调整。

(3)"本月实际数"栏中各项数据根据本月销售费用明细账合计数汇总填列。

(4)"本年累计实际数"栏中各项数据根据自年初起至本月末止的销售费用明细账累计实际发生额计算填列。

三、管理费用明细表的编制

管理费用明细表是反映企业在报告期内发生的管理费用及其构成情况的报表。利用管理费用明细表可以分析管理费用的构成及其增减变动情况,考核各项管理费用计划的执行情况。管理费用明细表一般按照费用项目反映各项费用的本年计划数、上年同期实际数、本月实际数、本年累计实际数。管理费用明细表的基本结构如表7-15所示。

表7-15 管理费用明细表

202×年×月　　　　　　　　　　　　　　　　　　　　　　　　　　　　　　　金额单位:元

费用项目	本年计划数	上年同期实际数	本月实际数	本年累计实际数
工资及福利费	16 500	19 850	1 460	17 692
折旧费	11 844	9 764	1 005	12 094
工会经费	3 000	2 580	260	3 093
业务招待费	1 100	1 940	345	1 230
办公费	7 800	6 753	624	7 565
修理费	800	862	70	846
无形资产摊销	850	795	82	980
差旅费	225	194	20	232
保险费	3 500	2 530	290	3 530
诉讼费	300	290	350	350
其他	300	569	48	498
合计	46 219	46 127	4 554	48 110

管理费用明细表的填列方法如下。

(1)"本年计划数"栏中各项数据根据管理费用的年度计划数填列。

(2)"上年同期实际数"栏中各项数据根据上年度管理费用明细表的"本年累计实际数"填列。若表内所列费用项目与上年度的费用在名称或内容上存在差异,则对上年度的各项数据按表内规定的项目进行调整。

(3)"本月实际数"栏中各项数据根据本月管理费用明细账合计数汇总填列。

(4)"本年累计实际数"栏中各项数据根据自年初起至本月末止的管理费用明细账累计实际发生额计算填列。

四、财务费用明细表的编制

财务费用明细表是反映企业在一定时期内发生的财务费用及其构成情况的报表。财务费用明细表一般按照费用项目反映各项费用的本年计划数、上年同期实际数、本月实际数和本年累计实际数。财务费用明细表的基本结构如表7-16所示。

表7-16 财务费用明细表

202×年×月　　　　　　　　　　　　　　　　　　　　　　　　　　　　　　　　　　　　全额单位：元

费用项目	本年计划数	上年同期实际数	本月实际数	本年累计实际数
利息支出	17 890	18 600	1 492	17 450
汇兑损失	3 560	4 213	302	3 260
现金折扣	5 230	5 520	523	5 320
借款手续费	800	820	368	736
其他筹资费	330	242	120	286
合计	27 810	29 395	2 805	27 052

财务费用明细表的填列方法如下。

(1) "本年计划数"栏中各项数据根据财务费用的年度计划数填列。

(2) "上年同期实际数"栏中各项数据根据上年度财务费用明细表的"本年累计实际数"填列。若表内所列费用项目与上年度的费用在名称或内容上存在差异，则对上年度的各项数据按表内规定的项目进行调整。

(3) "本月实际数"栏中各项数据根据本月财务费用明细账合计数汇总填列。

(4) "本年累计实际数"栏中各项数据根据自年初起至本月末止的财务费用明细账累计实际发生额计算填列。

企业除了应及时编制上述费用明细报表，还需要按特定的生产工艺和成本管理要求，设置和编制一些其他成本报表，如产量及成本状况表、材料成本考核表、人工成本考核表、责任成本表、质量成本表等。这些报表具有较大的灵活性、多样性和及时性，可细致地反映产品成本的细小变动，有助于管理人员及时获取成本信息，采取有效措施加以控制。

五、费用报表分析

费用报表包括制造费用明细表、管理费用明细表、销售费用明细表、账务费用明细表。这些费用从性质上说，具有不同的特点。制造费用属于产品成本的组成部分，数额变动将直接影响产品成本的计算。相对地，管理费用、销售费用及财务费用不计入产品成本，而是直接计入当期损益，这类费用被称为"期间费用"，其数额波动不会影响产品成本，但会直接影响当期利润。尽管这些费用在性质上存在差异，但在核算过程中均遵循"重要性原则"，将众多费用项目综合考量，因此，在分析时存在共性。为了便于深入分析，本书首先将费用明细表中共性的分析要素进行归纳和介绍。

(一) 费用明细表的分析目的与方法

1. 分析目的

设置各种费用明细表的目的主要包括以下几点：

（1）通过各种费用的组成项目，反映费用的构成，以便分析各项费用的开支是否合理；

（2）通过对比各项费用的本年计划数、上年同期实际数、本月实际数以及本年累计实际数，进一步分析费用计划的执行情况，并与前期数据进行对比，以揭示发展趋势；

（3）通过各费用项目的构成，反映各费用项目的变化情况，便于分析费用超支或节约的原因，及其对产品成本和当期利润的影响。

2. 分析方法

对费用明细表的分析主要采用对比分析法和构成比率分析法。

首先，对比分析法的应用应基于分析目的，选择表中的某项数字为基数，将本日实际与基数进行对比，以确定各项目本年实际数与基准的差异。在分析过程中，可以将本年实际数与本年计划数进行对比，以评估计划执行情况；也可将本日实际数与上年同期实际数进行对比，以了解费用的增减变化，分析其发展趋势。

其次，构成比率分析法的应用应以各项费用的总额为基数，计算各项费用的各个项目与总额的比例，以确定影响费用总额的重点项目，从而确定管理的重点环节。

3. 各项费用分析应注意的问题

（1）对于在相关制度中规定了费用开支比例和提取标准的费用项目，应优先进行分析，以确保该项目符合制度规定。例如，管理费用中的业务招待费，支出应以年销售净额为基数，并按照一定比例进行计算。以年销售净额在 1 500 万元以下的企业为例，业务招待费的支出不得超过年销售净额的 0.5%。在分析"业务招待费"项目时，应依据相关规定评估其支出的合理性。

（2）在评价费用控制情况时，不能仅依据某项费用绝对数的增减，而应结合与之相关的生产经营业务量增减变化进行综合评估。例如，营业费用中的宣传费、广告费，若本期比上期增加了 5 000 元，则不能简单地认为费用控制不当，而应结合主营业务收入的增减综合评判。若费用的增长速度低于收入的增长速度，则费用的增加是合理的，且是必需的。

（3）由于各项费用包含的项目众多，分析工作不能泛泛进行，而应针对费用比重较大、超支或节约数额较大的项目进行重点分析。

(二) 制造费用明细表分析

制造费用是企业基本生产车间为组织和管理生产而发生的各项费用。依据《企业会计准则》的规定，制造费用核算内容包括工资及福利费、折旧费、办公费、水电费、机物料消耗、劳动保护费以及季节性及修理期间的停工损失等。当基本生产车间生产多种产品时，制造费用无法直接计入单一产品成本，需要通过特定的分配方法在不同产品之间进行合理分配，进而计入各产品的生产成本。制造费用明细表旨在反映企业在特定时期内发生的制造费用及其构成情况，通常按车间分别编制并汇总。

制造费用明细表分析的基本方法和目的已经在前面做了说明，需要特别强调以下两点。

（1）制造费用主要发生在基本生产车间，其中许多费用与产品生产直接相关，属于生产性费用，如折旧费、机物料消耗、低值易耗品摊销等。这些费用的高低与产品生产紧密相关，因此不能一概而论地认为某项费用超支即为不合理。例如，为满足市场需求增加产量，将原两班生产调整为三班生产，机物料消耗的增加是正常且合理的，不应简单视为成本管理上的缺陷。

（2）制造费用中某些项目的发生，通常反映管理上的不足，属于不良性费用，如"在产品盘亏、毁损""废品损失""停工损失"等。对于此类费用，应从管理层面深入分析原因。

（三）管理费用明细表分析

管理费用是企业行政管理部门为组织和管理生产经营活动而发生的各项费用。管理费用的核算内容依据《企业会计准则》规定，主要包括行政管理部门的职工工资及福利费、折旧费、修理费、物料消耗、低值易耗品摊销、办公费、差旅费、董事会费（包括董事会成员津贴、会议费和差旅费等）、聘请中介机构费、咨询费（含顾问费）、诉讼费、业务招待费、技术转让费、矿产资源补偿费、排污费、存货盘亏或盘盈（不包括应计入营业外支出的存货损失）等。管理费用与产品生产无直接关系，因此不计入产品生产成本，而是按发生期间进行归集，并将当期实际发生额直接计入当期损益。管理费用的变动不会影响产品成本，但是会直接影响当期利润。管理费用明细表旨在反映企业在特定时期内发生的管理费用及其构成情况，应按月编制。

管理费用明细表分析的基本方法和目的与制造费用明细表相似。在分析各项目时，可根据分析目标选取某项资料作为基数，将本期实际数据与基数进行对比，以识别管理费用的相关差异，并运用构成比率分析法分析影响管理费用的主要因素。需要特别指出的是，管理费用产生于行政管理部门，其发生与产品生产无直接联系，且费用项目繁多，其中大部分为固定费用，因此应编制预算加以控制。在进行管理费用分析时，应首先按性质对费用进行分类，区分正常与非正常费用发生，以及管理原因与非管理原因，从而有针对性地实施管理和控制措施。

（四）销售费用明细表分析

销售费用是企业在销售商品、提供劳务的过程中发生的各种费用。销售费用的核算内容依据《企业会计准则》规定主要包括运输费、装卸费、包装费、保险费、展览费、广告费、预计产品质量保证损失，以及为销售本企业商品而专设的销售机构（含销售网点、售后服务网点等）的职工薪酬及福利费、业务费、折旧费等经营费用。销售费用与产品生产成本无直接关联，因此不计入产品生产成本核算，而是根据发生期间进行归集，并将当期实际发生额直接计入当期损益。销售费用的高低不会影响产品成本，但是会直接影响当期利润。销售费用明细表是反映企业在特定时期内销售费用及其构成情况的财务报表，应按月编制。

销售费用明细表分析的基本方法和目的与制造费用明细表和管理费用明细表大体一致。在分析各项目时，可根据分析目标选取某项资料作为基数，将本期实际数据与基数进行比较，以识别销售费用的相关差异，并运用构成比率分析法探究影响销售费用的主要因素。这里需要特别指出以下两点。

（1）销售费用中有一部分费用的效益将在未来期间体现，如展览费、广告费等。对于这类费用的分析，应跨越连续几个时期进行，将销售费用与销售收入进行对比。若销售收入的增长率高于销售费用的增长率，那么即使销售费用的绝对数额呈现上升趋势，也可视为正常现象；反之，则需要加强费用的控制与管理。

（2）销售费用发生在销售过程，涉及的费用项目繁多，其中大部分为变动费用，其数额随销售量的变动而变化。在分析时，应将销售费用的增减变动同销售量的增减变动相结合，以评估这些费用的发生和变动是否合理和正常。

（五）财务费用明细表分析

财务费用是企业为筹集生产经营所需资金等发生的筹资费用。财务费用的核算内容依据《企业会计准则》规定主要包括利息支出（扣除利息收入）、汇兑损益、相关手续费、现金折扣以及未确认融资费用的摊销等。财务费用与产品生产无直接关系，因此不计入产品生产成本核算，而是按发生的期间进行归集，并直接计入当期损益。财务费用数额变动不会直接影响产品成本，但会直接影响当期利润。财务费用明细表旨在反映企业在特定时期内财务费用的发生及其构成情况，应按月编制以确保时效性。

财务费用明细表分析的基本方法和目的与制造费用明细表相似。在分析各项目时，可根据分析目标选取特定数据作为基数，将本期实际数据与基数进行对比，找出财务费用的有关差异，并运用构成比率分析法分析影响财务费用的主要因素。需要特别注意的是，财务费用主要产生于企业的长期及短期筹资活动，与产品生产无直接联系，且费用项目多样，其中大部分为固定费用，因此应通过预算编制进行有效控制。在分析财务费用时，应首先根据费用性质进行分类，区分正常费用与非正常费用发生，并进一步分析管理层面的原因，以便有针对性地实施管理和控制措施。

思政园地

方法论的意义

1637年，法国哲学家笛卡尔出版了一部著名哲学论著《方法论》，正式提出了方法论，对当时的思维方式、思想观念和科学研究方法产生了深远影响。后来，方法论经过演变和发展，出现了经验主义方法论、唯理论、马克思和恩格斯的辩证唯物论等。

方法论，是关于人们认识世界、改造世界的方法的理论，是指人们用什么样的方式、方法观察事物和处理问题。随着时代的进步和经济的崛起，方法论在社会科学发展中的比重日益提高，对社会科学发展的作用也越发突出。人们明显感受到，只有使用正确有效的方法，才能更快、更精准地解决问题、改变现状。

时至今日，成本会计已发展成为一门成熟的会计学课程，企业在成本会计的应用上也已达到较高水平，并且仍在持续发展和完善。虽然目前涌现了多种多样的成本费用分配方法、成本计算方法、成本报表制作和分析方法等，但是仍存在企业难以选择恰当方法进行成本管控，或现有方法尚无法解决某些固有问题的情况。成本管理依然是企业管理的重难点，未能完全达到管理者的理想效果。唯有实施有效的成本管理，方能拓展企业的利润空间，实现利润最大化，因此，采用科学的成本管理方法至关重要。未来，随着更多高效方法的开发，以及智能化时代的到来，成本管理方法将日益与信息系统、前沿科技紧密结合。

项目练习

一、单项选择题

1. 成本报表从实质上看是一种（　　）。
   A. 外部报表　　　B. 内部报表　　　C. 费用表　　　D. 资金流量表

2. 成本报表是服务（　　）的报表。
   A. 企业债权人　　B. 企业管理者　　C. 有关管理当局　　D. 各有关投资人

3. 在主要产品单位成本表中，产量应根据（　　）表填列。
   A. 产品定价　　　B. 库存商品成本　　C. 主营业务成本　　D. 生产产量

4. 主要产品单位成本表是全部产品生产成本表的进一步反映，故上年实际平均、本年计划、本月实际、本年实际平均的单位成本，与按产品品种反映的全部产品生产成本表的相应单位成本相比（　　）。
   A. 偏高　　　　　B. 一致　　　　　C. 偏低　　　　　D. 不确定

5. 主要产品单位成本表的编制依据主要是（　　）。
   A. 产品生产成本表　B. 产品成本明细账　C. 费用明细表　D. 资产负债表

6. 某产品上年实际平均单位成本与本年实际平均单位成本的差额，除以上年实际平均单位成本，等于该产品（　　）。
   A. 计划成本降低额　　　　　　B. 实际成本降低率
   C. 与计划成本比较的成本降低率　D. 没有经济意义

7. 下列不属于成本分析基本方法的是（　　）。
   A. 对比分析法　　B. 产量分析法　　C. 因素分析法　　D. 比率分析法

8. 根据实际指标与不同时期的指标对比揭示差异，分析差异产生原因的分析方法称为（　　）。
   A. 因素分析法　　B. 差量分析法　　C. 对比分析法　　D. 相关分析法

9. 对可比产品成本降低率不产生影响的因素是（　　）。
   A. 产品品种结构　B. 产品产量　　　C. 产品单位成本　D. 产品总成本

10. 采用连环替代法，可以揭示（　　）。
    A. 产生差异的因素和各因素的影响程度
    B. 产生差异的因素
    C. 产生差异的因素和各因素的变动原因
    D. 实际数与计划数之间的差异

二、多项选择题

1. 主要产品单位成本表基本部分包括（　　）。
   A. 产量　　　　　B. 产品名称　　　C. 销售单价　　　D. 成本项目

2. 成本分析的一般程序包括（　　）。
   A. 明确分析目标，制订分析计划
   B. 广泛收集资料，掌握全面情况

C. 从总体分析入手，深入进行因素和项目分析

D. 编写成本分析报告

3. 下列报表中，属于成本报表的有（　　）。

A. 产品生产成本表　　　　　　　　B. 主要产品单位成本表

C. 制造费用明细表　　　　　　　　D. 期间费用明细表

4. 影响可比产品成本降低率变动的因素可能有（　　）。

A. 产品产量　　　　　　　　　　　B. 产品单位成本

C. 产品价格　　　　　　　　　　　D. 产品品种结构

5. 按产品品种编制的产品生产成本表，一般包括（　　）等指标。

A. 产品产量　　　　　　　　　　　B. 产品单位成本

C. 本月总成本　　　　　　　　　　D. 本年累计成本

6. 商品产品成本表可以反映可比产品与不可比产品的（　　）。

A. 实际产量　　　　　　　　　　　B. 单位成本

C. 本月总成本　　　　　　　　　　D. 本年累计成本

7. 主要产品单位成本表应当反映该主要产品的（　　）。

A. 历史先进水平单位成本　　　　　B. 上年实际平均单位成本

C. 本年计划单位成本　　　　　　　D. 本年累计实际平均单位成本

8. 费用明细表包括（　　）。

A. 制造费用明细表　　　　　　　　B. 管理费用明细表

C. 销售费用明细表　　　　　　　　D. 财务费用明细表

9. 成本分析应根据（　　）等资料进行。

A. 成本核算资料　　　　　　　　　B. 成本计划资料

C. 成本明细账资料　　　　　　　　D. 其他有关资料

10. 成本报表分析常用的方法有（　　）。

A. 对比分析法　　　　　　　　　　B. 比例分析法

C. 因素分析法　　　　　　　　　　D. 趋势分析法

11. 采用因素分析法确定各因素排列顺序的一般原则有（　　）。

A. 先计算数量因素变动的影响，后计算质量因素变动的影响

B. 先计算用实物表示的因素变动影响，后计算用货币表示的因素变动影响

C. 先计算主要因素变动的影响，后计算次要因素变动的影响

D. 先计算质量因素变动的影响，后计算数量因素变动的影响

12. 产品单位成本计划完成情况的重点分析有（　　）。

A. 单位成本升降幅度较大的产品

B. 产量较多的产品

C. 在企业全部产品中所占比重较大的产品

D. 原材料成本比重大的产品

三、判断题

1. 成本报表是对外报告的会计报表。（　　）
2. 比较分析法只适用于同质指标的数量对比。（　　）
3. 产品单位成本变动会使可比产品成本降低额变动。（　　）
4. 销售成本率法是构成比率法。（　　）
5. 由于成本指标的特殊性，成本报表只能定期编制。（　　）
6. 成本报表的格式和内容应当具有统一性，以便统计、汇总和社会公众理解。（　　）
7. 制造费用明细表只汇总企业基本生产单位的制造费用，不包括辅助生产单位的制造费用。（　　）
8. 不同企业的成本报表可以存在差异。（　　）
9. 制造费用明细表与财务费用明细表的编制方法类似。（　　）
10. 产品生产成本表只能按成本项目编制。（　　）
11. 主要产品成本降低额和降低率的计算，依据的是对比分析法的原理。（　　）
12. 采用因素分析法，改变因素的排列顺序，计算结果会有所不同。（　　）
13. 在全部产品成本分析中，通常要计算与计划比较的全部产品成本降低额和降低率。（　　）
14. 产品单位成本变动，既会影响成本降低额，又会影响成本降低率。（　　）
15. 产品品种结构变动，只会影响成本降低额，不会影响成本降低率。（　　）
16. 在进行单位产品计划完成情况的分析时，只能采用因素分析法。（　　）

四、案例分析题

1. 某公司202×年7月材料费用消耗的有关资料如表7-17所示。

表7-17　材料耗用表

金额单位：元

项目	计划	实际	差异
产品产量/件	100	120	+20
单位产品消耗定额/千克	20	17	-3
材料单价/（元/千克）	20	25	+5
材料费用总额	40 000	51 000	+11 000

要求：采用因素分析法分析各因素变动对材料费用的影响程度。

2. 某制造公司主要产品为甲产品，202×年7月有关资料如表7-18至表7-20所示。根据下表，编制该厂甲产品的主要产品单位成本表。

表7-18　甲产品单位成本资料

202×年7月　　　　　　　　　　　　　　　　　　　　　　　　　　　　　　　　　　单位：元/件

单位生产成本	直接材料	直接人工	制造费用	合计
历史先进水平	279	135	114	528
上年实际平均	315	156	129	600
本年计划	300	150	130	580
本月实际	285	147	123	555

续表

单位生产成本	直接材料	直接人工	制造费用	合计
本年累计实际平均	294	153	126	573

表 7–19　甲产品其他资料

202×年　　　　　　　　　　　　　　　　　　　　　　　　　　　　　　　　　　金额单位：元

项目	上年实际	本年实际
单位产品售价/（元/件）	900	930
单位产品税金	120	123
产品计划销售量/件	765	770
产品实际销售量/件	750	780

表 7–20　主要产品单位成本表

编制单位：×公司　　　　　　　　　　　　202×年 12 月　　　　　　　　　　　　　金额单位：元

产品名称			本月实际产量/件		
规格			本年累计实际产量/件		
计量单位			销售单价/（元/件）		
成本项目	行次	历史先进水平 ×××年	上年实际平均	本年计划	本月实际	本年累计实际平均
		(1)	(2)	(3)	(4)	(5)
直接材料						
直接工资						
制造费用						
产品生产成本						

学习评价

表 7–21　专业能力评价表

任务名称	评价指标	掌握程度		
		优秀	良好	一般
认识成本报表	成本报表的概念			
	成本报表的特点			
	成本报表的种类			
	成本报表的编制要求			
成本报表的分析方法	成本报表分析的意义与内容			
	成本报表整体分析法			
	成本报表指标分析法			
商品产品成本表的编制与分析	商品产品成本表概述			
	商品产品成本表的编制			
	商品产品成本表分析			

续表

任务名称	评价指标	掌握程度		
		优秀	良好	一般
主要产品单位成本表的编制与分析	主要产品单位成本表的概念与意义			
	主要产品单位成本表的编制			
	主要产品单位成本表分析			
费用明细表的编制与分析	制造费用明细表的编制			
	销售费用明细表的编制			
	管理费用明细表的编制			
	财务费用明细表的编制			
	费用报表分析			

参考文献

[1] 罗兰. 智能化成本核算与管理[M]. 上海:立信会计出版社,2023.

[2] 柯于珍,谭婧. 智能化成本核算与管理:第3版[M]. 北京:高等教育出版社,2024.

[3] 郭邦涌. 智能化成本核算与管理[M]. 北京:电子工业出版社,2024.

[4] 王爱玲,秦刚,侯君邦. 智能化成本核算与管理[M]. 上海:立信会计出版社,2023.

[5] 沈豫琼,钱文. 智能化成本核算与管理[M]. 北京:高等教育出版社,2024.

[6] 刘飞. 智能化成本核算与管理[M]. 北京:电子工业出版社,2022.